JN059977

神々を知れば
もっと面白い!

ギリシャ神話の教科書

国際ファッション専門職大学教授
東ゆみこ［監修］

ナツメ社

はじめに

神話は、ほとんど知らないという人も、わりと知っているという人も、さらに知ろうとすると、けっこうやっかいです。

ストーリーはごちゃごちゃしていて、一言ではまとめられない。

神様もたくさん出てきて、誰が誰やら、名前も覚えられない。ギリシャ神話に限らず、神話は、神々の名前や系譜がとても複雑です。

もっとすっきり、わかりやすい形で、神話の内容を知る方法はないでしょうか。私も長年考えてきましたが、本書はこの悩みを、大きく分けて2つの方向から解決してくれます。

1つめは、いくつかの大きな物語の流れを知ること。

2つめは、それぞれの神々・英雄の性格やエピソードを知ること。

この本は、とくに有名な、いくつかの物語を小さく分けて紹介しています。さらに、神々や英雄ごとに、その性格や関係することがらを確認できるように工夫しています。

神々のイラスト、神話を題材にした絵画、冒険の道のりを描いた地図などが道案内となって、あなたを助けてくれるでしょう。

より詳しく神話を知るためのコラムなども満載です。

神々を知れば、世界がもっと面白く見える！

『ギリシャ神話の教科書』、いざ開幕です。

東ゆみこ

ギリシャ神話の舞台

マケドニア
トラキア
レノムス島
トロイア
プリュギア
オリュンポス山
テッサリア
エーゲ海
レスボス島
イタケ島
パルナッソス山
デルポイ
リュディア
カリュドン
テバイ
キオス島
アテナイ
アカイア
コリントス
ミュケナイ
エペソス
デロス島
オリュンピア
アルゴス
エピダウロス
ナクソス島
スパルタ
地中海
クレタ島
クノッソス

CONTENTS

PROLOGUE ギリシャ神話とは何か？

CHAPTER 1 世界の始まり

CHAPTER 2 神々の物語 ……… 47

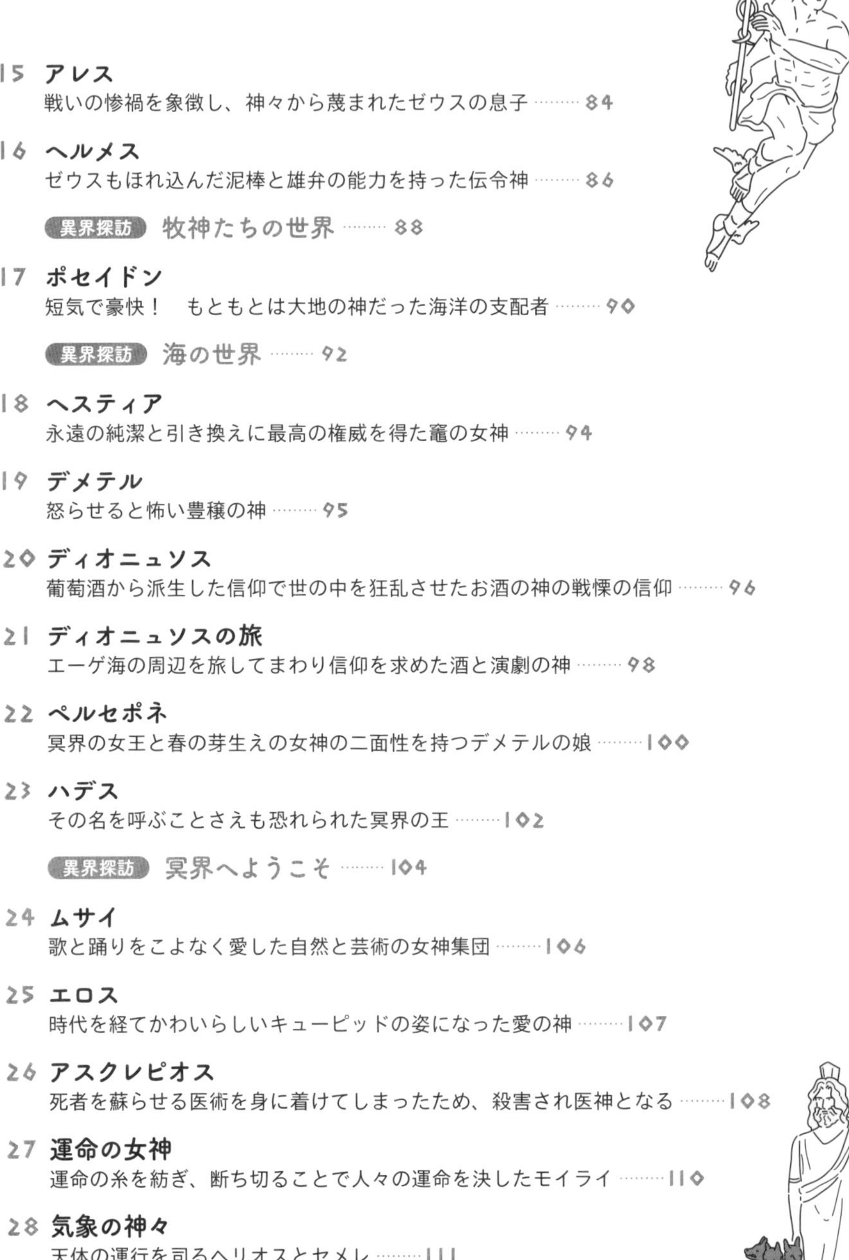

CHAPTER 3 恋人たちの物語 ……115

CHAPTER 4 王族・諸地方の物語 ……145

CHAPTER 5 英雄たちの物語

COLUMN 古代ギリシャ的生活

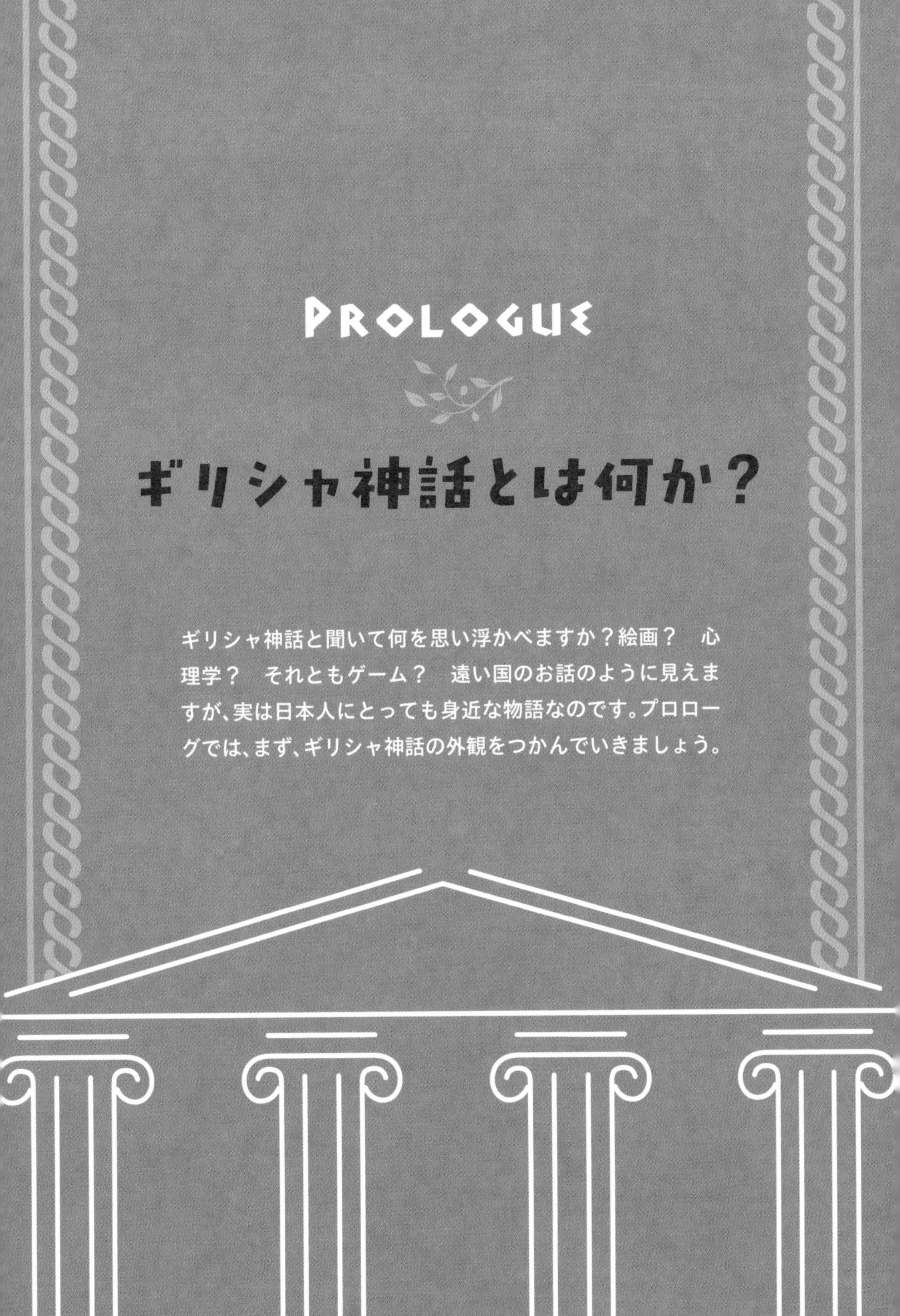

PROLOGUE

ギリシャ神話とは何か？

ギリシャ神話と聞いて何を思い浮かべますか？絵画？　心理学？　それともゲーム？　遠い国のお話のように見えますが、実は日本人にとっても身近な物語なのです。プロローグでは、まず、ギリシャ神話の外観をつかんでいきましょう。

ギリシャ神話展
○△美術館

ヴィーナスの誕生
ギリシャ神話といわれても、よくわからないんだよなぁ。

ちょっとそこのキミ…
?

ギリシャ神話を遠い国の話と思ってはいけないわ！西洋の考え方や、美術にも大きな影響を与えているのヨ！キミが使っている言葉のなかにも、たくさんギリシャ神話に由来するものがあるわ
ナルシストとかカオスとかエディプス・コンプレックスとか

私たちが直々に
ギリシャ神話の
世界を
案内して
あげましょう！

序章ではギリシャ神話の成り立ちや
現代との関わりを解説します。

01

ギリシャ神話とは？

ギリシャ・ローマ文明で培（つちか）われ、西洋の精神の源流となった物語群

西洋人の精神的な支柱であるギリシャ神話

ギリシャ神話は、古代ギリシャ人が生活のなかで信仰し、あるいは道徳的な教えとして信じていた神々と英雄たちの物語で、聖書とともに西洋人の精神世界の根幹をなしている。日本でも、学問のみならずゲームや漫画・アニメの世界で接しない日はないとっても過言ではなく、現代にも大きな影響を与える存在といえるだろう。

それらは自然現象を説明するもの、歴史的事実をもとに発展した物語、想像の産物である冒険譚（ぼうけんたん）など、物語の種類は多岐にわたるが、聖書とは異なり、一冊にまとめられたものではなく、さまざまな書物、伝承の総称である。

もともとギリシャ神話は紀元前21世紀頃のクレタ島の**ミノア文明**や、紀元前17世紀頃の**ミュケナイ文明**といったエーゲ文明のなかで伝えられてきたものである。

ギリシャ各地に都市国家ポリスができた紀元前8世紀頃から紀元前5世紀にかけて、詩人の**ホメロス**によって『**イリアス**』『**オデュッセイア**』がまとめられ、さらにその後、**ヘシオドス**『**神統記**（しんとうき）』によって世界の始まりや神々の系譜が体系化され、ギリシャ神話の原型が整えられた。

これらは口承の叙事詩の形をとっており、以降も口承や演劇などを通じて伝えられていく。

ヘレニズム国家とローマを通じてギリシャ神話が世界へ

紀元前4世紀以降になると、ギリシャとオリエントの文化が融合し、ギリシャ神話は世界に広がっていく。

『**アルゴナウティカ**』『**変身物語**』などの神話を題材にした新しい作品も生まれる一方で神話の研究も始まり、**アポロドロス**による集成も行なわれた。

ギリシャ神話はこうして生まれた

ギリシャ神話はもともと口承で伝えられてきたものが、ホメロスやヘシオドスによって集成され、ヘレニズム時代以降に文献化が進んでいきました。

紀元前21世紀頃
ミノア文明発祥

紀元前17世紀頃
ミュケナイ文明発祥

紀元前12世紀〜紀元前8世紀
暗黒時代

紀元前8世紀
ポリス社会が成立

紀元前16世紀〜紀元前5世紀頃

ミノア文明、ミュケナイ文明のなかで生まれた神話は主に口承によって伝えられ、家庭や宴席、街角で語り継がれた。こうしたなかで、紀元前12世紀以降、英雄にまつわる叙事詩が成立し、イオニア人によって歌と詩の学校も設立される。紀元前800年頃になると、ホメロスの二大叙事詩『イリアス』と『オデュッセイア』、次いでヘシオドスの『神統記』が成立し、ギリシャ神話の骨格が整えられていった。

紀元前5世紀〜紀元前4世紀

ギリシャ神話は以後も口承によって伝えられる一方、アテナイが全盛期を迎える紀元前5世紀に三大悲劇詩人アイスキュロス、ソポクレス、エウリピデスなどが登場して、アガメムノンやオイディプスにまつわる物語を生み出し、さらに深化した。

紀元前4世紀以降

紀元前334年に始まったアレクサンドロス大王の遠征により、東西の文化が融合してヘレニズム文化が生まれる。ギリシャ神話の研究と体系化と集成が盛んに行なわれる一方、アルゴ船の冒険を描いた『アルゴナウティカ』などの作品が成立。さらにギリシャがローマに征服されると、その神話はローマの神話へと取り込まれるとともに、オウィディウスの『変身物語』のようなラテン語による神話文学が登場した。

ギリシャ神話とローマ神話

ローマ人によって深化したオリュンポスの神話群

ローマ神話と同化したギリシャ神話

ギリシャ神話を伝えてきたギリシャの都市国家群は、**ヘレニズム**時代（紀元前334年～紀元前30年）を経て衰退し、紀元前146年に**ローマ**に征服されてその属州となった。ただし、征服者となったローマは、ギリシャの学問、文化、芸術を積極的に吸収していく。ローマの都市を飾っていた彫刻群がギリシャのそれとそっくりなように、ギリシャの芸術を模倣したのは有名な話である。

同様にギリシャ神話にも魅力を感じたらしく、自分たちの信仰するユピテルやユノといった神々をギリシャ神話のゼウスやヘラと同化させ、似たような神話体系を創り上げた。そのためギリシャ・ローマ神話と呼ばれることも多い。

ラテン語によるギリシャ神話文学も誕生

ローマ時代、ラテン語によるギリシャ神話文学も次々と生まれた。

紀元1世紀には、登場人物たちが動物や植物、星座などさまざまなものに変身するエピソードを集成した**オウィディウス**の『**変身物語**』が生まれた。また、詩人**ウェルギリウス**は大叙事詩『**アエネイス**』において、トロイアの勇将アイネイアスが落城寸前のトロイアを脱出し、イタリアへ渡ってローマの礎を築く物語を謳い、ギリシャ神話とローマ神話を結び付けた。

しかし、4世紀にローマ帝国が**キリスト教**を国教化すると、オリュンピアの競技会やデルポイの神託といった神話に基づく信仰が否定され、ギリシャ文化に代わってキリスト教文化が隆盛を迎える。

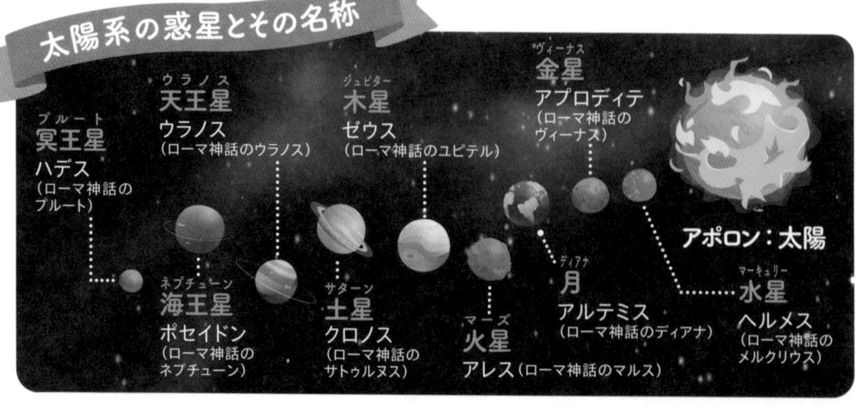

神々の名前の変化

ギリシャ神話名	ローマ神話名	英語読み
ゼウス	ユピテル	ジュピター
ヘラ	ユノ	ジュノー
ポセイドン	ネプトゥヌス	ネプチューン
ヘスティア	ウェスタ	ヴェスタ
デメテル	ケレス	シリーズ
アテナ	ミネルウァ	ミナーヴァ
アポロン	アポロ	アポロ
アルテミス	ディアナ	ダイアナ
アレス	マルス	マーズ
ヘパイストス	ウルカヌス	ヴァルカン
アプロディテ	ウェヌス	ヴィーナス
ヘルメス	メルクリウス	マーキュリー
エロス	クピド	キューピッド
ディオニュソス	バッコス	バッカス
クロノス	サトゥルヌス	サターン
ハデス(プルトン)	プルート	プルートー
ペルセポネ	プロセルピナ	プロセルパイン
モイライ	パルカエ	—
ムサイ	カメナエ	ミューズ
パン	ファウヌス	フォン

ギリシャ神話と星座

毎日目にしている夜空に広がるギリシャ神話の世界

メソポタミアに始まった88の星座

ギリシャ神話の世界は現代の世界にもいくつか根付いている。そのひとつが**星座**。まさに全世界の人が毎日接しているギリシャ神話の世界といえる。現在の星座は1919年に結成された国際天文学連合で話し合われ、1928年に決定された**88星座**が基本となっている。星をつないで動物や人物に見立てる星座の起源は、紀元前3000年頃の**メソポタミア**で始まったとい

12星座とギリシャ神話

おうし座
Taurus（冬）

ゼウスがエウロペをさらうために化けた牡牛。エウロペをさらい、クレタ島に着くと牡牛はゼウスであることを明かし結ばれた。このときの牡牛を星にしたとされる。

ふたご座
Gemini（冬）

ゼウスとレダから卵で産まれたカストル、ポリュデウケスの双子。カストルが従兄弟と争い死んだ後、一緒にいたいというポリュデウケスの願いを聞き入れゼウスがふたりを星にしたとされる。

かに座
Cancer（春）

ヘラクレスに踏みつぶされた巨大カニ・カルキノス。ヘラクレスが難業でヒュドラと戦っているとき、友人のヒュドラを助けようと無謀にもヘラクレスに挑んだ。その勇気が称えられヘラによって星にされたといわれる。

しし座
Leo（春）

ヘラクレスのひとつ目の難行に登場するネメアのライオン。ヘラクレスとの戦いぶりが評価され、ヘラによって星にされたといわれる。

おとめ座
Virgo（春）

麦穂を手にした豊穣の神デメテルとされる。冥界の神ハデスに娘を連れ去られたデメテルは、1年のうち4カ月間は娘と暮らせず悲しみで草木を枯らす。この4カ月間が冬で、娘が戻ると春をもたらすという。

てんびん座
Libra（夏）

女神アストライアが携えた、人の善悪を裁くための天秤（てんびん）。人間の悪行が時代を追うごとに増えると、アストライアは自らの正義が通用しないとわかり天へ昇った。アストライアの天秤はそのまま星になったとされる。

うのが通説だ。名もなき人々が家畜の世話がてら夜空を見ているうちに、これを考案したともいわれている。

88の星座はプトレマイオスが定めた星座が原型

これがギリシャへと伝わり、神話と星座が結びつけられ、2世紀のギリシャの天文学者プトレマイオスによって48の星座が決定された。その多くが現代の88星座に受け継がれている。その後、15世紀に始まる大航海時代にヨーロッパ人が南半球に航海に出て南方の新たな星座を発見し、南方の星座を加えた。その後も観測技術の発展などで星座は増え続け、重複などを改めつつ現在に至る。

日本では中国で生まれた星座を江戸時代まで使っていたが、次第に一般には用いられなくなった。この星座としては北斗七星や昴（すばる）などが知られている。

おひつじ座
Aries（秋）

プリクソスとヘレ兄妹を乗せて空を飛んだ金毛の牡羊。生贄（いけにえ）に捧げられたのち、その毛皮はイアソンによってギリシャへ取り戻された。この毛皮が空にかけられて星座になったとされる。

うお座
Pisces（秋）

怪物テュポンに追われ、魚に変身して川に逃げた女神アプロディテとエロス。お互いはぐれないようにリボンで尾を結んだ姿が星になったといわれる。

みずがめ座
Aquarius（秋）

神々にお酌をする役目を担ったトロイアの美少年ガニュメデス。ガニュメデスを神々に奪われた両親の悲しみを癒やすためゼウスが星にしたとされる。

やぎ座
Capricornus（秋）

怪物テュポンに襲われナイル川に飛び込んだ牧神パン。慌てて跳びこんだため下半身が魚、上半身が山羊という姿になってしまい、この姿を気に入ったゼウスによって星にされたといわれる。

いて座
Sagittarius（夏）

不死身の体を神に返上したケンタウロス族の賢人ケイロン。ヘラクレスの毒矢に射ぬかれたケイロンは苦しみに耐えられず、不死身だった体を返上し、死を迎えた。その死を惜しんだゼウスが星にしたとされる。

さそり座
Scorpius（夏）

アルテミスは狩人のオリオンの傲慢（ごうまん）な言動に腹を立て、オリオンをこらしめるために一匹のさそりを放つ。さそりは足を刺し、オリオンを殺した功績を称えられ星座になったとされる。

ギリシャ神話とルネサンス

キリスト教以前の文化が見直され、芸術となって復活した神話世界

キリスト教に翻弄されたギリシャ神話

ギリシャ神話とオリュンポスの神々はローマ帝国が**キリスト教を国教化**したことで、弾圧を受けるようになった。ギリシャ神話の多神教というスタイルが、一神教であるキリスト教の教義に反していたからである。

キリスト教が中世ヨーロッパの人々の精神世界を支配し、中世を通じて弾圧の時代は長く続いたものの、ギリシャ神話の物語は脈々と受け継がれていった。

やがて中世末期、キリスト教の権威が衰えるとギリシャ神話が脚光を浴び、**ルネサンス期**に復興を果たす。キリスト教に失望した人々がそれ以前の古代ギリシャ・ローマの文化に興味を抱いたのだ。

ギリシャ神話に題材をとる芸術作品が数多く生まれ、**プラトン**などギリシャ哲学への関心も高まっていった。

ヨーロッパでは文学は言うに及ばず、美術、音楽などあらゆる芸術にギリシャ神話の影響が伝播（でんぱ）してその裾野を広げていった。

やがて現代になると映画や漫画の題材としても再三取り上げられて、神話を語り継いでいる。

アプロディテの芸術

ルネサンスの時代に復興を遂げたギリシャ神話の絵画は、歴史の影響を受けながらさまざまな描かれ方をしてきました。とくにアプロディテを主題とする作品にはそうした傾向が顕著に見られます。

ギリシャ・ローマ美術

アプロディテ(ヴィーナス)を主題とする作品は、すでに古代ギリシャやローマの美術から見られました。しかし、ローマ帝国がキリスト教を国教化すると、次第に図像表現は姿を消していきました。

『ミロのヴィーナス』（紀元前130年～紀元前100年頃／ルーヴル美術館所蔵）

『カピトリーノのヴィーナス』（紀元前2世紀頃／カピトリーノ美術館所蔵）

『ヴィーナスの誕生』（1世紀頃／ポンペイ）

ルネサンス

ルネサンスの時代に入り、ギリシャ神話の図像表現が復活。ボッティチェリが体をくねらせた「恥じらいのポーズ」、ティツィアーノらヴェネツィア派が「横たわる裸婦」という、ヴィーナスの表現の定番となるポーズを完成させました。

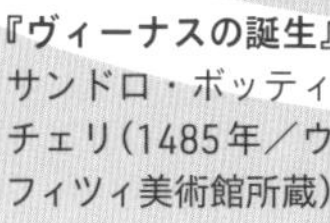

フィレンツェ派

『ヴィーナスの誕生』
サンドロ・ボッティチェリ（1485年／ウフィツィ美術館所蔵）

ヴェネツィア派

『ウルビーノのヴィーナス』
ティツィアーノ・ヴェチェッリオ（1538年頃／ウフィツィ美術館所蔵）

マニエリスム・バロック

マニエリスムの時代以降、寓意を含んだヴィーナスの絵画が生まれます。

『愛の寓意』
アーニョロ・ブロンズィーノ（1540年-1545年／ナショナル・ギャラリー所蔵）

『鏡を見るヴィーナス』
ピーテル・パウル・ルーベンス（1613年-1614年／個人蔵）

新古典主義

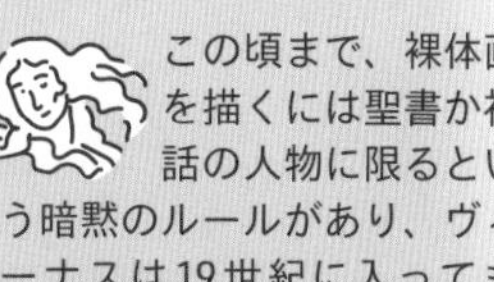

この頃まで、裸体画を描くには聖書か神話の人物に限るという暗黙のルールがあり、ヴィーナスは19世紀に入っても裸体画を描く格好の口実として愛されていました。

『ヴィーナスの誕生』
ウィリアム・アドルフ・ブグロー（1879年／オルセー美術館所蔵）

『ヴィーナスの誕生』
アレクサンドル・カバネル（1863年／オルセー美術館所蔵）

古代ギリシャ的生活

—1—

祭りとオリンピック

古代ギリシャのポリス社会では多くの祭祀が行なわれたが、重視されたのがギリシャ全土から競技者が集まったオリュンピア、ピュティア、イストミア、ネメアの4つの競技祭である。ギリシャ全域の競技祭はこの4つだけで、アゴンと呼ばれた。

なかでも最古かつ威信のあったのが、紀元前776年に再開されたオリュンピア競技祭。近代オリンピックの起源ともされる。ゼウスに奉納された行事で、起源はゼウスの子ヘラクレスによる父への奉納説、ペロプスのオイノマオス王との戦車競走(▶P.170)での勝利記念説がある。

全ギリシャのポリスから都市の名誉をかけて代表選手が集まり、徒競走、槍投げ、幅跳び、ボクシング、戦車競技や自由な格闘技などで争った。

優勝者は都市の誇りとして数々の栄光を手にしたが、敗者は恥とされた。そのため負けられない戦いだったのである。

4大競技祭と種目

CHAPTER 1

世界の始まり

聖書では世界は唯一絶対の神様が創造したとし、壮大な天地創造の物語が語られます。一方ギリシャ神話の世界は、神様が次々と生まれることで形成されていきます。その後に続くのは世界をめぐる神々の争いでした。

ここはまだ世界ができる前の状態じゃ。
ギリシャ神話では、世界は混沌から始まったといわれておる。それも神々が生まれる前の話じゃ。
何もない所からどうやって神様が生まれたのでしょう？
カオス
ガイア
ウラノス
ティタン神族
キュクロプス
ヘカトンケイレス
そこにあるのは「愛」じゃな。混沌から大地や愛が生まれると、大地は空や海を生み、さらに空と交わって神々を生む……そんな展開を見せる。
ゼウス様が創ったわけじゃないのですね。

第1章では、ゼウスらオリュンポスの神々が
世界の覇権を握るまでの流れを解説します。

天地の成り立ち

世界の始まりは混沌から…… カオスから次々に生じた大地、愛、夜

「カオス」に始まるギリシャ神話の世界

古代ギリシャの叙事詩人**ヘシオドス**の『**神統記**(しんとうき)』において、世界は**カオス**から始まったとされる。カオスは「混沌(こんとん)」と訳されるが、本来の意味は「口を開いた空洞」。世界は何もない広大な空間から始まったのだ。

そこにまず大地の神、万物の母となる女神の**ガイア**が生まれ、次に大地の奥底の**タルタロス**、そして**エロス**(愛)が誕生する。続いてエレボス(闇)とニュクス(夜)

原始の神々

ヘシオドスの『神統記』によると、カオスから生じたガイア(大地)は、その後ウラノスら3神を自力で産むと、ウラノスと交わり、山々や巨大な体躯を持つティタン神族を産んだとされます。

キュクロプス
(ひとつ目の巨人)

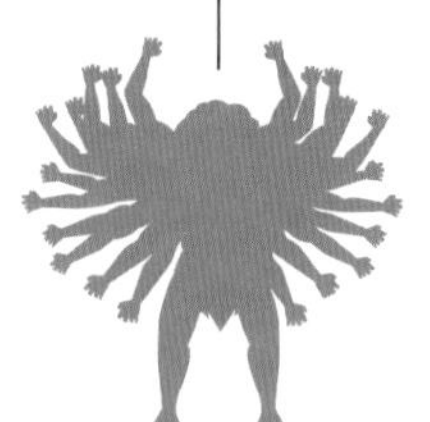

ヘカトンケイレス
(100の手を持つ巨人)

ティタン神族

神話のPOINT!

- 『神統記』は世界の始まりを「カオス(混沌)」と位置付ける。
- カオスから最初に生まれたのは大地の女神ガイアだった。
- ガイアは息子のウラノスと交わり、ティタン神族と世界を生み出した。

も生まれた。さらにガイアは自力で**ウラノス**(天空)と山々とポントス(海原)を生み出す。こうして天と地と海がそろい、世界が完成した。

大地と天空によるはじめての結婚

ただしこの段階では、まだ人格を持つ神はなく、エロスも生殖の力を示す存在に過ぎなかった。世界に住む者を創ろうと考えたガイアは、ウラノスと結ばれる。これによりウラノスとガイアは親子でありながら、夫婦となった。

ガイアとウラノスの間には男女6人ずつの計12人の巨神が生まれた。これを**ティタン神族**(しんぞく)という。続いて三つ子のひとつ目の巨人**キュクロプス**、同じく三つ子で50の頭と100の手を持つ巨人**ヘカトンケイレス**が誕生する。そのほか、ニュクスとエレボスが交わり、ヘメラ(昼)、アイテル(澄明)などさまざまな神が生じた。

ギリシャ神話は何もないところに神々が生じたのが特徴で、唯一の神が万物を創造した聖書の創世神話と大きく異なる。

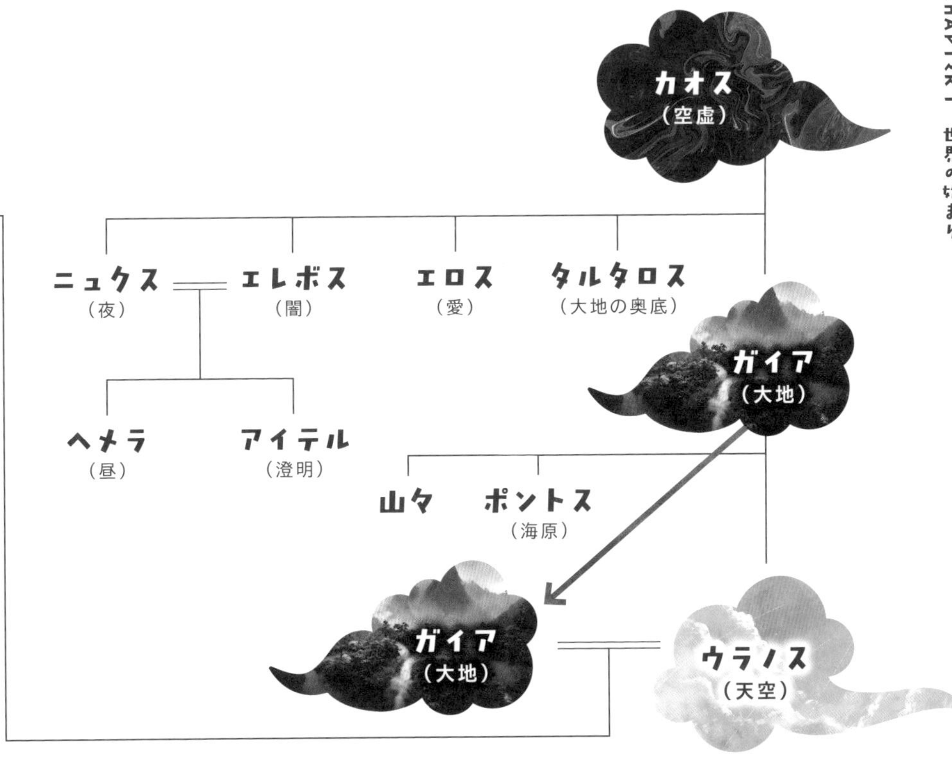

語源図鑑 カオス カオスはのちに無秩序で一貫性が見いだせない状況を形容する「混沌」を意味するようになった。数的誤差により予測できないとされている複雑な現象を扱うカオス理論などの語源となった。

ウラノスの失脚

ガイアを怒らせたウラノスは、男根とともに世界の支配権を失う

子を次々に幽閉するウラノスに母ガイアが激怒

ティタン神族に続いて、ひとつ目の巨人**キュクロプス**と、50の頭と100本の手を持つ**ヘカトンケイレス**をもうけた**ガイア**と**ウラノス**であったが、ウラノスは恐ろしいこれらの怪物を嫌い、生まれるとすぐガイアの腹のなか、大地の奥深くへ閉じ込めてしまう。

夫の仕打ちに怒ったガイアは復讐を決意し、アダマスという固い金属で鋭い刃がついた大きな鎌を作り出すと、息子のティタンたちにその鎌で仇（あだ）を討つよう持ち掛けた。父親の力を怖れて躊躇（ちゅうちょ）するティタン神族のなかにあって勇ましく名乗り出たのが、末っ子ながら優れた知恵と力を持つ**クロノス**だった。

ガイアの命を受け、父の男根を切断したクロノス

クロノスは、ガイアの指示に従ってアダマスの大鎌を手に父のウラノスを待ち伏せした。

やがていつものようにガイアのもとにやってきたウラノスが、ガイアと交わろうと覆いかぶさった瞬間、物陰から飛び出したクロノスが、ウラノスの男根を切り落とし、遠くへ投げ捨てたのである。

ウラノスの傷口から流れ出した大量の血は、ガイアの上に流れ、彼女を新たに妊娠させた。そして巨大な怪物**ギガス**たち（複数形はギガンテス）、復讐の女神**エリニュス**たちなど恐ろしい神々や怪物が生まれた。

一方、海に落ちた男根からは白い泡が湧き出て、美と愛の女神**アプロディテ**が生まれている。

男根を失ったウラノスは世界の支配権を失い、代わってクロノスが世界の主におさまった。

ただしウラノスは、「お前も我が子に王座を奪われるだろう」と、クロノスに不気味な予言を残して去っている。

神話のPOINT!

- ウラノスはガイアと交わって生まれた怪物を忌み嫌い、幽閉してしまう。
- ガイアはウラノスへの報復を決意し、末子クロノスがウラノスを退治する。
- ウラノスは男根を失ったことにより、世界の支配権をクロノスに奪われる。

ガイアとウラノスの子どもたちとウラノスの追放

末子クロノスに男根を切断されたウラノスは、世界の支配権を失いました。

語源図鑑　ギガ　「巨人（giant）」の語源がギガス。「ギガバイト」などの語源はギガスにある。

ゼウスの誕生

母の機転でクロノスの魔の手を逃れたゼウスが兄姉を救出する

ウラノスの二の舞を避けるべく我が子を飲み込むクロノス

神々の王となり、世界を統治した**クロノス**は、姉の**レイア**と結婚し、次々と子どもをもうけた。

ところがクロノスは生まれた子をすぐに自分で飲み込んでしまう。それはウラノスから、「我が子に王の座を追われる」と予言されていたからだ。しかしレイア

クロノスの失脚

クレタ島で密かに育てられたゼウスは吐き薬をクロノスに飲ませて兄姉たちを救い出すことに成功します。

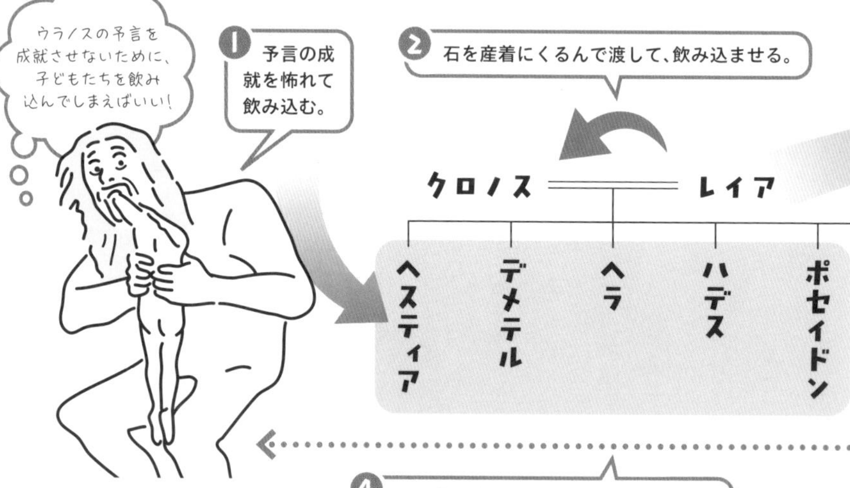

神話のPOINT!

- 予言の成就を恐れたクロノスは次々と我が子を飲み込む。
- 末子のゼウスだけが母レイアの機転で父の魔の手を逃れ成長する。
- 真相を知ったゼウスが兄姉を救い出した。

は6人目の子を身ごもったとき、この子を何とか守りたいと母**ガイア**に相談する。

母の助言でレイアはクレタ島でひそかに男児を生み、生まれた子を母に託した。クロノスには我が子と偽って産着で包んだ大きな石をわたす。クロノスは何の疑いも抱かず石を飲み込んだ。ガイアは、女性のニンフ(精霊)・アマルテイアと、クレテスと呼ばれるクレタ島の精霊たちに命じて、レイアが生んだ赤子を育てさせた。こうして成人したのが**ゼウス**だ。

知恵の女神の力を借りて兄姉を救い出したゼウス

ゼウスはガイアから出生の秘密を聞くと、クロノスに飲み込まれたままの兄や姉たちを救い出すことにした。

知恵の化身である女神の**メティス**に協力を求め、彼女の機知でクロノスに吐き薬を飲ませる。するとクロノスはゼウスの身代わりの石を、続いてゼウスの兄姉5人を次々と吐き出した。

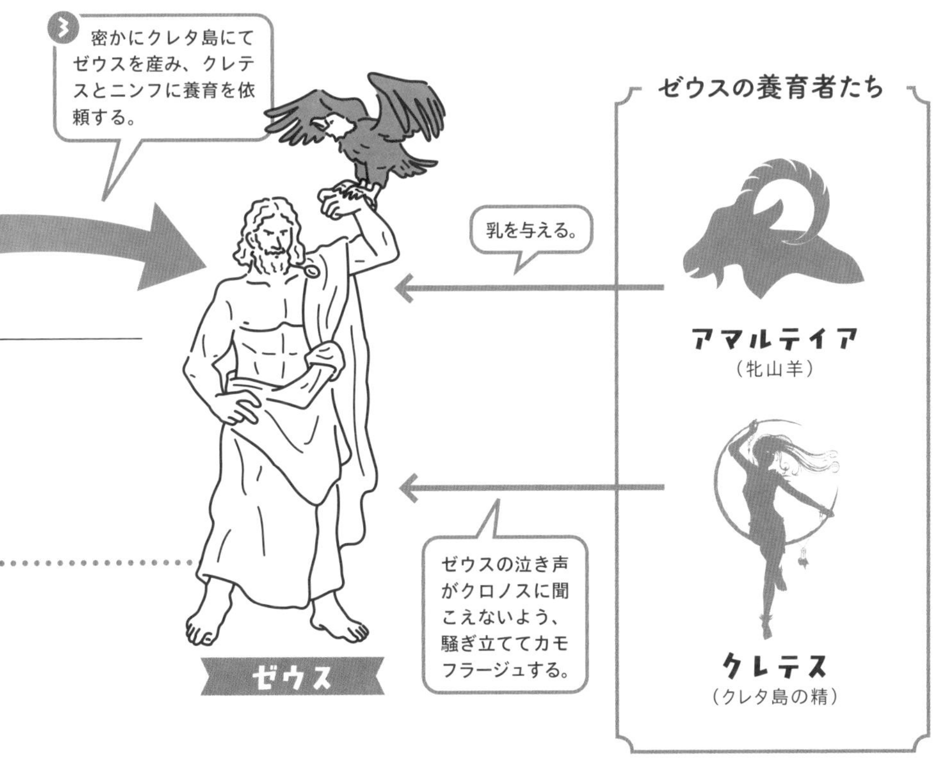

豆知識 ゼウスはクロノスを欺いて兄姉を助けたことを記念して身代わりの石をパルナッソス山麓のピュトに置き、クロノスに対する見せしめとした。

ティタノマキア

ティタン神族とオリュンポスの神々の間で世界を巡る戦いが起こる

世界の支配権を巡る神々の決戦

ゼウスによって救われた神々は、**オリュンポス山**に住み、**オリュンポス神族**と呼ばれた。

一方の**クロノス**率いる**ティタン神族**もこのままで済ますつもりはない。やがてゼウスのオリュンポス神族とクロノスらティタン神族との間で世界の支配権を賭けた**ティタノマキア**と呼ばれる決戦が始まった。

両軍の力は互角で、10年もの間決着がつかなかった。ここでガイアがゼウスに秘策を授け、膠着状態となっていた戦いが大きく動き出す。

ガイアはゼウスにウラノスに閉じ込められたままの**キュクロプス**と**ヘカトンケイレス**を救出すれば勝てると教えたのだ。

この助言を受けたゼウスは、兄の**ポセイドン**と**ハデス**を伴って地底におもむき、彼らを解放したのだった。

オリュンポスの強力な援軍となったキュクロプスとヘカトンケイレス

これを喜んだキュクロプスたちは、ゼウスのために無敵の雷電を作って献上する。さらにポセイドンには三叉の戟を、ハデスには姿隠しの兜が贈られた。

ゼウスがこの雷電を撃つと、雷撃によってティタンたちは目をつぶされてしまう。

そこへ追い打ちをかけるように、ヘカトンケイレスがそれぞれ100本の手でティタン神族に向け、次々と巨岩を投げつけたのだ。ティタン神族は無数の岩に押しつぶされ、ついに降参したのだった。

勝利したゼウスはティタンたちを暗黒のタルタロスに閉じ込め、ヘカトンケイレスを見張りとした。

世界の支配権を得たゼウスら3兄弟はくじを引き、その結果、ゼウスが天界、ポセイドンが海、ハデスが冥界(▶ P.104)を統治することになった。

神話のPOINT!

- オリュンポス神族とティタン神族が争うティタノマキアが勃発する。
- ゼウスがガイアのアドバイスでキュクロプスらを解放する。
- ウラノスの予言が的中し、ゼウスが世界を支配する王となった。

ギリシャ北部を舞台に行なわれたティタノマキア

ゼウスによって救われた神々は、オリュンポス山に拠点を置き、オトリュス山のティタン神族と対決の構えを見せました。以後10年にわたる熾烈な戦いの末、ガイアの助言に従ったオリュンポスの神々が勝利を収めました。

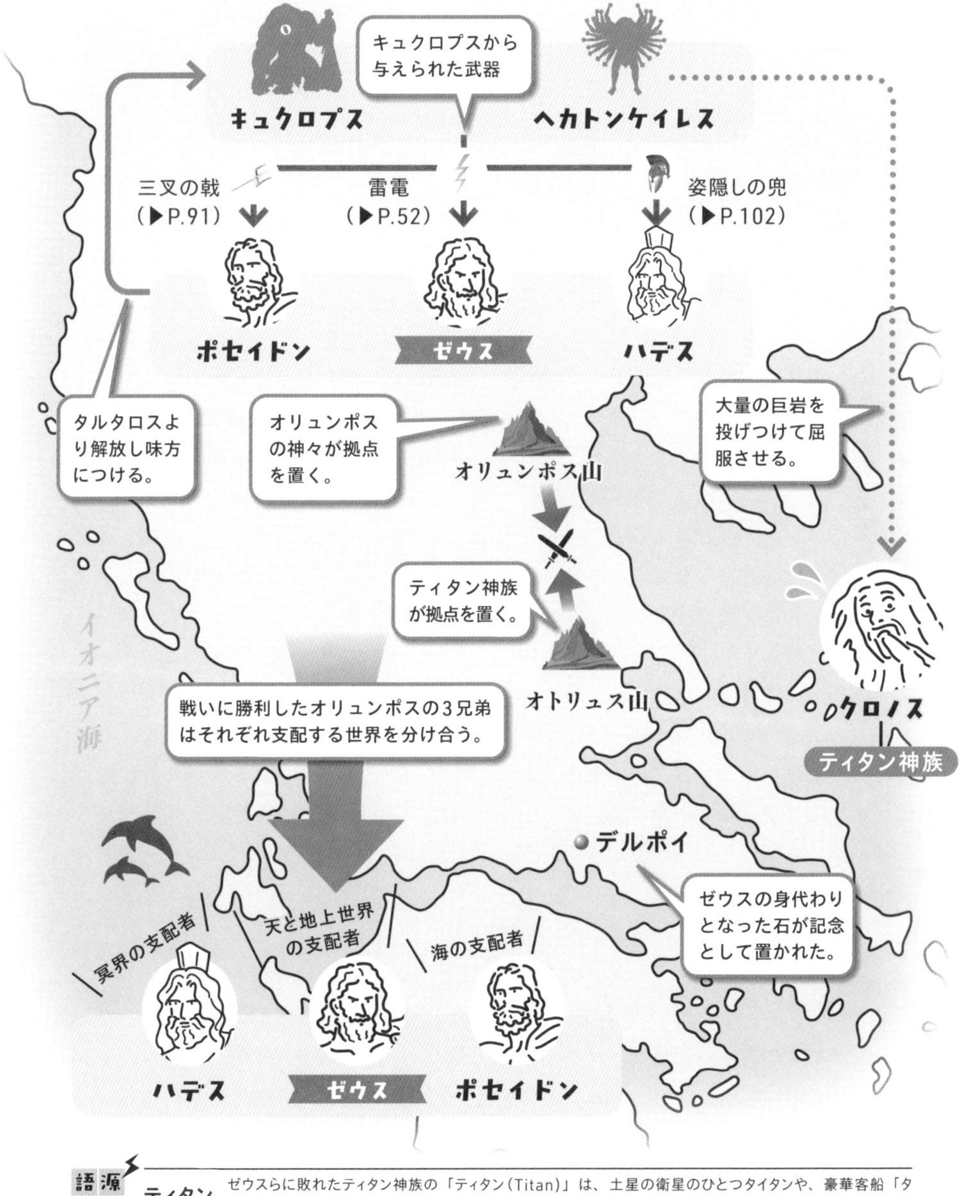

キュクロプス
ヘカトンケイレス
キュクロプスから与えられた武器
三叉の戟（▶P.91）
雷電（▶P.52）
姿隠しの兜（▶P.102）
ポセイドン
ゼウス
ハデス
タルタロスより解放し味方につける。
オリュンポスの神々が拠点を置く。
オリュンポス山
大量の巨岩を投げつけて屈服させる。
ティタン神族が拠点を置く。
オトリュス山
クロノス
ティタン神族
イオニア海
戦いに勝利したオリュンポスの3兄弟はそれぞれ支配する世界を分け合う。
デルポイ
ゼウスの身代わりとなった石が記念として置かれた。
冥界の支配者
天と地上世界の支配者
海の支配者
ハデス
ゼウス
ポセイドン

語源図鑑 **ティタン** ゼウスらに敗れたティタン神族の「ティタン（Titan）」は、土星の衛星のひとつタイタンや、豪華客船「タイタニック号」の由来となった。

ギガントマキア

巨人族との戦いを制し、オリュンポスの神々が世界の支配権を手に入れる

ガイアの命を受けて オリュンポスに侵攻した巨人族

ティタン神族に勝利した**オリュンポス神族**だったが、世界の支配を巡る戦いはまだ終わらなかった。

今度はティタン神族がタルタロスへ追いやられたことに、母のガイアが激怒したのだ。ガイアはウラノスの男根を切断した時の血から生まれた、**ギガス**たちにオリュンポスを攻撃させた。

エンケラドス、ポルピュリオンを頭領とするギガンテス（ギガスの複数形）は、巨大な体を持つ凶暴な怪物だ。**ゼウス**らはギガンテスに苦戦を強いられるが、人間の力を借りなくては勝利を得られないという予言を受け、ゼウスと人間の女性との間に生まれた英雄**ヘラクレス**（▶P.186）を招聘(しょうへい)する。さらには**ポセイドン**や**ディオニュソス**なども参戦し、オリュンポスの神々は、ギガスらを完膚(かんぷ)なきまでに叩きつぶしていった。

オリュンポスを襲う ギリシャ神話最大の怪物

腹を立てたガイアは、今度はタルタロスと交わって半人半獣の巨大怪物テュポンを生み出す。**テュポン**はギリシャ神話中、最も大きく強力な怪物で、暴風や自然の破壊力を擬人化した存在という。

頭は天の星に届き、広げた両手が西と東に届くほどで、肩から蛇の頭が100も生え、下半身は大蛇という姿の怪物だ。

そのテュポンが火の岩を吐きながらオリュンポスに攻め入ってくると、恐れをなしたオリュンポスの神々は逃げ出し、最後に残ったゼウスとテュポンとの一騎打ちが始まった。激しい戦いが繰り広げられた。一説にはゼウスも一度は敗れてキリキアの洞窟に閉じ込められたという。しかし最後はゼウスがエトナ山をテュポンに投げつけて押し潰し、勝利を得た。

こうして勝利したオリュンポスの神々が、世界の支配を確立したのである。

神話の POINT!

- ガイアの怒りから神々とギガンテスの間でギガントマキアが起きる。
- オリュンポスの神々はギガンテスを退治したが、テュポンの前に逃げ去る。
- ガイアが生み出した怪物テュポンもゼウスによって倒された。

ギガントマキア

ギガンテスとオリュンポスの神々の戦い「ギガントマキア」に際して、神々は英雄ヘラクレスの力を得て勝利を収め、世界の支配を確立させました。

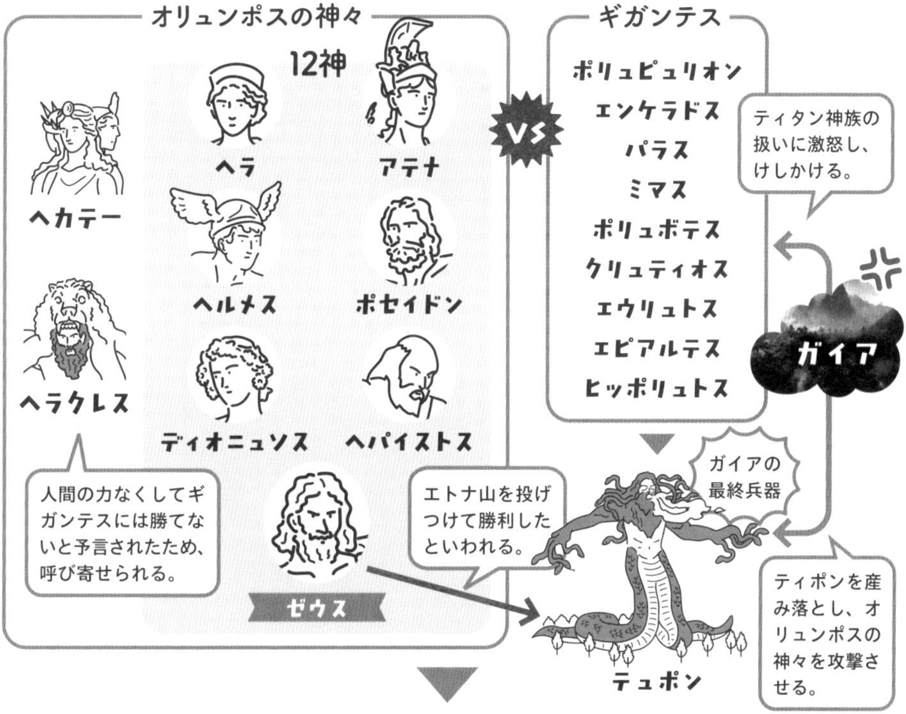

オリュンポスの神々

12神

ヘラ
アテナ
ヘルメス
ポセイドン
ディオニュソス
ヘパイストス
ゼウス

ヘカテー
ヘラクレス

人間の力なくしてギガンテスには勝てないと予言されたため、呼び寄せられる。

VS

ギガンテス

ポリュピュリオン
エンケラドス
パラス
ミマス
ポリュボテス
クリュティオス
エウリュトス
エピアルテス
ヒッポリュトス

ティタン神族の扱いに激怒し、けしかける。

ガイア

ガイアの最終兵器

エトナ山を投げつけて勝利したといわれる。

テュポン

ティポンを産み落とし、オリュンポスの神々を攻撃させる。

オリュンポスの神々の支配権が確立する！

神話の伏線

テュポンとエキドナの子

テュポンは、半人半蛇の女神エキドナと交わり、キマイラ、ヒュドラ、ケルベロスなどのモンスターを産み落とした。

一方ゼウスは、無数の女神や人間と交わり、ヘラクレスやペルセウスといった英雄たちを誕生させている。ギリシャ神話は神々の物語から、やがてこうした英雄たちの物語へと移り、英雄たちによるモンスター退治が語られる。テュポンの子どもが英雄に敗れることは、野性が理性に敗れることを象徴するといわれる。

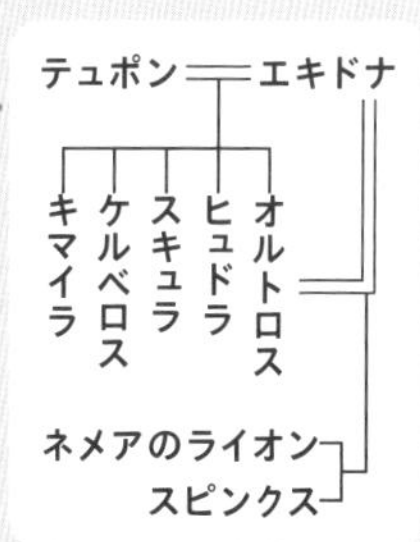

語源図鑑　タイフーン　自然の破壊力の象徴とされるテュポンは、「Typhon」と表記され、英語では「タイフーン（typhoon）」。つまり台風の語源となった。

異界探訪

巨人たちの世界

原初の力を象徴する異形の存在

ギリシャ神話には多くの巨人が登場する。ガイアの命を受けてオリュンポスに侵攻したギガンテスや、鍛冶の神ヘパイストスの助手とされるひとつ目の巨人族キュクロプス、50の頭と100の手を持つというヘカトンケイレス、世界を支えることを命じられたアトラスなど、巨大な体を持ち超人的な力を発揮する存在だ。

時に神々を助ける一方で、『オデュッセイア』に登場するポリュペモスやティタン神族など、神や英雄に敵対する存在としても登場する。また、北欧神話においても、オーディンらアース神族と争う存在として多くの巨人が登場する。

ではそもそも巨人とは、どのような存在なのだろうか？　巨人伝説には次のような類型が見られる。それは、①山や湖などの自然物の起源を巨人の行動に求めるもの、②秩序の形成に抵抗する荒ぶる神についての伝説、③15世紀までのヨーロッパ人がアジアに描いていたイメージ、④敵対する民族を貶めようとした神話、そして⑤神話的創造の論理によって誇張された巨人である。また、多くの神話において、巨人を倒した者が次の支配者となっている。こうしてみると、巨人とは善でも悪でもない強大な原初の力を象徴する存在だったのではないだろうか。

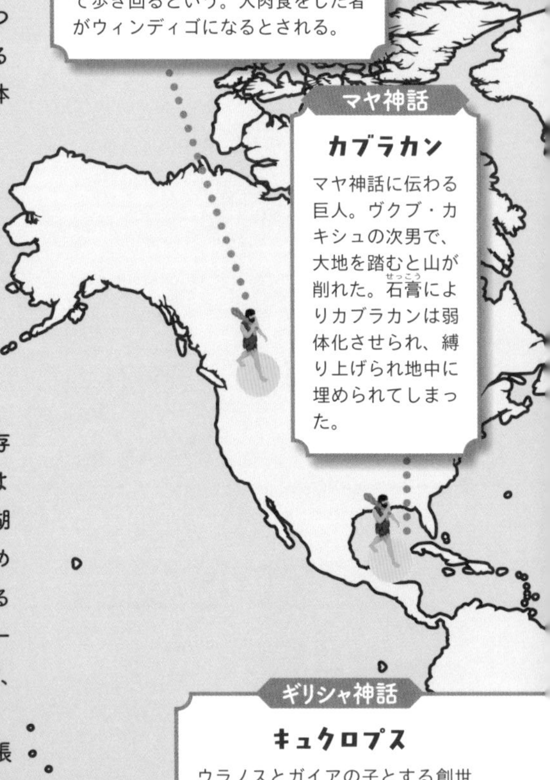

北米先住民

ウィンディゴ

食糧のない冬に人肉を求めてさまよう巨人。樹木の上の部分を雪靴にして歩き回るという。人肉食をした者がウィンディゴになるとされる。

マヤ神話

カブラカン

マヤ神話に伝わる巨人。ヴクブ・カキシュの次男で、大地を踏むと山が削れた。石膏によりカブラカンは弱体化させられ、縛り上げられ地中に埋められてしまった。

ギリシャ神話

キュクロプス

ウラノスとガイアの子とする創世神話では鍛冶の技術を持ちヘパイストスの助手を務めるとされる。一方、『オデュッセイア』などには粗暴な人食い巨人族として登場する。

ヘカトンケイレス

ウラノスとガイアの子とされ、50の頭と100の手を持つ巨人族とされる。

ケルト神話

フォモール族

ケルト神話に登場する異形の巨人族。入植してきた神の一族であるトゥアハ・デ・ダナンなどと対立した。

北欧神話

ユミル

北欧神話『スノッリのエッダ』に出てくる原初の巨人。原初の牛アウズフムラの乳を飲んで育ち、死後、ユミルの身体の各所から世界が生み出された。

スルト

北欧神話の終末「ラグナロク」において、神々を襲撃し世界を焼き払う巨人。アイスランドのスルツェイ火山はこの巨人から名づけられた。

日本神話

八束水臣津野命(やつかみずおみづぬのみこと)

『出雲国風土記』に登場する神で、朝鮮半島、隠岐、北陸に綱をわたして土地を引っ張り、出雲の土地を造ったとされる。

ダイダラボッチ

日本各地に伝わる巨人伝説。『播磨国風土記』では大人(おおひと)と書かれ、『常陸国風土記』では貝塚を造ったとされる。

イラン神話

デワ

タジク族に伝わる毛むくじゃらで手足の爪の長い巨人。人間を捕らえて食らう悪神とされる一方、山奥や湖底、地中に棲み、貴金石を守るという。

中国神話

盤古(ばんこ)

中国の創世神話に登場する原初の巨人。天地を分けて世界を創り、その死体から太陽や月、海など万物が生まれたという。

ティタン神族

ガイアとウラノスから生まれ、オリュンポスの神々に先行する古(いにしえ)の神々。クロノスがウラノスより世界の支配権を奪い取ったが、オリュンポスの神々に敗れた。

ギガンテス

ガイアの命令を受けてオリュンポスに侵攻した巨人族。クロノスに去勢されたウラノスの傷口から流れ出た血によってガイアが妊娠し、生み出したとされる。

メソポタミア

フンババ

『ギルガメシュ叙事詩』に登場する巨人で、杉を守る森の番人とされる。ウルクの王ギルガメシュとその親友エンキドゥによって倒された。

インド神話

クンバカルナ

叙事詩『ラーマーヤナ』に登場する巨人。主人公ラーマ王子が率いた猿軍団をひと口で数十頭ずつ食い殺した。

人類の誕生とプロメテウス

人類に火と知識をもたらした巨人に、ゼウスは過酷な罰を与える

ティタノマキアを生き残ったティタン神族が人間を創る

オリュンポスの支配が確立した頃、地上に人間が登場する。**ゼウス**が創造したとされる一方で、よく知られているのが**プロメテウス**による創造説である。

プロメテウスは、ティタン神族ながら**ティタノマキア**でゼウスの勝利を予想。ゼウスに味方して戦った知恵者だ。

そのプロメテウスはあるとき、土を水でこねて、地上で暮らす鳥や獣、そして

人類の恩人プロメテウスとゼウスの駆け引き

イアペトス ＝ クリュメネor アシア

メノイティオス

一方アトラスは、オリュンポスの神々に激しく抵抗したことからその恨みを買い、永遠に天を支える罰を与えられた。

神話のPOINT!

- 人間を最初に創ったのはプロメテウスとする説がある。
- 人間は土と水から神の姿に似せられて創られた。
- プロメテウスは火を盗み出して人間に与え、永遠に苦しむ罰を与えられる。

神の姿をかたどった人間を創り出した。

鳥には翼を、獣には鋭い爪や毛皮を与えたが、人間に与える能力がない。そこでプロメテウスは、天から盗み出した火と知識を与えた。火と知識で文明を営めば身体的な弱さを補えると思ったからだ。知識として建築や馬車や船の造り方、気象術、数や文字、金属の使い方などを教えた。

人間に文明をもたらしたことでプロメテウスは永遠の罰を与えられた

プロメテウスは神々と人間が生贄の牛肉の分配方法を巡って争ったときにも、人間に味方した。彼は神々が骨の方を選び、美味の肉と臓物が人間に渡るよう、脂身で骨をくるんでおいしく見えるように装ったのである。怒ったゼウスが人間から火をとりあげたが、プロメテウスは火を盗み返し、再び人間に与えてしまう。

激怒したゼウスはプロメテウスを捕え、生きたまま肝臓をワシに食べられ続ける罰を下した。しかも肝臓は夜に再生されるため、プロメテウスは永遠の苦痛にさいなまれることとなったのである。

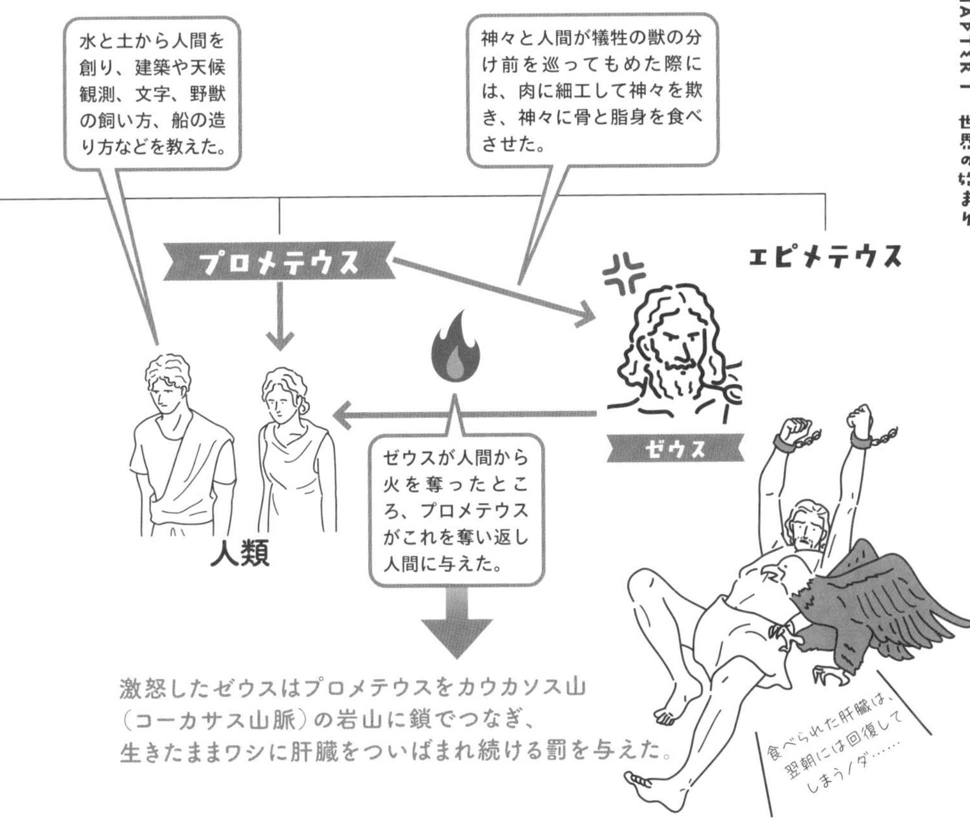

語源図鑑 **プロメテウスの火** 原子力など強大でリスクの大きい科学技術の暗喩として用いられる語。プロメテウスが人類に教えた知識は、建築や馬車や船の造り方、気象術、数や文字、金属の使い方などであった。

パンドラの箱

人類最初の女性によって世界にバラまかれたあらゆる災い

人類を罰するために人類初の女性を創らせたゼウス

人類には当初、男性しかいなかったようだ。

ゼウスが、プロメテウスによって火と知識を与えられた人間に対して戒めを与えるべく、鍛冶(かじ)の神**ヘパイストス**に命じて粘土と水から不死の女神に似せた美しい女性を創らせる物語が伝えられている。

ヘパイストスによって声と力を吹き込まれたこの人間は、愛と美の女神**アプロディテ**によって美と妖艶(ようえん)さを、伝令の神**ヘルメス**によってずる賢さや不実さを与えられた。

これが人類初の女性である。女は「すべての贈り物である女」という意味の**パンドラ**の名が与えられた。

パンドラは**プロメテウス**の弟、エピメテウスのもとへ届けられた。エピメテウスは兄からゼウスの贈り物は受け取るなと忠告されていた。ところが物事を後から考えるエピメテウスは、目の前に現れたパンドラにひと目ぼれし、妻に迎えたのである。

あらゆる災いを世界中にバラまいた女性の好奇心

パンドラは、神から甕(かめ)を与えられていた(エピメテウスの家にあったともいう)。その甕は開けるなといわれていたが、パンドラは生来の好奇心からふたをあけてしまった。

すると甕のなかから黒い煙が立ち上り、悲しみ、病気、争い、憎悪などあらゆる災いが噴き出し、地上世界に広まってしまう。

これ以降、地上に病気や悪、災いがはびこるようになり、人類にさまざまな苦しみが降りかかることとなったのである。

しかし甕のなかには「希望」だけが残されていた。

そのため人間はどんな不幸にあっても希望だけは失わずにいられるという。

神話のPOINT!

- ゼウスは人間を戒めるため神々に人類初の女性、パンドラを創らせた。
- パンドラが開けてはいけない甕を開けたため、厄災(やくさい)が世界に散らばった。
- パンドラの行動により、ゼウスの思惑通りとなった。

人類最初の女性パンドラと甕

プロメテウスから火を得た人類に対し、ゼウスは最初の女性を送り込むことで戒めを与えることにしました。パンドラは甕を開けてはいけないと忠告されましたが、ついには誘惑に負け、甕を開けてしまうのです。

悲しみ

病苦

猜疑（さいぎ）

憎悪

争い

甕は神々からの贈り物がつまったものとして与えられた。

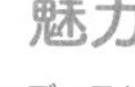

魅力

アプロディテにより、四肢を疲れさせる物思いと、典雅、悩ましい憧れを与えられた。

心・理性

ヘルメスが不実さとずる賢さを吹き込んだ。

衣

アテナが銀白の衣をまとわせ、頭には鮮やかな刺繍を施したヴェールを被らせた。

体

ヘパイストスが粘土をこねて不死の女神に似た顔と美しい乙女の姿を創り上げた。

パンドラは、神々がさまざまな特徴を吹き込んで創られたとされます。

甕の底には希望が残ったといわれる

CHAPTER 1 世界の始まり

語源図鑑 **パンドラの箱** 元の神話では甕だったのだが、生活様式の変化に伴い、いつしか箱とみなされるようになった。

人類の五世代

堕落を続ける人類の歴史は、古代ギリシャ人の労働観を生んだ

ヘシオドスが語る人類の5つの世代

プロメテウスの人類創造とは別に、**ヘシオドス**は『**労働と日**』において5つの世代神話を語る。

人間には5つの種族が存在し、時代が下るほど人類は劣化し、堕落したとするものだ。

クロノスが世界を支配していた時代、神々は**黄金の種族**と呼ばれる人類を創り出した。彼らは不死ではないが、労働の苦しみもなく、神と同じように幸せに暮らしていた。病気や災禍とも無縁で、穀物があふれるなか、楽しみだけを享受し、やがて生を終えた。

ゼウスがクロノスに代わって支配者となってから創られたのが**銀の種族**である。彼らは100年も子どものままで過ごし、大人になると長生きできなかった。神々へ敬意を払わず、暴力的だったのでゼウスによって消滅させられた。

次にゼウスがトネリコの木から創ったのが**青銅の種族**である。強い肉体と腕力を持ち、青銅の道具を用いたが、これを武器にも活用し、殺し合いを始めてしまう。ついには殺し合いの果てに滅んでいった。

次にゼウスは前の種族よりはましな**英雄の種族**を創る。彼らは**トロイア戦争**などで活躍した半神半人の英雄。多くは戦争で滅びたが、一部は生き延びたという。

終末を前提とした現代を不幸な時代とする世界観

そして作者ヘシオドスの現代に生きるのが、第五の世代となる**鉄の種族**である。過酷な労働に苦しめられる人々で、彼らが生きる時代は正義も希望もないもっとも不幸な時代であり、ヘシオドスはこの種族もいずれは神に滅ぼされると予言している。

こうした人類史は、古代ギリシャ人の幸福の基準や価値観、労働観を端的に伝える神話といえよう。

神話のPOINT!

- ヘシオドスは五世代の人類があったという神話を伝える。
- 人類には黄金、銀、青銅、英雄、鉄の世代がある。
- 現代は鉄の時代にあたるが、それも滅びるとヘシオドスは予言する。

人間の5つの世代

ヘシオドスは『労働と日』のなかで、人間には5つの世代があり、現代に生きる我々は五つ目の「鉄の時代」に当たるとしています。

黄金の時代

クロノスの時代に生きた人々は、あらゆる災いと縁がなく、豊かな実りのなかで生活した。正義が尊ばれて、不正を働く者はなく、人々は幸福に暮らし眠りに落ちるように死んだ。

銀の時代

オリュンポスの神々が創った人々は黄金の時代の人々より愚かで、短い命を終えた。四季が生まれて、少し生活がしづらくなり、住居が必要になった。

大洪水

劣悪になっていく人類を見たゼウスが、人類を滅ぼした大洪水は、この時代に当たるという説がある。
(▶P.44)

青銅の時代

銀の時代には遠く及ばない人々が生きた時代。武器を手にして争うことを始めた。やがて、互いに争うなかで滅んでいった。

英雄の時代

ゼウスが創った人々の時代。彼らは半神で先代より優れていたが、戦争によって滅んだ。人間は互いを信じ愛し合うことができなくなった。

鉄の時代

再生を果たした現代に生きる我々の時代。ほかの四世代に比べもっとも過酷な時代とされる。

女神アストライア

初夏に見られる天秤座(てんびんざ)は、ゼウスの娘で、正邪をはかる天秤とされてきた。天秤座については正義の女神アストライア(別名ディケ)にまつわる伝説が残されている。

堕落した銀の種族を嫌い、地上で暮らしていた神々が天上へと去るなか、正義の女神アストライアは、地上にとどまった。アストライアは争いが起こったときには、当事者を正義の天秤に乗せて正邪をはかり、公正な裁きを下して正義を説いたという。しかし鉄の時代になると、ついに人間を見限り、天上へと去った。アストライアは乙女座に、彼女の持つ天秤が天秤座となったという。

世界の始まり
09

大洪水

堕落した人類がリセットされ、生き残った男女から歴史が始まる

人類に愛想を尽かした ゼウスが起こした大洪水

青銅の時代、時代を経るごとに堕落していく人類に愛想を尽かした**ゼウス**は、彼らを滅ぼそうと**洪水**を起こす。9日間、激しい雨を降らせると、パルナッソスの山頂を残して大地は水没。人類はことごとく流されていった。

だが10日目の朝、箱船に入ったひと組の男女がパルナッソスの山頂にたどりつく。**プロメテウス**の息子**デウカリオン**と、

大洪水の流れとヘレンの系譜

世代を経るごとに堕落の一途を辿る人類に失望したゼウスは、大洪水を起こして人類を滅ぼすことにします。9日間続いた大洪水により人類は滅びますが、プロメテウスの子デウカリオンとパンドラの娘ピュラだけが生き残り、新たな人類の祖となりました。

大洪水神話の流れ

STAGE 1
堕落した人類に失望したゼウスが、大洪水を起こして人類を滅ぼすことを決意する。プロメテウスからこの計画を聞いていたデウカリオンとピュラは、箱船を造って食料を積み込み大洪水に備えた。

STAGE 2
やがて大雨が降り始めて大洪水が起こり、洪水が人々を流し去るなか、箱舟は9日9晩漂い続け、パルナッソス山に流れ着く。

STAGE 3
箱船を下りたデウカリオンがゼウスに犠牲を、テミスに感謝の祈りを捧げると、「頭を布で隠し、衣を脱いで母の骨を後ろに投げるがいい」という神託が下る。

神話の POINT!

- 堕落した人類がゼウスの大洪水によって滅亡させられる。
- ひと組の男女だけが生き残り、新たな人類が生まれた。
- デウカリオンとピュラの子ヘレンがギリシャ人の祖となった。

その妻で、エピメテウスと**パンドラ**の娘の**ピュラ**だった。先見の明があるプロメテウスは神の怒りを知り、ふたりに船を造り、それで逃げるよう伝えていたのだ。

デウカリオンとピュラに始まる新しい人類の系譜

人類は洪水で滅びたが、生き残ったデウカリオンとピュラは、ゼウスと神々に感謝を捧げた。

するとゼウスは「お前の母の骨を後ろに投げよ」という。「母」を大地と捉え、その骨を大地の芯をつくる「岩」と考えたデウカリオンが石を後ろに投げると、彼の投げた石から男性が、ピュラが投げた石から女性が生じ、新しい人類が増えていった。

デウカリオンとピュラの長男**ヘレン**はニンフのオルセイスと結ばれ、その息子のドロス、クストス、アイオロスの系譜からドーリア人、イオニア人、アカイア人、アイオリス人というギリシャ人の諸部族が派生していった。そのため彼らの父ヘレンがギリシャ人の祖といわれている。

古代ギリシャ人に繋がるヘレンの系譜

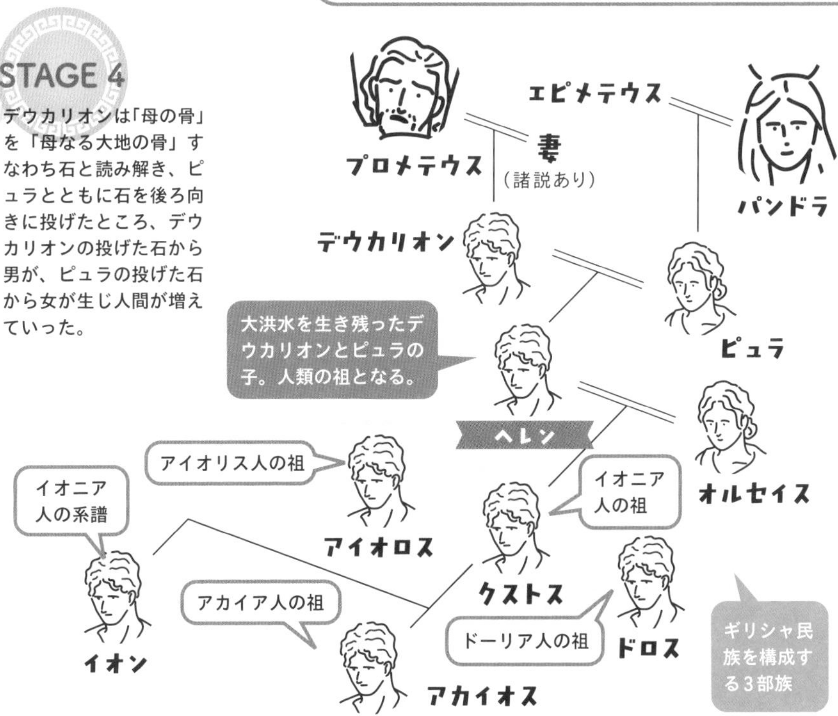

語源図鑑 ヘレネス　ギリシャ人たちは自分たちのことを「ヘレネス」と自称した。また、ギリシャは「ヘラス（Hellas）」と表現されるのも、ギリシャ人の祖ヘレンが語源となっている。

COLUMN

古代ギリシャ的生活

2

古代ギリシャの都市

暗黒時代、オリュンポスの神々が集住して形成したのが都市国家のポリスである。ポリスは主権国家で、独自の防衛や貨幣鋳造（ちゅうぞう）などを行なっていた。

ただしポリスといってもさまざまなタイプがある。ギリシャ本土は混沌とした街並みの定住型ポリスが多かった一方、植民市は都市計画のもと整然とした街並みが広がるなど、景観や規模も異なるさまざまなポリスが存在していた。

一方で、これらのポリスにはいくつかの共通点もある。城壁に囲まれた市街とその中心にアクロポリスがあり、街は公共、個人、祭祀（さいし）と3つの場に分かれていた。

都市の中心には公共の広場であるアゴラが設けられ、その周りには公共施設が並んだ。この施設についてアテナイなど民主政の都市では、評議会の議場、官庁、裁判所、造幣所、商業施設などが置かれていた。

ポリスの構造

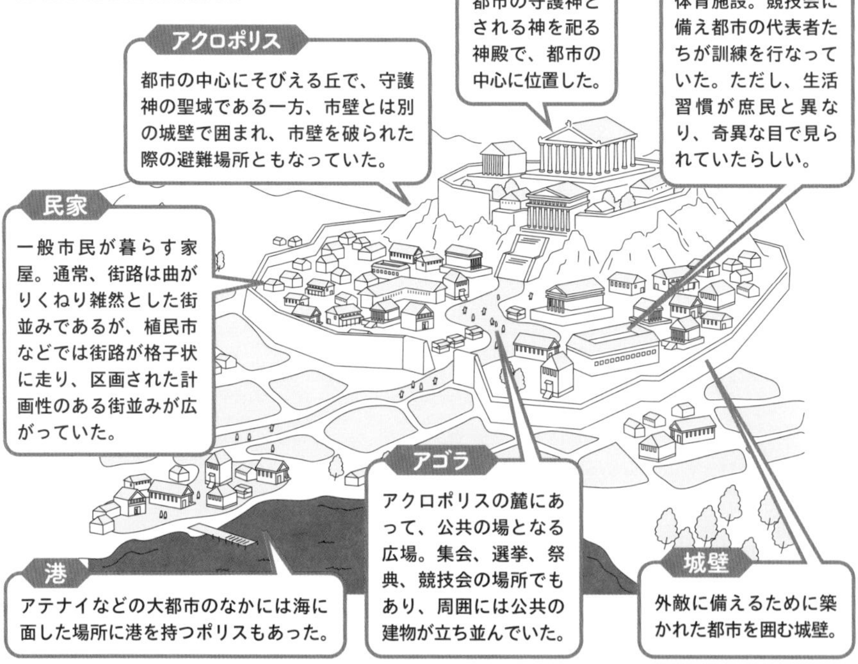

CHAPTER 2

神々の物語

ティタン神族、ギガスとガイアを退けて世界の支配権を握った、ゼウスを頂点とするオリュンポスの神々。ギリシャ神話において語られる彼らの物語は、意外にも人間臭く、親しみやすさを感じます。

ところで、
なぜ、
ゼウスさんが
最高神なのでしょうか？

雲に化けて
女の人と
交わったり
牛になって
女の人を
さらったり
雨になって
女の人の
ところへ
忍び込んだり……
もはやただの
エロじ……

何を
いうか！
ビリ
ビリ

CHAPTER 2 神々の物語

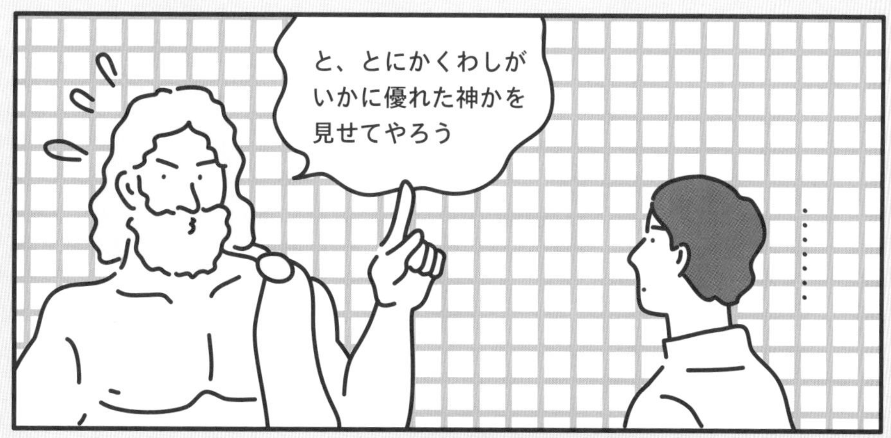

第2章ではギリシャ神話の神々のプロフィール
と、彼らが活躍する神話を見ていきましょう！

ひと目でわかる！

オリュンポス12神の相関図

ギリシャ神話の内容を見る前に、主人公となる神々のパーソナリティを知ろう

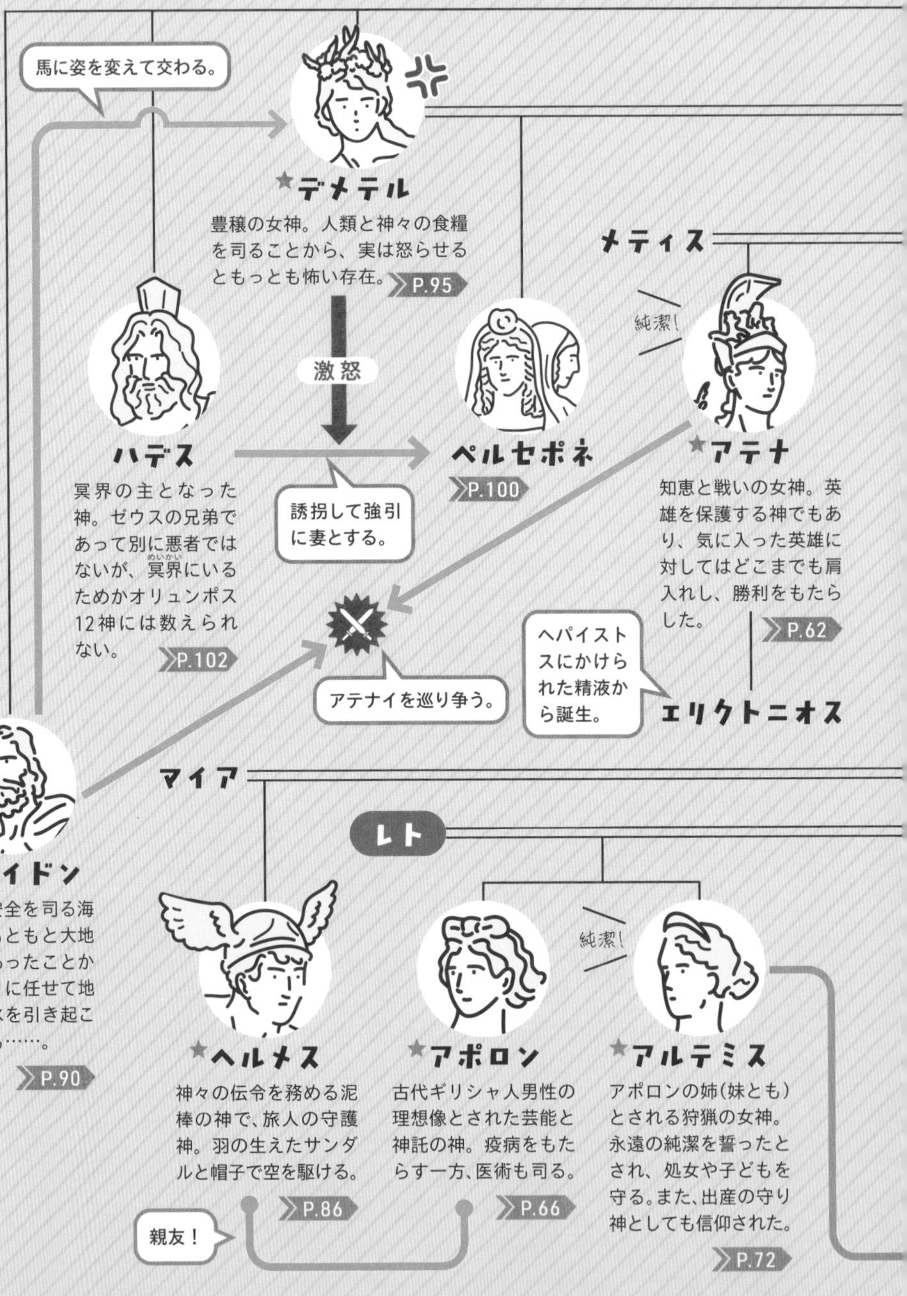

馬に姿を変えて交わる。

★デメテル

豊穣の女神。人類と神々の食糧を司ることから、実は怒らせるともっとも怖い存在。

P.95

激怒

メティス

純潔！

ハデス

冥界の主となった神。ゼウスの兄弟であって別に悪者ではないが、冥界にいるためかオリュンポス12神には数えられない。

P.102

ペルセポネ

P.100

誘拐して強引に妻とする。

★アテナ

知恵と戦いの女神。英雄を保護する神でもあり、気に入った英雄に対してはどこまでも肩入れし、勝利をもたらした。

P.62

アテナイを巡り争う。

ヘパイストスにかけられた精液から誕生。

エリクトニオス

★ポセイドン

航海の安全を司る海の神。もともと大地の神であったことから、怒りに任せて地震や洪水を引き起こすことも……。

P.90

マイア

レト

★ヘルメス

神々の伝令を務める泥棒の神で、旅人の守護神。羽の生えたサンダルと帽子で空を駆ける。

P.86

★アポロン

古代ギリシャ人男性の理想像とされた芸能と神託の神。疫病をもたらす一方、医術も司る。

P.66

純潔！

★アルテミス

アポロンの姉(妹とも)とされる狩猟の女神。永遠の純潔を誓ったとされ、処女や子どもを守る。また、出産の守り神としても信仰された。

P.72

親友！

ウラノス
クロノス
純潔!
★ヘスティア
永遠の純潔を誓った竈の女神。神話はほとんどないが、古代ギリシャの各家庭で祀(まつ)られ重んじられた。
P.94
成長してから復讐する。
醜さを嫌って捨てる。
★ヘラ
ゼウスの正妻となった結婚の神。嫉妬の神話ばかりが目立つが、最も権威ある女神。
P.58
度重なる不倫に激怒し、不倫相手に怒りをぶつける。
★アレス
戦いの負の面を象徴する軍神。でも実は負けてばかり。
P.84
オリュンポスの三角関係!
★ヘパイストス
何でも作ってしまう鍛冶(かじ)の神。見てくれは悪いが腕は確か。
P.80
アポロン以外の全員と経験済みヨ!
不倫関係
★アプロディテ
奔放な恋愛の逸話で彩られる美と愛の女神。
P.76
☆ゼウス
世界の支配者たる全知全能の神。雷と天空を象徴し、王権と正義を司る。正妻ヘラのほかに無数の愛人を持ち、多くの神や英雄の父となった。
P.52
セメレ
ヘラにそそのかされてゼウスの雷に打たれ、死亡する。
エロス
P.107
森の動物と森の管理権を求める。
★ディオニュソス
多くの信者を獲得した酒の神。酒に由来する陶酔や狂気を司り、自分を蔑(ないがし)ろにする者をたびたび血祭りにあげた恐ろしい一面も持つ。
P.96
★ オリュンポス12神
※ディオニュソスを含み、ヘスティアを外す場合もある。
ヘラの復讐に遭った女神・女性

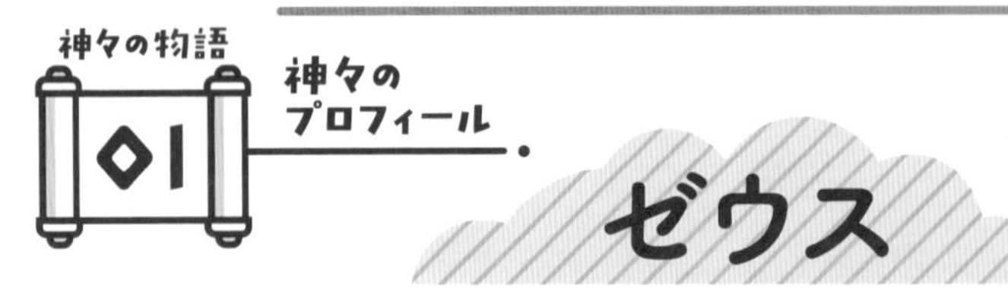

ゼウス

父クロノスを追い落とし、世界の支配権を握った天空の神

図解ゼウス

ゼウスは世界を支配する最高神で天空の神。筋骨隆々の体を持ち、威厳に満ちあふれた老人の姿で表現されます。

雷電

ゼウスの武器は雷。天空を支配する神にふさわしい力で、世界を破壊できるほど強力な力を持つ。彫刻や絵画などでは二～三叉の雷の束などで表現されることもある。

鷲

ギガントマキアでゼウスの勝利を予言した聖鳥とされる。

ゼウスを理解するための 4POINT!

▶ **神格**

最高神、全宇宙の支配者、全知全能の神

▶ **聖地/祝祭**

オリュンピア、アテナイ、ドドナ／オリュンピア競技祭

▶ **関係の深い神**

ヘラ（正妻）／アテナ、ディオニュソス、アレス、アポロン、アルテミス（以上、子）／その他多くの愛人たち

▶ **主な業績**

・ティタノマキア、ギガントマキアに勝利。
・多くの愛人との間に子をなす。
・人口削減のためにトロイア戦争を引き起こす。

兄姉を飲み込んだ父クロノスから支配権を奪う

ゼウスは天を支配した**クロノス**とその姉レイアとの間に生まれた。

しかし次々と子どもを飲み込むクロノスから子を守るため、レイアは密かにクレタ島で産み落とした。

クレタ島の洞窟で牝山羊のニンフ(精霊)・アマルティアから乳を与えられて成長したゼウスはガイアの指示を受け、父クロノスに対して復讐戦を挑む。ゼウスはクロノスに吐き薬を飲ませて兄や姉を吐き出させると、彼らと一緒にクロノスに立ち向かった。

この戦い、**ティタノマキア**は、**ヘカトンケイレス**や**キュクロプス**らの協力を得てゼウスたちが勝利。さらにガイアの命を受けて攻め寄せた**ギガンテス**と**テュポン**を倒したゼウスは、最高神となった。

最高神として崇敬された天空の神の魅力とは？

数々の難敵を倒してきたギリシャ神話の最高神ゼウスは、雨や雷などを操る**天空の神**で、ギリシャ人がもっとも必要とする雨をもたらす存在だった。

ギリシャ最北にそびえる標高2917mのオリュンポス山の頂に住むという伝説も、天空の神という神格と、ギリシャ民族がかつて北方にあってゼウスを信仰してきた歴史を表している。

また、最高神とされながらも、決して独裁的ではなく慈愛にあふれる家父長的性格を発揮した。ときには失敗したり、息子たちに反乱を起こされたりと決して完璧ではない一面も見せる一方、神を敬わない傲慢(ごうまん)な人間に容赦なく懲罰を与え、滅ぼすこともあった。そうした二面性もゼウスの魅力のひとつといえる。

ゼウス信仰はギリシャ各地に広まり、ギリシャ北西部にあるドドナがその中心地であった。

黒い鳩がこの地にゼウスの託宣所を建てるように告げ、以降、権威のある託宣所になったという。また、ペロポネソス半島のオリュンピアにも古くからゼウス信仰があり、壮麗な神殿が建てられていた。

描かれたゼウス

『ダナエ』(ティツィアーノ・ヴェチェッリオ)

1553〜1554年／プラド美術館(マドリード／スペイン)

威厳ある姿で描かれるゼウスだが、ヘラという正妻がありながら、多くの女神や人間と関係を持った好色な神でもある。
ゼウスにはさまざまなものに姿を変える能力があり、女性と交わる際にその力をたびたび発揮した。本作は地下牢に閉じ込められていたアルゴス王の娘ダナエの元に現われたゼウスを描いた作品。神話によると、ゼウスは黄金の雨に変身してダナエのもとに降り注いだとされている。

ゼウスと3人の正妻

ヘラの前にふたりの正妻がいた？　オリュンポスの最高神の結婚歴

ゼウスの全知全能の力の源泉は、飲み込んだ最初の妻

　ゼウスの正妻といえば女神**ヘラ**のイメージが強いが、実はヘラは3人目の妻。ゼウスにはヘラの前に2度の結婚歴があったのだ。最初の結婚相手は**知恵の神メティス**という。彼女が姿を消したのはウラノスとガイアが、「メティスが生む子はゼウスの王座を奪う」と予言したことが原因。予言の成就を恐れたゼウスが、変身能力のある彼女を水滴に変えて飲み込んでしまったのだ。

　同時にゼウスはメティスの知恵も吸収

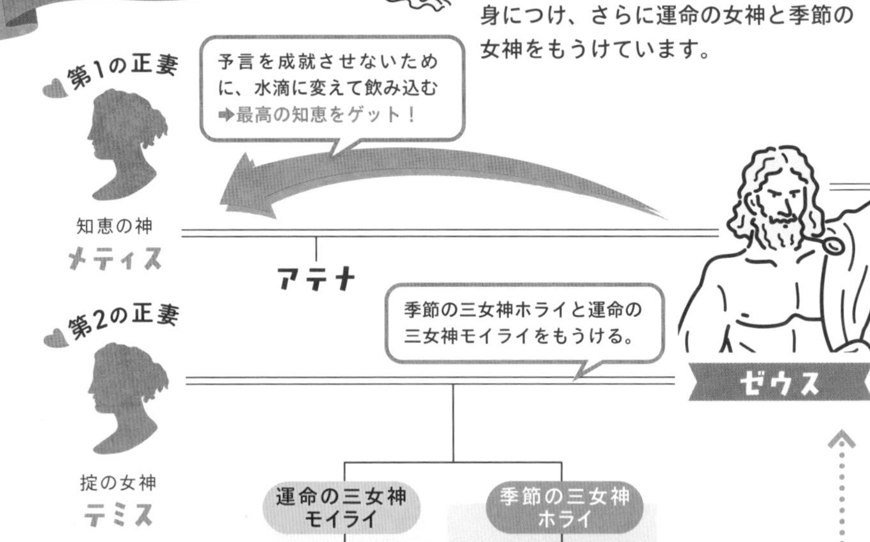

し、全知全能の神となった。

2番目の正妻は伯母にあたる**掟の女神テミス**である。彼女との間には、**季節を司る三女神ホライ**と**運命を司る三女神モイライ**をもうけた。

ホライは自然の時の運行と人間社会の秩序を司り、地上に不正があればゼウスに訴え、モイライはゼウスでも変えられない運命の糸を操った。

略奪婚でゼウスを奪った結婚の女神ヘラ

そして3人の目の正妻となったのがヘラである。ゼウスはヘラに惹かれ求愛するが、何度もヘラに拒否されてしまう。

そこでゼウスがとった作戦は姿を変えて近づくことだった。

濡れそぼったカッコウを見つけたヘラが、胸に抱いて温めてあげたところ、カッコウはゼウスの姿に戻ってヘラを口説いたという。

ついに根負けしたヘラは、正妻にすることを条件に求愛を受諾。ゼウスはテミスと別れてヘラを妻にしたともいわれている。もしそうなら、ヘラもなかなかの策士である。

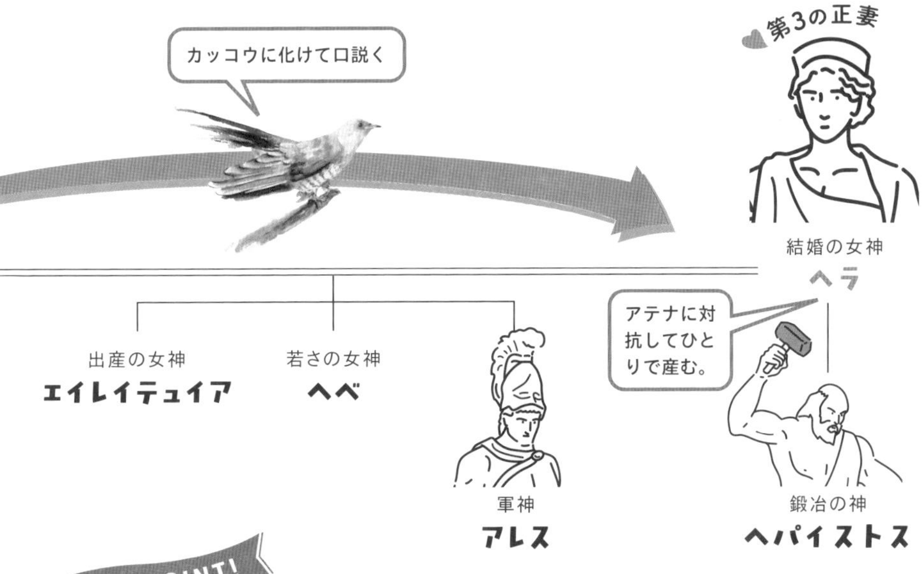

神話のPOINT!

- ゼウスはメティス、テミス、ヘラと3回結婚している。
- メティスを飲み込むことで、ゼウスは全知全能の神となった。
- ヘラとの結婚はヘラによる略奪婚だった。

語源図鑑　ジュピター　ゼウスはローマ神話において「ユピテル（Jupiter）」と呼ばれる。この英語読みがジュピターで、木星の英語名でもある。ちなみにその木星の観測衛星はユーノー。ユーノーはヘラのことである。

ゼウスの神話

ゼウスの愛人たち

最高神でありながら、ゼウスが好色なのはいったいなぜなのか？

あの手この手を使って忍び寄るゼウス

ゼウスの恋愛譚（れんあいたん）は正妻**ヘラ**との伝説に止まらない。ヘラの存在がありながら、多くの女性との間に子どもをもうけている。

姉で穀物の女神**デメテル**、エウリュノメ、記憶の女神ムネモシュネといった女神はもちろん、人間、ニンフと浮気相手も幅広い。ときにはガニュメデスのような美少年も愛した。しかもゼウスの恋愛に対する執念はなかなかのもので、想いを遂げるためには手段を選ばなかった。

フェニキアの王女**エウロペ**に恋したときには、牝牛に変身してエウロペに接近し、エウロペが心を許して背中に乗るや、海へ泳ぎ出してそのまま**クレタ島**まで連れ去っている。また、スパルタ王妃**レダ**の場合も白鳥に変身して近づいた。

さらには塔に閉じ込められていたアルゴス王女**ダナエ**に恋したときには、黄金の雨に化けて窓から入り込んで思いを遂げており、もはや彼の変身能力は恋愛のためにあるかのようだ。

こうしたゼウスの浮気癖に正妻ヘラは激しく嫉妬。愛人を巻き込んだ夫婦喧嘩（げんか）が巻き起こされることとなる。

王家の事情から好色にされてしまった最高神

ただし、ゼウスが浮気を繰り返したのは単に好色だったからではない。

数多くの恋愛譚が生まれた背景には、古代ギリシャの王家や貴族たちの思惑があった。家柄に権威をつけるため、最高神ゼウスを自分たちの祖先に位置付けようとしたのだ。そのためにはゼウスに自分たちの系譜に連なる女性や女神と恋愛をして、子孫をもうけてもらう必要があった。

こうして多くの恋愛譚が創作された結果、ゼウスは浮気を繰り返す好色な神となってしまったのだ。

古代ギリシャの王家や英雄の大半はゼウスにつながるといっても過言ではない。恋愛譚こそ、ゼウスが最高神としての真骨頂を発揮する神話といえよう。

神話のPOINT!

- ゼウスは浮気を繰り返しては多くの愛人との間にたくさんの子をもうけた。
- ゼウスが浮気を繰り返す背景には、ゼウスに家系の源流を求めようとした古代ギリシャ社会の傾向がある。

ゼウスと結ばれた女神・女性と子どもたち

名前…オリュンポス12神
名前…王家、民族の祖
名前…英雄
名前…その他

ゼウス

女性	子ども
メティス	アテナ
テミス	ホライ、モイライ
ヘラ	ヘパイストス、アレス、ヘベ、エイレイテュイア
エウロペ	ミノス(クレタ王)、ラダマンテュス、サルペドン
イオ	エパポス(エジプト王)
レト	アポロン、アルテミス
ダナエ	ペルセウス
セメレ	ディオニュソス
アンティオペ	アンピオン(テーバイの建国者)、ゼトス(テバイの建国者)
レダ	ヘレネ、ポリュデウケス、カストル
デメテル	ペルセポネ
マイア	ヘルメス
エウリュノメ	カリテス
アルクメネ	ヘラクレス
ムネモシュネ	ムサイ
ディオネ	アプロディテ ※諸説あり
カリスト	アルカス(アルカディア人の祖)
アイギナ	アイアコス(サラミス王家の祖)
プルト	タンタロス(リュディア王)
タユゲテ	ラケダイモン(スパルタ王)
ラオダメイア	サルペドン(リュキア王)※エウロペの子とする説もあり
エレクトラ	ダルダノス(トロイア王)

豆知識 ゼウスが不倫相手との間にもうけた子は、アポロン、アルテミス、ディオニュソスといった神々はいうにおよばず、クレタ王ミノス、トロイア王ダルダノス、英雄ヘラクレスにペルセウス、世界一の美女ヘレネと、錚々たる名前が並ぶ。

神々の物語

04 神々のプロフィール

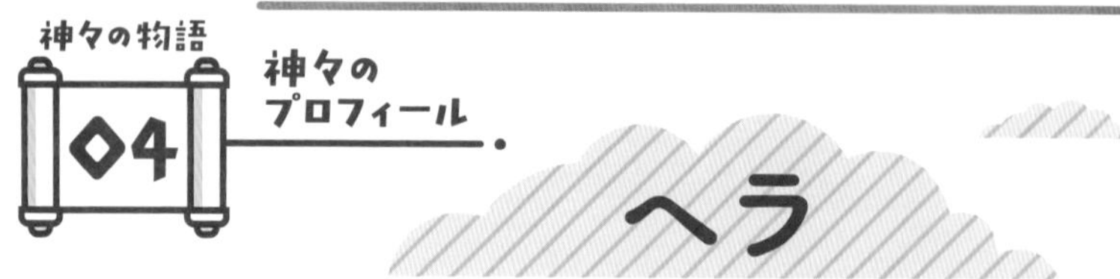

ヘラ

夫の不義に嫉妬し、愛人への復讐を繰り返す、結婚と家庭婦人の守護神

図解ヘラ

ヘラはゼウスの正妻でもっともえらい女神。神話ではゼウスの愛人をひどい目に遭わせる恐ろしい女神ですが、それにはどのような理由があるのでしょうか？

王冠と王笏

権威を象徴するアイテム。

天界一の美女

年に1度、カナトスの聖なる泉で沐浴すると、なんと処女に戻るというヘラ。その姿は天界でもっとも美しくなるという。

魔法の帯

トロイア戦争の際、アプロディテから魅力がアップする魔法の帯を借り、ゼウスを虜にした。

孔雀

ゼウスの浮気相手イオを見張らせていた百目の巨人アルゴスがヘルメスに倒されると、ヘラは亡骸から目を取り、孔雀の羽につけたという。この神話から、ヘラは孔雀とともによく描かれる。

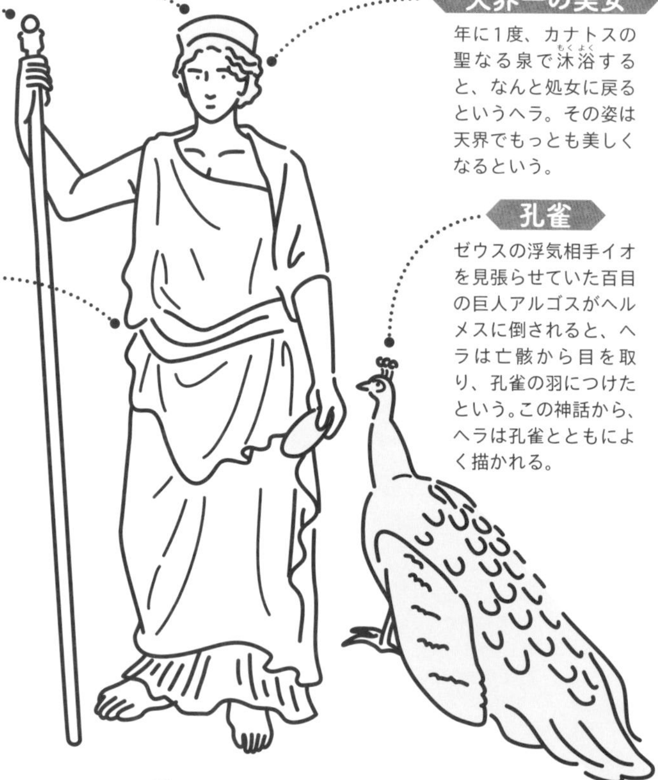

ヘラを理解するための 4POINT!

▸ **神格**

ゼウスの正妻、結婚と出産の守護神、天界の女王

▸ **聖地/祝祭**

サモス島

▸ **関係の深い神**

ゼウス(夫)／アレス、ヘパイストス、エイレイテュイア、ヘベ(以上、子)／ヘラクレス、イオ、セメレ、カリストなど

▸ **主な業績**

・アレス、ヘパイストス、エイレイテュイアなどの神々を生む。

・ゼウスの愛人に嫉妬し、復讐しまくる。

・アルゴ船の英雄たちを助ける。

嫉妬して
怒りの矛先を愛人へ向けた女神

ゼウスの正妻**ヘラ**は、ゼウスの姉でオリュンポス12神のなかでも最高の権威を持つ女神である。ただ、神話ではゼウスの浮気に激しく嫉妬し、ゼウスが浮気するたびに怒りの矛先を愛人たちに向け、復讐を繰り返した。その復讐は、レトの出産を妨害し、**セメレ**を焼死に追い込み、アルクメネの子**ヘラクレス**を狂気に陥(おとしい)れ……というように容赦がない。

こうした神話からヘラは年増で嫉妬深く、権高(けんだか)な女神という印象が強い。

ところが実は美の神**アプロディテ**と美を競うほどの美女だったとされる。また、夫のゼウスがどれだけ浮気しても、夫を裏切らない身持ちが固い貞淑(ていしゅく)な妻でもある。こうした背景から、ヘラは結婚、女性、主婦の守護神としても篤く信仰されてきた。

激しい復讐の理由は、結婚・
家庭の守護神としての神格から

ヘラの激しい嫉妬は、結婚や出産、家庭の守護神と信仰されてきたことを思えば当然かもしれない。

古代ギリシャ社会は一夫一婦制で、一家の主婦は家長につぐ権威を持っていた。そうした女性、主婦の代表として浮気相手をこらしめたのだ。

また、ヘラはゼウス信仰がギリシャに入る前から、**アルゴス**や**イオニア地方**の**サモス島**で篤く信仰されてきた女神であった。サモス島のインブラソス河の岸辺、みず柳のそばで生まれたという伝承も残る。

一方でゼウス信仰は、その後でギリシャを征服した人々が、先住民族のヘラ信仰を吸収していく形で確立した。ゼウスは入り婿でもあったのである。そのためゼウスの優位は揺るがないが、ゼウスも両民族の融合の証であるヘラを邪険には扱えないのだ。

神話でもヘラがゼウスに嫉妬して抵抗する一方で、ゼウスもヘラがどんなに嫉妬深くても別れようとはしなかった。怒ったヘラが姿を隠したときには、ゼウスは策略を駆使して妻を取り戻している。

描かれたヘラ

『天の川の起源』（ヤコポ・ティントレット）

1575年／ナショナル・ギャラリー（ロンドン／イギリス）

赤子がくわえたヘラの乳房から母乳が飛び散るなんとも官能的な絵画だが、実はこれ、天の川の起源を説明する神話を主題とする作品。
ヘラクレスを神にしようと、ゼウスは眠っているヘラの乳を吸わせたのだが、吸う力が強すぎてヘラが目を覚まし、赤ん坊を押し返したため、母乳が天まで舞い上がった。これが天の川、つまりミルキーウェイになったといわれる。

ヘラの神話

ヘラとゼウスの愛人たち

ヘラの怒りの矛先を向けられた愛人たちの運命

イオ、セメレ、レト、ラミア……。みな、ゼウスの寵愛を受けたがゆえに、ヘラの報復を受けた人々である。セメレに至っては命を落とす報いを受けた。

あまりにむごい報いだが、一方のヘラからすれば愛人たちは結婚と家庭を穢した存在であり、むごい罰を受けて当然だったのかもしれない。

アテナイ
テバイ
コリントス
デロス島
スパルタ
クレタ島

VS セメレ

テバイの王女セメレはゼウスの寵愛を受けて懐妊した。するとこれを知ったヘラは、ゼウスがセメレに何でも願いをかなえると約束していたことを利用する。ヘラはセメレの乳母に変身して、ゼウスの本当の姿を見せてもらうようそそのかした。セメレがゼウスにそれを願い、ゼウスが真の姿を見せると、たちまちセメレは雷に焼かれて死んでしまう。

VS ラミア

ライストリュゴネス人の女王ラミアは、ゼウスとの密通をヘラに知られると子どもを奪われて発狂し、他人の子を殺す怪物と化した。さらにヘラによって眠りを奪われてしまった。

神話の POINT!

- ヘラの信仰はゼウスより古くから存在し、ギリシャ人にとっても無視できる存在ではないため、ゼウスが嫉妬に手を焼く神話が生まれた。
- ヘラが激しく嫉妬し、制裁を加えるのは、結婚の守護神であるため。

ヘラVS.ゼウスの愛人、仁義なき戦い

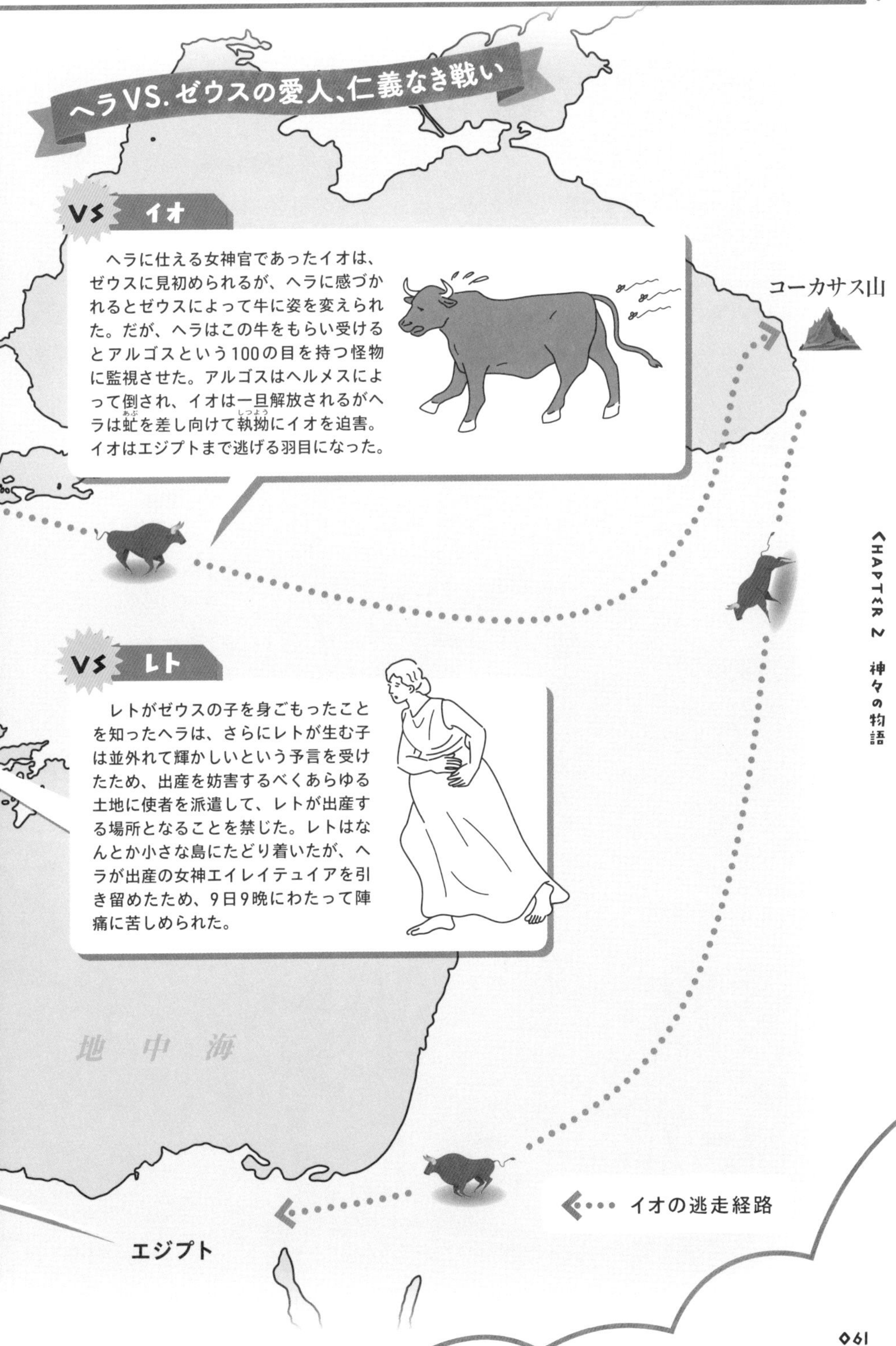

VS イオ

ヘラに仕える女神官であったイオは、ゼウスに見初められるが、ヘラに感づかれるとゼウスによって牛に姿を変えられた。だが、ヘラはこの牛をもらい受けるとアルゴスという100の目を持つ怪物に監視させた。アルゴスはヘルメスによって倒され、イオは一旦解放されるがヘラは虻を差し向けて執拗にイオを迫害。イオはエジプトまで逃げる羽目になった。

VS レト

レトがゼウスの子を身ごもったことを知ったヘラは、さらにレトが生む子は並外れて輝かしいという予言を受けたため、出産を妨害するべくあらゆる土地に使者を派遣して、レトが出産する場所となることを禁じた。レトはなんとか小さな島にたどり着いたが、ヘラが出産の女神エイレイテュイアを引き留めたため、9日9晩にわたって陣痛に苦しめられた。

神々のプロフィール

アテナ

知恵と戦いを司る英雄と都市の守護神

図解アテナ

アテナはゼウスの頭から、武装した姿で生まれたという神話を持つ女神です。その神話通り、兜(かぶと)をかぶって槍(やり)を持ち、ペルセウスから捧げられたメドゥサの首をはめ込んだ神楯(アイギス)を持ちます。

兜
武装した姿で生まれたアテナはさまざまな形の兜をかぶった姿で表現される。

ニケ
勝利の女神ニケを片手に持つ姿は、パルテノン神殿に安置されていたアテナ像のコピーなどで知られる。

容姿
ヘラ、アプロディテと美しさを競った神話も伝わり、鍛冶の神ヘパイストスから迫られる経緯もあることから、容姿端麗(ようしたんれい)な美女とされる。

神楯(アイギス)
ペルセウスのゴルゴン退治に助力したため、のちにメドゥサの首をはめ込んだ神楯(アイギス)を捧げられた。

アテナを理解するための4POINT!

▶ **神格**
知恵と戦いの女神

▶ **聖地/祝祭**
パルテノン神殿／パンアテナイア祭

▶ **関係の深い神**
ゼウス(父)、メティス(母)／ヘパイストス、ニケ／ペルセウス

▶ **主な業績**
- ギガントマキアにおいて、もっとも強力な巨人エンケラドスを倒す。
- ペルセウスのゴルゴン退治を助ける。
- トロイア戦争においてギリシャ側に味方する。

完全武装で生まれた戦いと知恵の女神

日本人にもなじみの深い**アテナ**は、**ゼウス**と最初の妻で知恵の女神**メティス**の娘だが、メティスは前述の通りゼウスに飲み込まれてしまった。そのため、アテナはゼウスの頭のなかで育ったという。

その後、激しい頭痛に襲われたゼウスがヘパイストスに頭を打ち割ってもらったところ、頭のなかから勝どきの声をあげながら、甲冑に身を固め、弓と盾を持ったアテナが飛び出したという。

生まれたときから完全武装していたアテナは、戦いの神として崇拝される。同時に知恵の神の娘であるため、戦争にからむ要素のなかでも特に戦術や作戦を司った。

また、彼女は英雄たちの守護神でもあり、**ヘラクレス**や**ペルセウス**など多くの英雄たちの戦いや冒険に力を貸した。

オリーブによって得たアテナイの守護神の座

アテナは都市国家**アテナイ**の守護神。それは**ポセイドン**と争い、勝利したからだ。神々の間で守護神となる土地を決める際、アテナはアッティカ地方の守護神の座を巡り、叔父にあたる海の神ポセイドンと対立。どちらが人々に有益な贈り物ができるかという勝負で、アッティカの守護神の担当を得るか決めることとなった。

勝負では、泉を湧き出させたポセイドンに対し、アテナが槍で地面を打ち、**オリーブの木**を出したところ、アテナイの人々はアテナに軍配を上げた。

ギリシャは平地が少なく、乾燥の激しい風土のため、乾燥に強く用途も広いオリーブが役に立つと考えられたのだ。

以降、アッティカ地方最大の都市は「アテナイ」と呼ばれるようになり、アテナが同地の守護神となったのである。

アテナは都市の守護神として、市民の生活に必要な技術を教えた。織物、建築、彫刻、航海術、槍の作り方など多くの恩恵を人間にもたらした。

アテナはパルテノン神殿に祀られ、アテナイでは彼女に捧げるパンアテナイア祭が盛大に開かれていたという。

描かれたアテナ

『パラス・アテナ』（グスタフ・クリムト）

1898年／ウィーン市立歴史美術館（ウィーン／オーストリア）

クリムトは、金色の鎧と兜を身にまとったアテナを、当時のウィーンの女性たちをモデルとした赤毛の美女として描いている。
アテナはトリトンの娘パラスと親友であったが、喧嘩になった際、アテナは誤ってパラスの命を奪ってしまう。これを嘆いたアテナは親友の名を自身の名に付属させ、「パラス・アテナ」を名乗ったという。

神々の物語

怒れるアテナ

正義の女神が不遜な人間たちに下した鉄槌

アテナは美しく知性豊かな女神だが、戦いの神らしく激しい気性の持ち主でもあった。

とくに驕り高ぶった者たち、神に敬意を払わない者たちがいると一転、容赦なく怒りを露わにする神となる。そういった人々を見ると決して許さず、厳しい罰を下した。姿を恐ろしい化物に変えられたり、さらに命まで奪われたりと悲惨な目に遭うのだ。ただ、ときにはやりすぎたかと反省して代償を与えたりもしている。アテナの逆鱗に触れた**ヘパイストス**、**アラクネ**、**テイレシアス**、**メドゥサ**がどうなったかを見てみよう。

アテナイ

ヘパイストス

怒りの種：アテナの処女性を穢したこと

アテナは生涯、純潔を貫いた神である。そんなアテナに恋した鍛冶の神ヘパイストスは彼女に求婚する。しかし断られると彼女を襲おうと追いかけた。もみあううちにヘパイストスが流した精液がアテナの足にかかってしまう。アテナは激怒し、それを布でふくと地面に投げ捨てた。その精液で大地ガイアが身ごもり、古代のアテナイ王エリクトニオスが生まれた。

テイレシアス

怒りの種：アテナの処女性を穢したこと

ある日、テイレシアスは沐浴するアテナの姿を偶然目にしてしまう。純潔を守るアテナは、見られたと知ると、水から上がり、彼の両目を射て、目が見えなくなるようにした。しかし、テイレシアスにやましい気持ちがなかったことを知り、視力の代わりに、未来を見通す予知能力を与えた。

神話のPOINT!

- アテナは驕るものに対して容赦のない罰を与えた。
- ヘパイストスとの間には１男をもうけたことになっている。
- 自分の神殿を穢したメドゥサをとくに許さなかった。

怒れるアテナ

アテナは神に不遜な態度を取る輩や、彼女の処女性を穢す者に容赦なく厳格な罰を与えました。

アラクネ

怒りの種：神を嘲笑する織物を制作したこと

小アジア(アナトリア)のコロポンに暮らすアラクネは機織りが得意な少女で、誰もがこの才能は女神アテナから授けられたものだと噂したが、自信過剰なアラクネは反発。女神とは無関係で、女神と競っても負けないといい張った。この発言に憎しみを抱いたアテナは老婆に姿を変え、アラクネのもとへおもむくと、「年寄りのいうことは聞くものだ。女神さまを侮るものではないよ」と諭す。ところがアラクネは逆に「女神さまを呼んで来たらいい。技比べをしたらどちらが上手かわかるから」と挑発した。

するとアテナは真の姿を現し、技比べを持ち掛け、アラクネもこれを受けた。

アテナは神々の勝利を題材に鮮やかな金銀綾織を織り上げていく。これに対しアラクネは神々の恋愛譚を織り上げた。それはアテナにひけをとらない見事な出来栄えだったが、アテナは神々の恋愛を描いたことに激怒し、布を引き裂く。そしてブナの木でアラクネの頭を叩き、アラクネを蜘蛛の姿に変えてしまう。こうして彼女は蜘蛛になり、木の枝に糸を紡ぎ続けている。

メドゥサ

怒りの種：神殿を穢したこと

ゴルゴン三姉妹のひとりメドゥサは、蛇の頭髪を持ち、宝石のように輝く目には、人を石に変える力があるといわれる醜い怪物だ。

メドゥサはもともと人間の美少女だったが、自分の髪はアテナの髪より美しいと自慢したためアテナの逆鱗に触れてしまう。アテナは、メドゥサの自慢の髪を口から火を噴く何千何万もの蛇に変えてしまったのだ。蛇が藻のようにからみあい、世にも恐ろしい醜い姿となった。のちにアテナの助力を得た英雄ペルセウスにより退治された。

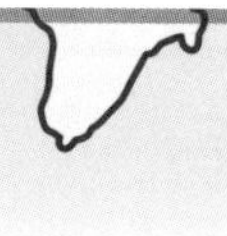

語源図鑑 **ナイキ** 巨大なアテナ神像の手のひらに乗るなど、アテナに寄り添う勝利の女神が翼を持つニケである。スポーツメーカーの「NIKE」の企業名もこの女神に由来する。

アポロン

時に冷酷かつ非情な態度を見せるギリシャ男性の理想像

図解アポロン

アポロンはギリシャ男性の理想像といわれ、美しい成人男性の姿で表現されます。また芸能の神でもあり、リラがトレードマークともなっています。

容姿

その容姿はギリシャ男性の理想像とされる、まばゆいほどの美男。

月桂冠

アポロンを振り、月桂樹へ姿を変えたダプネ(▶P.68)の形見として冠にしたもの。アポロンに捧げられるピュティア祭の運動競技の優勝者にはこの月桂冠が与えられた。

竪琴(たてごと)(リラ)

キタラーとも呼ばれる竪琴で、もとはヘルメスが制作した楽器。ヘルメスが盗んだアポロンの家畜と交換でヘルメスから譲り受けたものとされる。

アポロンを理解するための 4POINT!

- **神格** 光明・医術・音楽・予言の神
- **聖地/祝祭** デルポイ/ピュティア祭
- **関係の深い神**
  ゼウス(父)、レト(母)、アルテミス(姉妹)/ヘルメス、ディオニュソス/ダプネ、ヒュアキントスなど
- **主な業績**
  - ・ギガントマキアに参戦し、エピアルテスの左目を射る。
  - ・ダプネやヒュアキントスなど、多くの男女と恋愛する(だいたい振られる)。
  - ・トロイア戦争においてトロイア側に味方する。

古代ギリシャで最も高い人気を誇った青年神

ゼウスとその愛人のひとり**レト**の間に、姉の**アルテミス**とともに生まれた**アポロン**。ボイポス(輝く)とも形容される神で、輝く美貌に加えて音楽、医術、弓矢、予言と、人々が憧れる多様な能力に恵まれた、ギリシャ神話きってのスターである。古代ギリシャ男性の理想像とされ、ギリシャの男性から圧倒的な支持を受けた青年神だった。

とくに予言の神となった経緯については有名で、デルポイを占拠していた予言の力を持つ大蛇のピュトンを黄金の弓で退治し、同地に自分の社殿(しゃでん)を建てたことがきっかけとされている。以降、アポロンは女祭司を介して人々に未来を啓示し、デルポイはギリシャ人にとって重要な神託所(神が神託を下す場所)となった。

自分を侮る者に見せるアポロンの残虐性

輝くスターのようなアポロンだが、プライドは人一倍高く、自分を侮辱した者には苛烈(かれつ)なまでの罰を与えている。

演奏の腕比べを望んできた森の精マルシュアスに対しては、勝者が敗者に好きな罰を与えることができることを条件に勝利すると、マルシュアスに対して生きたまま皮を剝(は)ぐという苛烈な罰を与えた。

マルシュアスは耐え難い苦痛のなかで命を落としている。

また、音楽コンテストでアポロンの音楽の実力を認めなかったプリュギアのミダス王に対しては、その耳がどうかしているのだとばかりに、王の耳をロバの耳に変えた。

これが「王様の耳はロバの耳」というお話の原型である。

多才な能力と厳しさを併せ持ち、ギリシャの理想像ともされるアポロンだが、そのルーツはギリシャではない。デルポイやデロス島を中心に、小アジア系の大地母神(大地の豊穣・生命を神格化した女神)に従う植物の精霊の青年神だったとみられている。

描かれたアポロン

『アポロンとマルシュアス』(ホセ・デ・リベーラ)

1637年／ベルギー王立美術館(アントウェルペン／ベルギー)

アポロンの非情な一面が描かれた神話画。森の精マルシュアスは、山中で拾った笛を吹いているうちに上達し、アポロンと腕を競ってみたいと考えるようになった。
挑戦を受けたアポロンは見事マルシュアスを返り討ちにするが、彼の増長を許すことはなく、木に縛り付けて皮剝ぎの刑に処したのだった。

神々の物語

アポロンの恋愛

ことごとく悲恋で終わる輝ける神の恋愛譚

若さと知性にあふれ、オリュンポス一の美男子だった**アポロン**。知性豊かで武勇に優れたたくましい肉体を持ち、楽器を持てば、誰もが聞きほれるような音色を響かせた。

そのため女性はもちろん男性たちから大人気で、多くの恋愛物語を残したが、必ずしもハッピーエンドには終わらなかった。むしろ悲恋がほとんどで、その悲劇性もアポロンの人気を高める一因となっている。しかも相手の女性や男性もアポロンにほれられたり、恋に落ちたりしたために、悲劇の運命をたどることも多かった。

ダプネ

あるときアポロンにからかわれたエロスが、アポロンに対してダプネに恋心を抱く愛の矢を、ダプネに人を愛せなくなる矢を撃ち込んだ。

結果、アポロンがダプネを追いかけると、ダプネは純潔を守りたいと逃亡。ついにアポロンがダプネを捕まえようとした瞬間、彼女は月桂樹の木に姿を変えた。ダプネの父が娘の助けを求める声を聞いて変身させたのである。アポロンは涙して月桂樹で身を飾ることを約束したという。

キュレネ

テッサリアの河の神の息子ヒュプセウスの娘で、狩りが得意なニンフ。アポロンはこの恋を成就させてアリスタイオスらふたりの子をもうけた。

失恋

悲恋

コロニス

テッサリアのプレギュアスの娘コロニスとの恋は実り、彼女は懐妊した。

ところがある日、コロニスがほかの男性と親しくしているのを目撃したアポロンは、激怒してその場で矢を放ち、コロニスの胸を射抜いた。

だがやがて殺したことを後悔してコロニスの葬儀におもむいたアポロンは、せめてお腹の子どもだけは救いたいと、彼女の亡骸のお腹から胎児を取り上げげた。その子が医術の神アスクレピオスである。

マルペッサ

アポロンは軍神アレスの孫娘マルペッサに言い寄った。しかしイダスが彼女を連れ去ったため、アポロンとイダスの間で争いとなる。あわやというところでゼウスが仲裁に入り、ゼウスはマルペッサ自身に「アポロンか人間の男か選べ」と選択を任せた。

彼女が思案の末に選んだのはイダス。不死の神であるアポロンと一緒になれば、自分が年老いたときに捨てられてしまうことを恐れたからである。

アポロンの悲恋

カサンドラ

トロイアの王女でアポロンに巫女として仕えていた。アポロンは贈り物攻勢をかけて予言の力を与えるが、なびかないと悟ると予言に誰も耳を貸さないよう呪いをかけてしまう。

エリュトライのシビュレ

シビュレはアポロンの神託を告げる巫女のこと。イオニアの沿岸エリュトライのシビュレは、アポロンから求愛された際、「片手に握れる砂粒の数と同じだけ生きたい」と願ったが、永遠の若さをもらい忘れたため、年老いると肉体が枯れ縮み、ついには籠に入れられて吊るされるまで小さくなってしまった。そして、子どもたちから欲しいものを尋ねられた際に死を願ったという。

ヒュアキントス

ヒュアキントスはアポロンが誰よりも愛した美少年だった。

しかし、あるとき、アポロンとヒュアキントスが円盤投げを楽しんでいるのを見た西風（ゼピュロス）が嫉妬。アポロンが投げた円盤の方向を変え、ヒュアキントスの額に直撃させてしまう。ヒュアキントスは血を流しアポロンの腕のなかで絶命。彼の流した血が美しい紫色の花を咲かせ、ヒヤシンスと名づけられたという。

キュパリッソス

地方の豪族の息子で牧場生活を送るキュパリッソスは、ときおりアポロンと運動競技に興じていた。彼は大きな牡鹿をかわいがっていたが、ある日、キュパリッソスが槍投げの練習をしていたところ、その槍が泉に水を飲みに来た牡鹿に命中。牡鹿の不幸な死のため悲嘆に暮れるキュパリッソスをアポロンは慰めたが、彼は永遠に嘆き悲しみたいというばかり。やむなくアポロンは彼の姿を糸杉に変えた。

神話のPOINT!

- アポロンの恋愛の多くは、悲運に見舞われた。
- アポロンは女性のみならず美しい少年も愛していた。
- コロニスとの間には医神アスクレピオスが生まれた。

資料室

デルポイの神託実例集

こまったときの神頼み！ 古代ギリシャ人の悩みにアポロンは何と答えたのか？

私アポロンは神託を下す偉大な神でもある。とくに名高い神託所がデルポイであるが、どんな神託が下されたのか気になるところだろう。世界の運命さえも左右する神託でありながら、「あいまい過ぎる」といわれるが、神託は下された者が解釈を考えるものだ。そもそも私が間違えるわけがないだろう。

〈ある遠征隊の隊長からの相談〉

この度の遠征は成功するでしょうか？

晴れわたる空から一粒の雨を感じたならば、お前は欲する地を手に入れることができるだろう。

……晴れている空から雨が降るわけがない。これは失敗だ。

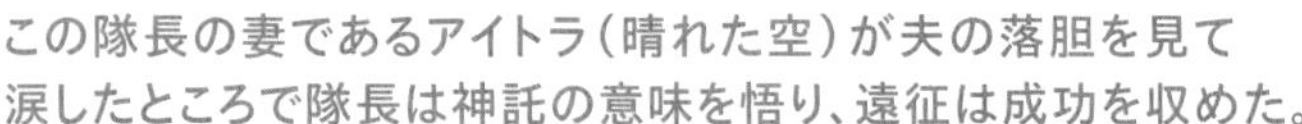

この隊長の妻であるアイトラ（晴れた空）が夫の落胆を見て涙したところで隊長は神託の意味を悟り、遠征は成功を収めた。

〈ある若い男からの相談〉

あの……

質問には答えたくない。お前たちはオリュンピア競技会で犯した不正の罰金を支払っていないだろう。

〈リュディア王クロイソスからの相談〉

アケメネス朝ペルシャと戦争をして勝てるでしょうか？

兵を動かせば、「偉大な国」を亡ぼすだろう

よし、これは勝てる！

「偉大な国」とは実はリュディアを指すものだった。
ペルシャに歯向かった結果、リュディアは瞬く間に滅ぼされてしまった。

〈ある男の相談〉

私が手に持っている物は生きているでしょうか、それとも死んでいるでしょうか？

※生きたツバメを手にし、回答と反対の状態にして神託の間違いを証明しようと企んでいた。

私を試すのはやめろ。お前の好きなほうにすれば よい。その手にあるものの生死は、お前の手の力加減で決まるからだ。

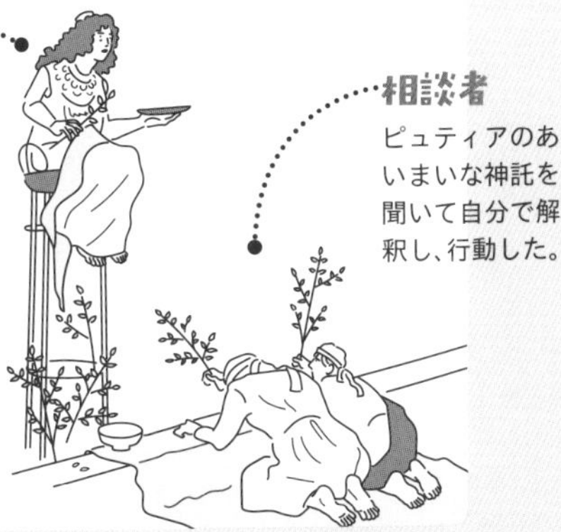

ピュティア
アポロンが殺した大蛇ピュトンにちなんだ名を持つ巫女。イスに座って、その下にある地面の裂け目から立ち上る煙を吸い、トランス状態となって神託を伝えたという。

相談者
ピュティアのあいまいな神託を聞いて自分で解釈し、行動した。

神託が下された小部屋の光景です。三脚のイスに座ったピュティアが語る神託を男性神官が通訳して相談者に伝えていました。

アルテミス

永遠の処女性を求めた狩りと月の女神

図解アルテミス

狩りの神であり森の動物たちの守護神でもあったアルテミスは、狩人の姿で表現されます。膝上のミニスカートとラフな服装は彼女ならではの表現といえるでしょう。

三日月

処女性の象徴として、頭部に三日月をつける例が多く見られる。これはアルテミスがローマ神話において月の女神ディアナと呼ばるため。一方で古代ギリシャで制作された像にはあまり三日月は見られない。

弓矢

アルテミスを象徴する金の弓矢。トロイア戦争ではヘラに奪われて弓で殴打される場面が登場する。

鹿

狩りの神で、森の動物たちの守護神でもあったため、鹿や猟犬が付随する。アガメムノンに求めた贖(しょく)罪(ざい)の生贄(いけにえ)も鹿だった。

アルテミスを理解するための4POINT!

▶ **神格**

狩りの女神、月の女神

▶ **聖地/祝祭**

エペソス、マグネシア、サルディス／アルテミス・ブラウロニア祭

▶ **関係の深い神**

ゼウス(父)、レト(母)、アポロン(兄弟)／オリオン、カリスト、アクタイオン

▶ **主な業績**

・ギガントマキアに参戦し、グラティオンを倒す。

・純潔を守り、穢そうとする者を罰する。

・トロイア戦争においてトロイア側に味方する。

自尊心が高く 永遠の純潔を求めた処女神

アポロンの双子の姉として誕生した**アルテミス**。母の**レト**は**ゼウス**の正妻**ヘラ**の嫉妬に苦しめられ、9日9晩の陣痛に苦しんだあげく、**デロス島**にてアルテミスを出産。アルテミスはすぐに母がアポロンを産むのを助けたという。

だが、分娩の苦しみを目の当たりにしたアルテミスは出産を嫌い、潔癖な処女神となる。

野山で暮らし、弓矢を得意としたことから狩りの神、野生動物の守護神ともなった。

そんなアルテミスは潔癖な性格のためか、自尊心も異常なほど高かった。

たとえば**トロイア戦争**開戦前に、ミュケナイ王**アガメムノン**が自分を嘲笑した際には、トロイアへ向かうギリシャ艦隊を足止めし、アガメムノンに娘のイピゲネイアを生贄に捧げるよう迫っている。

また、テバイの女王ニオベが12人の子を持つことを自慢し、レトを嘲笑したときには、アポロンはニオベの息子たちを、アルテミスは娘たちを弓で射殺したとされる。

アルテミスの前身は 広く信仰された豊穣神

高く純潔の神だが、その原型は豊穣をもたらす地母神とされる。小アジア西南部からギリシャ南部にかけて信仰地が広がっていたこの女神は、やがて**ミノア文明**で信仰されていた野獣の神などと融合。ギリシャ神話のアルテミスへと変化していったようである。

また、レトの出産を助けたことからお産の苦しみを緩和してくれる女神ともされる一方、月の女神の**セレネ**と同一視され、のちにローマの月の女神**ディアナ**と同一視された。

さらには女性の持つ暗黒面を表わした**ヘカテ**とも同一とされた。

これは天では月の女神セレネ、地上ではアルテミス、冥界では冥府の門口の女神ヘカテとなって姿を現すという考えに基づくものである。

描かれたアルテミス

『狩りの女神ディアナ』
（フォンテーヌブロー派）

1550年～1560年頃／ルーヴル美術館（パリ／フランス）

ローマ神話に輸入されたアルテミス、つまり月の女神ディアナを描いた作品。頭部には三日月が描かれ、その神格を表している。モデルとなったのはフランス国王アンリ2世の愛妾ディアーヌ・ド・ポワティエで、当時、王侯貴族の間ではこうした女神に扮した女性像が流行していた。ディアーヌ自身もその名にちなみ、ディアナに扮してその肢体を見せつけることを好んだという。

神々の物語

アルテミスの神罰

森の女神の純潔性を守るために下された理不尽な制裁

アルテミスは異常なほど純潔にこだわった女神である。

自分のみならず自分に仕えるニンフたちにも処女性を求め、自分の純潔を穢そうとする者は決して許さなかった。

そうした者には、故意か過失かを問わずに理不尽ともいえる残酷な制裁を加えている。

ミュケナイ

アルカディア

GUILTY

名前 **アクタイオン**
職業 **狩人**
罪状 **アルテミスの裸を盗み見た**

ある日、森で狩りをしていた狩人のアクタイオンは、泉で沐浴しているアルテミスとニンフたちを目撃する。アクタイオンがアルテミスの美しさに思わず見とれていると、それに気づいたアルテミスが激高し、アクタイオンを鹿の姿に変えてしまった。するとアクタイオンが連れていた犬たちが主人を獲物と思い込んで襲いかかり、アクタイオンは八つ裂きにされたという。

GUILTY

名前 **カリスト**
職業 **アルテミスに仕えるニンフ**
罪状 **純潔の掟を破った**

アルテミスに仕えるニンフのカリストは、あるときゼウスに迫られて妊娠してしまう。沐浴でこのことが発覚すると、アルテミスは彼女を森から追放した。カリストは男の子を産み落としたが、今度はヘラの怒りに触れ、熊に姿を変えられてしまう。一説によればアルテミスが熊に変えたともいわれている。やがてカリストは成長した息子アルカスと森のなかで遭遇。親子とは知らず殺されかけるが、ゼウスが大熊座と小熊座として天にあげたという。

神話の POINT!

- アルテミスは、純潔を穢そうとする者は決して許さなかった。
- アルテミスは自分に仕えるニンフにも純潔を要求した。
- 唯一オリオンとの恋愛を経験したが、アポロンによって妨害された。

アルテミスの怒りを買った人々

トロイア

アルテミスは処女性をほかの人物にまで強要し、彼女の処女性を穢した者に対しては、故意・過失に問わず大変な罰を与えています。

エーゲ海

GUILTY

名前　**ニオベ**
職業　**テバイの王女**
罪状　**アルテミスを侮辱した**

6人の息子と6人の娘に恵まれたテバイの王女ニオベが、「レトはアポロンとアルテミスを産んだけど、たったふたり。しかも女みたいな男と、男みたいな女だわ」と自慢。アポロンとともにこれを聞いたアルテミスは激怒し、アポロンが息子を、アルテミスが娘を弓で射殺した。

GUILTY

名前　**アガメムノン**
職業　**ミュケナイの王**
罪状　**アルテミスを侮辱した**

トロイアに攻め込むべくエーゲ海を渡ろうとした際、女神の神域に生息していた神聖な鹿を狩ってこれを生贄に捧げようとした。すると逆風が起こって船団が出港できなくなってしまう。その上で生贄としてアガメムノンの娘イピゲネイアをよこせば風を止めると神託が下された。イピゲネイアはこれを快諾したが、不憫に思ったアルテミスは彼女を連れ去り、自身の祭司とした。

アナトリア

GUILTY

名前　**オリオン**
職業　**狩人**
罪状　**アルテミスの純潔を破ろうとした**

アルテミスは海神ポセイドンの息子オリオンに恋をした。ゆくゆくは処女性を失うかと思いきや、アルテミスの弟のアポロンがこれに嫉妬。アルテミスの純潔が穢されることを理由に仲を引き裂こうと考えた。アポロンはオリオンの姿を鹿に変え、アルテミスをけしかけて殺害したといわれる。または不貞を働こうとしたオリオンに怒ったアルテミスがさそりに殺させたともいわれている。

クレタ島

語源図鑑　**ディアナ**　ギリシャ神話におけるアルテミスの呼び名は、英語読みすると「ダイアナ」。女性の名として一般に知られ、『ワンダーウーマン』の本名もダイアナという設定。

神々の物語 12

神々のプロフィール

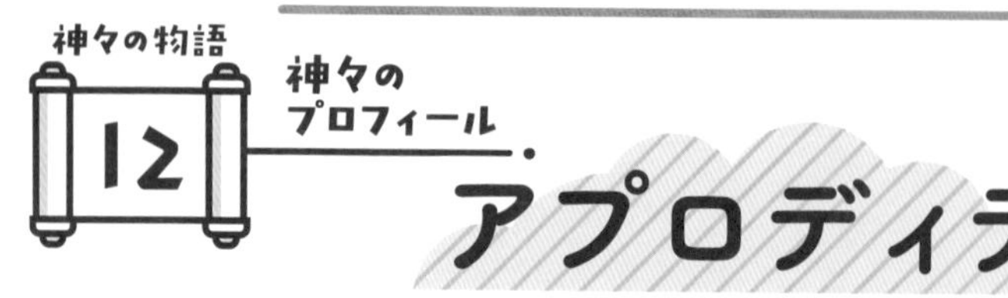

アプロディテ

ギリシャの男性たちの信仰を集めた美と愛の女神

図解アプロディテ

アプロディテはウラノスの男根が海に落ちた際、そこから生じた泡より生まれたという誕生神話が伝わります。多くの愛人を持ち、神々を虜にしたその姿はまさにエロスの権化。美と愛の女神として信仰を集め、後世には裸の美女を描く口実として芸術家の創作意欲を刺激しました。

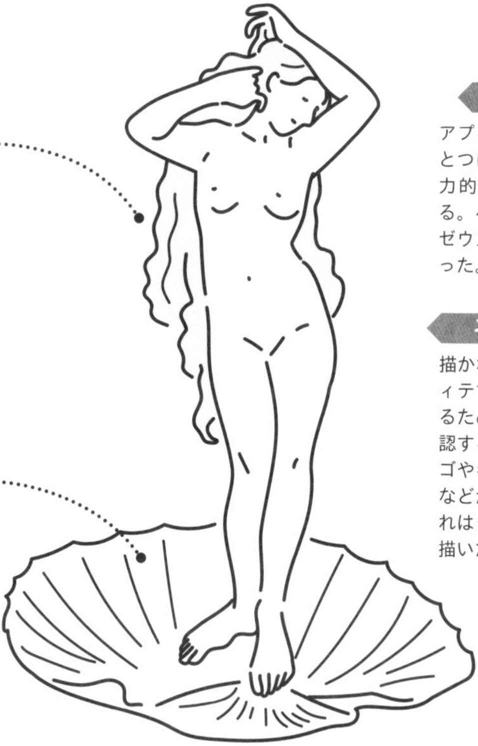

S字

アプロディテの絵画や彫像にもっとも多く見られるのが、一糸まとわぬ姿で片足に体重をかけ、体をくねらせるポーズ。

貝殻

アプロディテは誕生後、ホタテの貝殻に乗り、西風に吹かれてキュテラ島を経て、キプロス島へ至ったとされる。

魔法の帯

アプロディテの武器？のひとつに、身に着けた者を魅力的にする魔法の帯がある。ヘラはこの帯を借りてゼウスを虜にしたこともあった。

その他の持物

描かれた裸婦像がアプロディテであるか否かを判別するためには、その持物を確認する。絵画のなかにリンゴやギンバイカの花、白鳥などが描かれていれば、それはきっとアプロディテを描いた作品。

アプロディテを理解するための 4 POINT!

▶ **神格**

性愛の女神、豊穣神、航海の女神、美の女神

▶ **聖地/祝祭**

パポス、キュテラ、コリントス／アドニス祭

▶ **関係の深い神**

ヘラ、アレス、ヘパイストス、ヘルメス／アドニスなど

▶ **主な業績**

- 切断されたウラノスの男根から生じた泡から誕生。
- アレスをはじめ多くの愛人と愛を交わす。
- トロイア陥落の際、ローマの建国者となるアイネイアスを逃がす。

多くの神や青年と恋愛した奔放な女神

アプロディテは英語名の**ヴィーナス**として知られる、美と愛を司る女神で、まばゆいばかりに美しく女性美の理想像を体現する存在である。

美と愛の女神というだけあって性的に奔放な神話がいくつも伝えられ、その生まれからして愛の女神らしい物語となっている。

『**イリアス**』では**ゼウス**の娘ともいわれるが、『**神統記**（しんとうき）』によれば、アプロディテはクロノスによって切り取られた**ウラノス**の男根が海に落ちた際、生じた白い泡から生まれたとされる。

そしてキプロス島に運ばれ、陸に上がると、その周りに柔らかな草が萌（も）え出たのである。

やがてアプロディテは**ヘパイストス**を夫としながらも、多くの神や美青年の求愛を受けて愛を交わし、いくつもの艶めかしい恋愛譚を残している。

上陸地であるキプロス島の**パポス**が信仰の中心地で神殿が置かれていたが、ギリシャ中南部のコリントスでは、神官ながらのちに遊女化した巫女(ヒエロドゥライ)を抱え、ギリシャ中の青年たちが悦楽を求めて押し掛けたという。

ヌード絵画の主題として絶大な人気を誇る

アプロディテはポンペイの壁画などに妖艶（ようえん）な姿で描かれるなど、ローマの時代も人気を維持したが、中世のキリスト教社会で破廉恥（はれんち）な女神とされて非難の的となってしまう。しかし、その妖艶な美しさはセックスシンボル、美の象徴として愛され続けた。

やがてルネサンスの開花とともに、**ボッティチェリ**が『**ヴィーナスの誕生**』を描くと、以降ヌード絵画を描くための口実として盛んに絵画の主題とされ、大変な人気を誇った。

そんなアプロディテのルーツは、オリエント地域と推測されており、女神**イシュタル**や**アスタルテ**など**愛の大地母神**が原型ともいわれている。

描かれたアプロディテ

『ウルビーノのヴィーナス』
（ティツィアーノ・ヴェチェッリオ）

1538年頃／ウフィツィ美術館（フィレンツェ／イタリア）

アプロディテ（ローマ名：ヴェヌス）の美術表現としては、もうひとつ「横たわる裸婦」がある。本作は高級娼婦をモデルとして描かれたようだが、当時は女性のヌード画を描くには、神話や聖書の一場面としなくてはならないという不文律があった。そのために格好の題材となったのがアプロディテ。本作のように、艶めかしい裸婦にアプロディテであることを示すアイテムを配せば、ヌード画が一瞬にして女神像となったのだ。

神々の物語 13

アプロディテの恋愛

美と愛の女神が繰り返した自由奔放すぎる恋愛

海の泡から生まれた愛の女神**アプロディテ**。絵画『ヴィーナスの誕生』でも知られるように、妖艶（ようえん）な美しさで知られていた。神々も彼女の比類ない美しさに魅了されたという。男女両色の性愛や売春の女神でもあるアプロディテは性にも奔放で、鍛冶の神**ヘパイストス**を夫としながらも、その美貌と肉体的魅力で多くの恋人たちと浮名を流した。とくに戦いの神**アレス**を気に入っていたようで、寝取られたことに怒ったヘパイストスから、痛烈な復讐を受けている。

アレス

ヘパイストスにすぐに飽きたアプロディテは、ほどなくアレスと情を交わす。エロスはアレスとの子という説もある。のちにこの不義はヘパイストスの怒りを買い、手痛い報復を受けた結果、アレスとアプロディテは別れたという。

浮気の報復

透明の綱を作ってベッドの上に置き、交わろうとしてベッドに入ってきたアプロディテとアレスを縛り上げる。そのままオリュンポスの神々の前にさらして笑い物にした。

アンテモス　デイモス　ポボス　ハルモニア　プリアモス

アレスの嫉妬

アドニスに嫉妬して凶暴な猪を送り込み、狩りに出てきたアドニスを殺害する。

アドニス

アプロディテのみならず冥界の妃ペルセポネからも求愛を受けたキプロスの美青年アドニスは、アプロディテを選び、毎日のように狩りに出かけるようになった。その死後、アドニスが冥界でペルセポネに求婚されると、アプロディテはゼウスに頼み込み、アドニスを冥界で1年の3分の1をペルセポネと過ごし、1年の3分の1をアプロディテと過ごし、残りの3分の1を自分の好きなところで暮らすようにしてもらった。

クピドがいたずらで放った矢を受けてほれ込んでしまう。

神話の POINT!

- 男女両色の性愛や売春の女神でもあるアプロディテは性にも奔放だった。
- アプロディテはヘパイストスを夫としていた。
- アプロディテはアレスら多くの神々やアドニスら人間との恋愛を楽しんだ。

ヘパイストス

アプロディテが夫として選んだのは意外にももっとも醜いヘパイストスだった。これは神々のなかで唯一自分に関心を示さないヘパイストスに興味を持ったためといわれている。

一方でヘパイストスも彼女に惹かれていたという神話もある。彼は女神を自分のものにしたいと願い、女性の性的魅力を増す帯を作ったところ、ほかの女神にこの帯を取られたくないアプロディテがヘパイストスと結婚したのだという。

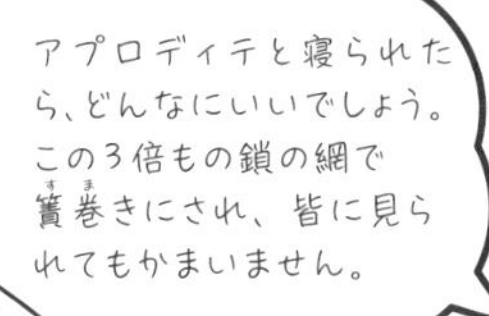

ヘルメス

ヘパイストスがアプロディテとアレスの不倫現場を神々に見せつけた際、アプロディテの妖艶な裸に惹かれたのがヘルメス。彼はアプロディテに言い寄って関係を持ち、ふたりの間に両性具有のヘルマプロディトスが生まれたという。

ヘルマプロディトス

アンキセス

美青年のアンキセスには人間の女性の姿になり、プリギュア王オトレウスの娘と偽って近づいた。一夜を過ごした後で相手の正体を知ったアンキセスが恐れおののくと、アプロディテはふたりの間に偉大な子が生まれると告げ、この情事を秘密にするよう命じた。しかし、アンキセスは酔った勢いで秘密をもらしてしまう。罰としてゼウスに目を潰されたとも、足を不自由にさせられたともいわれている。女神との恋愛で大きな犠牲を払ったが、ふたりの間にはトロイアの英雄アイネイアスが生まれた。

アドニスを巡り対立。

ヘラ、アテナとの美女コンテストでアプロディテをもっとも美しい女神に選ぶ。

冥界の女王
ペルセポネ

語源図鑑 ヴィーナス　アプロディテのローマ神話での名が「ウェヌス（Venus）」であり、芸術作品のタイトルや「マルタのヴィーナス」などの表現に用いられることから、アプロディテの名よりも英語読みのヴィーナスの方が有名。

神々の物語 14 神々のプロフィール

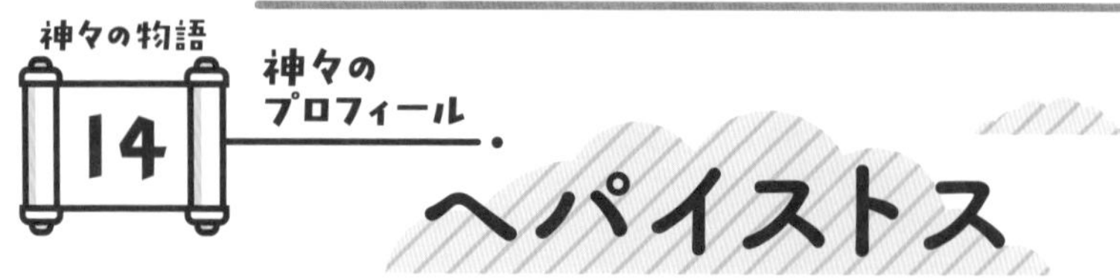

ヘパイストス

自ら製作した道具で、妻と母への復讐を果たした鍛冶の神

図解ヘパイストス

ヘパイストスは鍛冶仕事の神とされ、エトナ山の工房にあって、オリュンポスの宮殿や女神たちの装身具など数多くの名品を生み出しました。

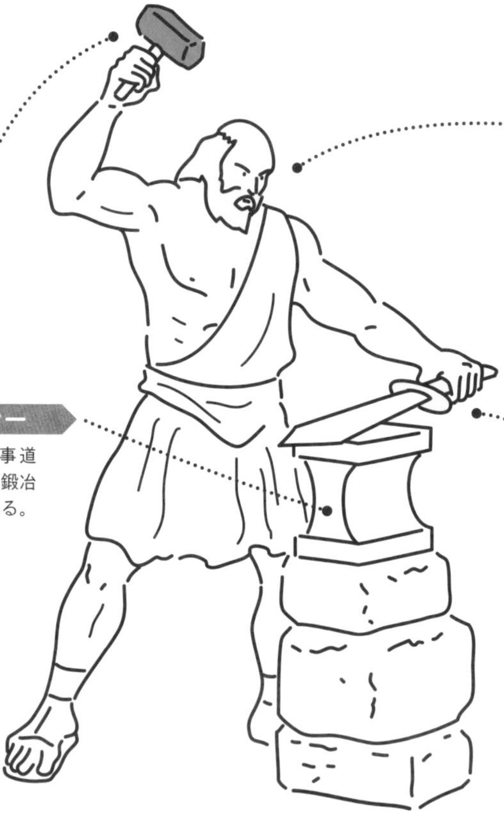

外見
ひげを生やしたたくましい男として描かれるが、神話では足が不自由だったとされる。

鉄床とハンマー
ヘパイストスの仕事道具。ニンフたちから鍛冶仕事を学んだとされる。

武器
神々も使用する武器のほか、さまざまな道具を作り出したとされ、職人の守護神として信仰された。

ヘパイストスを理解するための4POINT!

▶ **神格**
鍛冶の神、火の神、職人の守護神

▶ **聖地/祝祭**
エトナ山、レムノス島／なし

▶ **関係の深い神**
ヘラ(母)、アプロディテ(妻)、アテナ、ディオニュソス／エリクトニオス(子)／キュクロプス

▶ **主な業績**
- 人類初の女性パンドラを創った。
- 卓越した技術でさまざまなアイテムを作り出した。
- アキレウスがトロイア戦争で使う楯(たて)を作った。

自分を捨てた母に豪華な椅子を贈り復讐を成し遂げる

ヘパイストスは**エトナ山**の工房で、オリュンポスの宮殿や魔力を持つ道具、女神たちの装身具など、多くの名品を生み出した鍛冶の神である。

しかし、彼はオリュンポスの神々のなかでは異色の存在で、その生い立ちも不幸だった。彼は**ゼウス**の不義に立腹した**ヘラ**が、ゼウスとの交渉なしに生み出した子だったが、生まれてみれば容貌が醜く、足もねじれて不自由だった。その醜さを嫌ったヘラによって、赤子の彼はエーゲ海に捨てられたのだ。足を悪くしたのはこのときだったともいう。

母の愛情に恵まれなかったヘパイストスは、海のニンフたちに救われ、海底洞窟に匿われて育つ。そして9年間鍛冶の修業を積み、技術を習得したのである。

その卓越した技術を使い、彼は自分を蔑んだ者への復讐を敢行する。まずは母のヘラ。黄金の玉座を贈り、それに座ったヘラを見えない綱で縛りあげてしまう。ヘラはヘパイストスをオリュンポスに迎え入れることで解放してもらった。

その後も醜い自分を嫌い、軍神**アレス**と浮気を重ねる妻の**アプロディテ**にも復讐を仕組んだ。愛人同士がベッドに入ると、ふたりに網がかかる仕掛けを作り、あられのない姿をほかの神々の見世物にしたのである。

ヘパイストスは古代ギリシャの鍛冶職人の理想？

自分の能力を使って仕返しをしたヘパイストスは、古代ギリシャで抑圧されていた鍛冶職人の憧れの姿だったともいう。ヘパイストスの足が不自由なのは、当時の鍛冶職人はヒ素中毒が多く、手足を麻痺した者が多かったことと関係しているのかもしれない。

そんなヘパイストスのルーツは、エトナ火山との関わりなど火に対する畏敬から生じた神とされる一方、鉄の採掘が盛んな小アジア地方の神だったともいわれる。西アジアを起源とするアプロディテと夫婦というのも地域的な関連だろう。

描かれたヘパイストス

『ウルカヌスに発見されたヴィーナスとマルス』
（ティントレット）

1555年頃／アルテ・ピナコテーク（ミュンヘン／ドイツ）

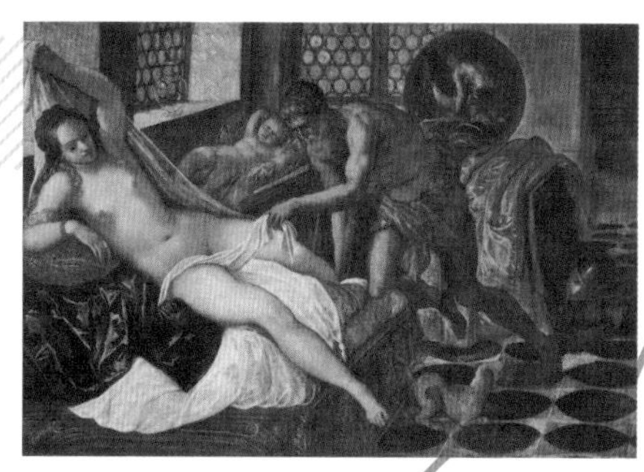

アプロディテ（ヴィーナス）とアレス（マルス）の同衾(どうきん)の現場を押さえるべく、ヘパイストスが見えない網を作りふたりを捕えた場面が描かれている。ヘパイストスが登場する絵画のなかでもっとも人気を誇った主題で、ティントレットはアレスがあわてて隠れたという独自の解釈をしたようだ。さてそのアレス、一体どこにいるのか？ 探してみよう。

資料室 ヘパイストスの発明品

戦いにファッション、復讐……、神話世界で大活躍の名品群

足が不自由な俺にとって、ものづくりの腕こそが最高の武器だ。人間ばかりか神々だって俺の発明品や武器を欲しがったものだ。ギリシャ神話に登場する俺の発明品を見ていってくれ。

オートマタ

足の不自由なヘパイストスの歩行を助けるために作られた黄金づくりの侍女。

金の犬・銀の犬

スケリア島の支配者で、航海者を援助するアルキノオス王の宮殿の戸口を守る2頭の犬。

パンドラ

人間に災いをもたらすために創られた最初の女性。粘土から創られ、ヘパイストスが命を吹きこんだ。

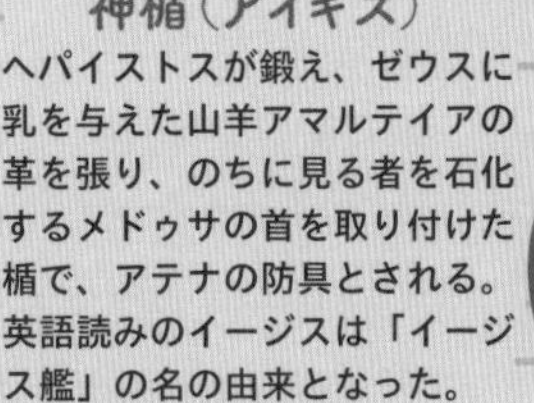

神楯（アイギス）

ヘパイストスが鍛え、ゼウスに乳を与えた山羊アマルテイアの革を張り、のちに見る者を石化するメドゥサの首を取り付けた楯で、アテナの防具とされる。英語読みのイージスは「イージス艦」の名の由来となった。

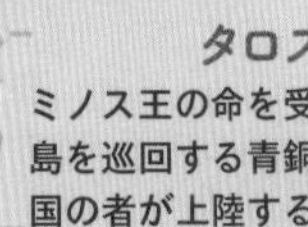

タロス

ミノス王の命を受けてクレタ島を巡回する青銅の巨人。異国の者が上陸すると体を発火させて侵入者を焼き殺す。

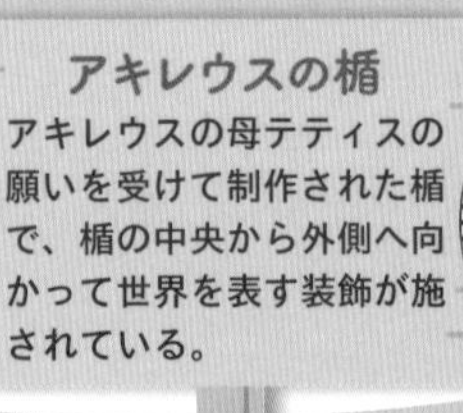

アキレウスの楯

アキレウスの母テティスの願いを受けて制作された楯で、楯の中央から外側へ向かって世界を表す装飾が施されている。

アポロンの遠矢・アルテミスの遠矢

男を死に至らす疫病の矢を放つアポロンの弓矢と、アルテミスが狩りに用いた弓矢。ニオベの12人の子どもたちを殺害する際にも用いられた。

不可視の網

アレスとの浮気を繰り返す妻アプロディテを懲らしめるために作られた目に見えない網。

プロメテウスの鎖

ティタン神族のプロメテウスをコーカサスの峰に縛り付けていた鎖。

黄金の鼎

黄金の車輪を持ち、自動的に動く。

オリュンポスの宮殿

オリュンポスの神々が暮らす天空の宮殿。

翼のあるヘルメットとサンダル

ヘルメスのために制作された兜とサンダル。

呪いの首飾り

アプロディテとアレスの不義によって誕生したハルモニアに贈った、不幸をもたらす首飾り。ハルモニアの娘であるセメレが、ゼウスの子を身ごもりながら命を落としたのも、この呪いの影響とされる。

空を飛ぶ馬車

太陽神ヘリオスが駆る翼のついた戦車。

語源図鑑 ヴォルケーノ
ヘパイストスのローマ名はウルカヌスといい、Vulcanusと表記される。ここから火山を意味する「Volcano」の語が生まれた。

戦いの惨禍を象徴し、神々から蔑まれたゼウスの息子

図解アレス

軍神として知られるアレスですが、アテナとは異なり戦争がもたらす惨禍を象徴する神でした。しかも不倫現場を押さえられてさらされたり、本職の戦いでも神どころか人間にも負ける始末で、ギリシャ神話ではあまりいいところがありません。

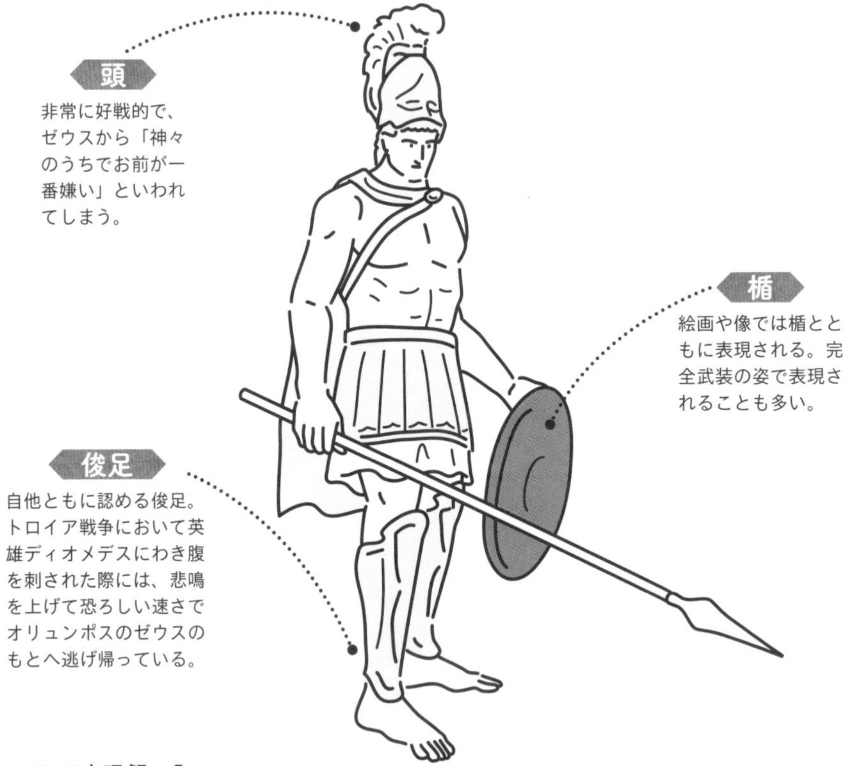

頭

非常に好戦的で、ゼウスから「神々のうちでお前が一番嫌い」といわれてしまう。

楯

絵画や像では楯とともに表現される。完全武装の姿で表現されることも多い。

俊足

自他ともに認める俊足。トロイア戦争において英雄ディオメデスにわき腹を刺された際には、悲鳴を上げて恐ろしい速さでオリュンポスのゼウスのもとへ逃げ帰っている。

アレスを理解するための 4POINT!

- **神格** 戦争の神
- **聖地/祝祭** アレオパゴス
- **関係の深い神**
  ヘラ(母)、アプロディテ(愛人)、ヘパイストス／ディオメデス
- **主な業績**
  - ポセイドンの息子を殺害し、世界最初の裁判の被告となった。
  - アプロディテとの間に5人の子をもうける。
  - トロイア戦争ではトロイア側について参戦する。

父ゼウスにも嫌われた もうひとりの軍神

ゼウスと正妻**ヘラ**との間に生まれたのは、青春の女神へベ、出産の女神エイレイテュイア、そしてオリュンポス12神の1柱に数えられる軍神**アレス**である。

ただこのアレス、一族の嫡子(ちゃくし)ながら神々きっての嫌われ者。父のゼウスにも「**オリュンポスの神々のなかでもっとも嫌い**」といわれる始末である。ここまで嫌われた原因は、この神が狂暴でありながら、愚鈍だったからだ。

同じ戦いの神である**アテナ**が勇気や戦略で称賛されたのとは異なり、アレスの権能は戦争を招くこと。しかも従えているのは争いの女神エリスや恐怖の神デイモスなど負のオーラを放つ神ばかりで、戦争の禍(わざわい)を象徴する神であった。

さらにアレスははじめて殺人事件の被告人として裁判を受けていた。**ポセイドン**の息子ハリロティオスを殺した罪で、アクロポリスの丘の西にある**アレオパゴス**に呼び出され、裁判を受けたのだ。

無罪放免とはなったが、この丘は不名誉にも「アレスの丘」と名付けられてしまう。

トラキアで崇拝された 前身の神が嫌われる要因に……

アレスがここまで神に嫌われた背景には、今のブルガリアにあたる**トラキア**で崇拝された神だったことが原因という。

トラキア人は好戦的な性格で、死を恐れない勇猛な民族だったが、紀元前6世紀頃まで部族同士で激しい抗争を繰り返していた。同族で争いを続けるトラキア人をギリシャ人は野蛮な民族とみなし、その神であるアレスも嫌ったのだという。

何かと軽視される軍神アレスは戦に勝つことも珍しく、**トロイア戦争**では人間に傷つけられて父のゼウスに泣きつく始末。巨人にも負けるなど、失態ばかりが目立つ。

そんな散々な扱いを受ける軍神であるが、ローマ神話に取り込まれると一転し、ローマを建国したロムルスの父**マルス**と同一視されたため、大いに崇拝されるという転身を遂げている。

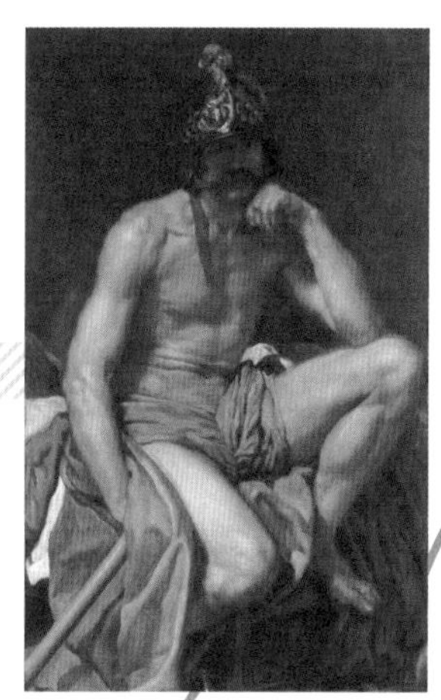

『アレス』(ディエゴ・ベラスケス)
1639年-1640年／プラド美術館(マドリード／スペイン)

くたびれ果てた中年男性のような姿で描かれたアレス。腹はたるみ、筋肉は落ち、軍神としての貫禄は見る影もない。
ベラスケスが本作を描いた当時、スペインはフェリペ4世の統治下にあったが、イギリス・オランダの台頭により植民地や領土を次々に失い、国力の衰退が顕著になりつつあった。そうした斜陽のスペインを暗示する作品ともいわれる。

神々の物語 16 神々のプロフィール

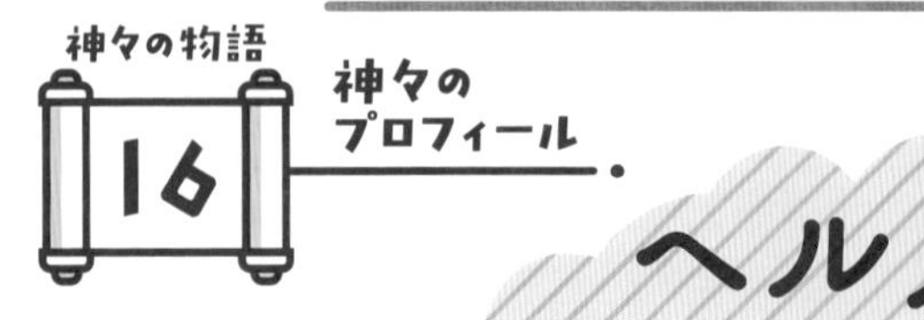

ヘルメス

ゼウスもほれ込んだ泥棒と雄弁の能力を持った伝令神

図解ヘルメス

すばしこいコソ泥の能力を持つヘルメスは、翼の生えた帽子とサンダルがトレードマーク。さらに伝令杖を持ち、その権能を表しています。

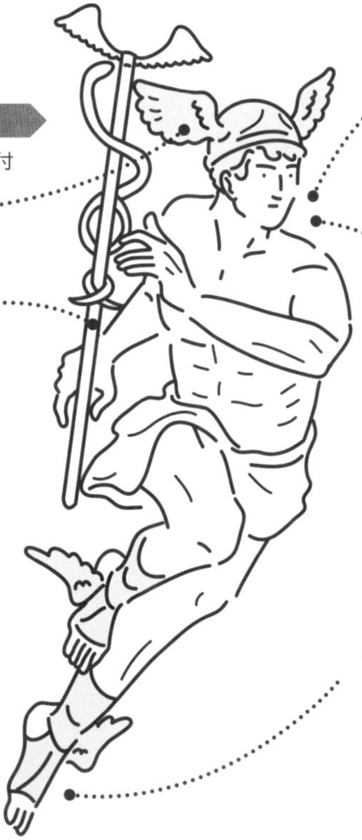

翼の生えた帽子
ペタソスと呼ばれる翼の付いたつば広の帽子。

伝令杖
アポロンからもらった伝令杖「ケリュケイオン」。2匹の蛇が巻き付き、翼の付いたこの杖は、人を自由に眠らせる力を持ち、その意匠は商業と雄弁の象徴ともされる。

雄弁
アポロンの牛を盗んだあとに平然と嘘をつき、アポロンを言いくるめてしまうほど交渉力に長(た)けていることから、商売、雄弁の神ともされる。

外見
ゼウスよりひと世代下に当たり、若者の姿で描かれる。

翼の生えたサンダル
空を飛び、素早い往来を可能とするサンダルで、のちにペルセウスに貸し出されてゴルゴン退治やアンドロメダ救出で活躍した。

ヘルメスを理解するための4POINT!

- **神格** 泥棒の神、商業の神、体育場の守護神、神々の伝令、冥界への案内役
- **聖地/祝祭** キュレネ山／ヘルマイア祭
- **関係の深い神**
ゼウス(父)、マイア(母)／アプロディテ(愛人)、ディオニュソス、アポロン
- **主な業績**
  - アポロンの牛を盗み、亀の甲羅で作った竪琴と交換する。
  - ゼウスの愛人であるイオを監視するアルゴスを退治する。
  - ギガントマキアにおいてテュポンに敗れたゼウスを救出する。

生まれてすぐに華麗なる盗みを働いた生粋の大泥棒

ヘルメスはいたずら好きでずる賢い泥棒の神である。

もともと**ゼウス**は泥棒と嘘つきの才能を持つ息子が欲しいと、**ティタン神族**の**アトラス**の娘マイアとこそこそ隠れるようにして関係を持った。

その望み通り、ヘルメスは生まれてすぐにその能力を発揮する。ゆりかごを飛び出すと、**アポロン**の牛を50頭も盗み出し、それが発覚するやアポロンとゼウスの前で平気で嘘をついて大器の片鱗(へんりん)を見せつけた。さらに見破られそうになると作った竪琴を譲ってアポロンを懐柔し、代わりに牛を手に入れるずる賢さも併せ持っていた。

こうして嘘、雄弁、泥棒、商売といった能力がゼウスに認められ、**神々の伝令役**を担うこととなった。

とくにゼウスは息子の能力を最大限利用し、浮気に怒る妻**ヘラ**の後始末をヘルメスによく任せた。

そうしたエピソードのなかでも有名なのが、ヘラの命(めい)でゼウスの浮気相手**イオ**を100の目で見張っていた**アルゴス退治**だ。ヘルメスはアルゴスに魔法の葦笛(あしぶえ)を聞かせ、すべての目を眠らせることに成功。この首をはねてイオを逃がしてやったのである。

ヘルメスの原型は路傍(ろぼう)の石柱のヘルマ

伝令役の印象が強いヘルメスだが、その職能の本分は旅人の守護にあり、道祖神(どうそじん)的な性格を持つ神である。というのもヘルメスの原型はギリシャの辻や畑の境に立っていた「**ヘルマ**」という石柱とみられている。

ヘルマは上が人間の頭部、下には男根をかたどった装飾がついており、豊穣や多産を祈るものだった。

これらの多くが路傍に立っていたことから道案内、伝令といった道祖神的な性格を加えられ、さらにどこでも行き来することから、死者を冥界へ導く案内役も担うようになる。

描かれたヘルメス

『スリに扮(ふん)したメルクリウス』（ジョシュア・レノルズ）

1774年頃／ファリンドン・コレクション（バスコット／イギリス）

アポロンの家畜である牛を盗んだエピソードから創作されたヘルメスの絵画。幼少の姿で描かれたヘルメスは、財布を手にしてすでに立派なコソ泥の様相。
頭には彼のトレードマークである翼の生えた帽子をかぶっている。

異界探訪

牧神たちの世界

野や森を陽気に駆け回るディオニュソスの随伴者たち

息子のパンはおかしな姿をしていますが、それと見分けがつかないようなサテュロスやシレノスがいます。その違いを押さえておいてくださいね。

2本の角に山羊の顔、人の上半身に山羊の後ろ脚と尾を持つ生き物――、ギリシャ神話の絵画でよく見かける不思議な存在であるが、これはれっきとした神で、ヘルメスとドリュオプスの娘ドリュオペの間に生まれたパンという。乳母はパンの姿を見て驚き、置き去りにして逃げてしまったが、ヘルメスは大変強い興味を持って神々に紹介した。

もともとアルカディア(ペロポネソス半島中央部)一帯で信仰されていた神で、紀元前490年のマラトンの戦いでギリシャ側がアケメネス朝ペルシャに勝利したのは、パンが法螺貝(ほらがい)を吹いてペルシャ軍を混乱させたためだと信じられていた。パンは「恐慌」の起こし手ともいわれ、「パニック」の語は、パンの名に由来する。

家畜繁殖を司る神とされ、活発に山野を巡って陽気に楽器を演奏してニンフと戯れるという。ドビュッシーの代表曲《牧神の午後への前奏曲》は、このパンが昼寝から目覚めて沐浴を行なうニンフたちに戯れかかる様子を表現した作品といわれる。

ただし気難しい面を持ち、眠りを妨げた者には手痛い報復をもたらすとされた。そのため、仮眠をとる時間、パンを起こさないよう古代ギリシャの牧人たちは気を遣ったという。

パンの系譜と恋愛

生真面目で内気なニンフであったシュリンクスに恋して追い回したが、シュリンクスはラドン河岸で葦に姿を変えてしまった。パンは幾本かの葦の管を蝋でつけ合わせて笛をつくり、シュリンクス(笙)と名付けた。

パンはニンフのピテュスに恋心を抱いて追い回したが、ピテュスは松の木に姿を変えてしまった。

パンの系譜と恋愛

シレノス

馬の耳と尾、蹄を持つ神で、常に酩酊状態にあるとされる田園の神。サテュロスよりも老成して知恵を持ち、予言能力もあるとされ、ディオニュソスを育てたと伝わる。

プリュギアのミダス王は、シレノスが水を飲みに来る泉に酒を混ぜて酩酊させ、王宮へ招いて歓待し、知恵を授けてもらった。また性欲も強く、ゼウスの妻ヘラを襲ったこともあるという。

マイナス（複数形はマイナデス）

ディオニュソスの女性信者を示す言葉。ディオニュソス（別名バッコス）の供をする信女たちを意味する「バッカイ」とも呼ばれる。酩酊状態で楽器をかき鳴らし、嬌声を上げながら狂乱状態で練り歩いたとされる。

オルフェウスを八つ裂きにしたほか、ディオニュソスの意向を受けて、ディオニュソスを侮った者たちを惨殺するなど恐ろしいエピソードであふれている。

サテュロス

山羊の角と耳、長い尾と蹄のある脚を持ち、毛深く興奮した男性器を持つ姿の生類の精。その外見からパンと混同されるが、こちらは繁殖の精霊である。

ニンフたちにちょっかいを出し、酒を飲んで乱痴気騒ぎを好んだ。そうした性格からキリスト教の教義では眠っている女性を強姦する夢魔インキュバスと同一視されてしまった。

マルシュアスのほか、ディオニュソスに従う多くのサテュロスの名が伝えられている。

マルシュアス

アテナの笛を拾ってアポロンに音楽勝負を挑んだサテュロス。結果的にアポロンに敗れると、その傲慢さをなじられて皮剥ぎの刑にされた。

アルゴスのサテュロス

ニンフのアミュモネを襲おうとしたが、ニンフがポセイドンに助けを求めたため、三叉の戟で撃退された。アミュモネはその後ポセイドンのとの間に子をもうけている。

神々のプロフィール

ポセイドン

短気で豪快！　もともとは大地の神だった海洋の支配者

図解ポセイドン

ポセイドンはゼウスの兄であり海の支配権を握った海神です。三叉の戟を持ち4頭立ての戦車で海を駆ける姿で描かれますが、そうした図像表現の節々に、かつて大地の神であった名残が見られます。

三叉の戟

トライデントと呼ばれる三叉の戟。ティタノマキアにおいてキュクロプスから与えられた。海陸を持ち上げて波を自在に操り、地震も起こすこともできる。

外見

中年の男性として表現され、黒い頭髪やひげを伸ばした粗野な風貌。

戦車

イルカの下半身を持つ海馬に曳かせるポセイドンの乗り物。馬に化けてデメテルと交わる神話とともに、かつて大地の神であったことをうかがわせるアイテム。

ポセイドンを理解するための 4POINT!

▶ **神格**

海の神、地震の神

▶ **聖地/祝祭**

ハリカルナッソス、ポセイドニア、コリントス地峡、スニオン岬／パンイオニア祭

▶ **関係の深い神**

ゼウス（兄弟）、ハデス（兄弟）／アンピトリテ（妻）、デメテル（愛人）、アポロン、アテナ、ヘラ／メドゥサ、ミノス王

▶ **主な業績**

・ティタノマキアでゼウスとともにティタン神族を破る。

・海の世界を統治する。

・アテナとアッティカ地方の領有を争う。

海の神なのに馬との関係が深いのはなぜ？

ポセイドンは**ゼウス**の兄で、海と水を支配する神である。武器は先が3つに割れた**三叉の戟**で、波を自由に操ったため船乗りたちに恐れられた。

岩を割り、地面を揺らす地震の神、暴風雨の神と自然の脅威を表わす神らしく、性格も短気で怒りっぽくすぐに嵐や暴風雨を巻き起こした。

海のニンフ・**アンピトリテ**を妻とし、海神としてもイメージが強いポセイドンだが、4頭馬車で海を駆ける姿で描かれ、愛人のひとりである女神**デメテル**と馬に化けて交わるなど、馬との関係が深い。怪物になる前の**メドゥサ**と交わり、彼女との間に生まれたのも天馬**ペガソス**であった。馬を創り、それを御する技を人間に教えたのもポセイドンだった。

ゼウス神話に征服されたミュケナイの最高神

実はポセイドンはギリシャ神話でこそ最高神の座をゼウスに譲っているが、ギリシャ神話が形成される以前のミュケナイ文明の時代、馬の神、大地の神として信仰され、最高神の位置を占めていたという。

そうしたかつての神格は、ポセイドンの名が「**大地の夫**」を意味することからもうかがえる。

のちにギリシャ人がバルカン半島を南下し、ミュケナイを征服すると、馬の神だったポセイドンがゼウスの神話に取り込まれ、海洋神へと変わったらしい。

こうした経歴を示すかのように、ポセイドンはほかの神々との支配地を巡る争いに全敗している。

たとえばアッティカ地方支配を巡ってアテナと対立したときには、ポセイドンは泉を湧き出させたが、オリーブの木を出したアテナに敗れた。ほかにもヘラやヘリオスらと領土争いをして敗れたともいわれている。

こうした領土争いの敗北は、大地の神だったポセイドンがその支配権を失ったことを意味するのだろう。

描かれたポセイドン

『アテナとポセイドンの紛争』
（ルネ=アントワーヌ・ウアス）

1689-1706年頃／
ヴェルサイユ宮殿美術館（ヴェルサイユ／フランス）

ポセイドンはゼウスを失脚させようとしたり、アポロンともめたりと、ほかの神々との紛争が伝えられる。そのひとつがアテナとのアッティカ地方の領有権を巡る争い。
ただし、激しく矛（ほこ）を交えるというよりは、現地の人々の人気投票だった。ポセイドンは泉を湧き出させたのだが、オリーブを贈ったアテナに敗れてしまった。

異界探訪

海の世界

ポセイドンを頂点とする海の神々とその系譜

ギリシャ神話の海の世界には、わしをを家父長とした一家を中心に、多くの住人たちが暮らしている。そこには神だけではなく、モンスターも含まれ、バラエティー豊かな海の世界が創造されているぞ。

西風 ゼピュロス

南風 ノトス

風

暴風雨によって荒れ狂う海もまたポセイドンの支配下にあり、風の神たちもポセイドンの支配下に位置付けられている。

支配

メドゥサ

ハルピュイアイ

ペガソス

キルケ

セイレン

モンスター

ゴルゴン三姉妹のメドゥサはポセイドンの寵愛を受け、アテナの神殿で交わったためにアテナの怒りを買い、化け物に変えられたという。ほかにも海洋の島々にはセイレンやハルピュイアイ、魔女キルケなどがおり、船乗りたちを恐怖に陥れていた。

支配

その他の海の神々

ポセイドンが海の支配権を得る以前から、海には様々な神がいた。ティタン神族のオケアノスは世界の周囲を取り巻く大河の主とされ、娘には河川の女神オケアニデスたちがいた。

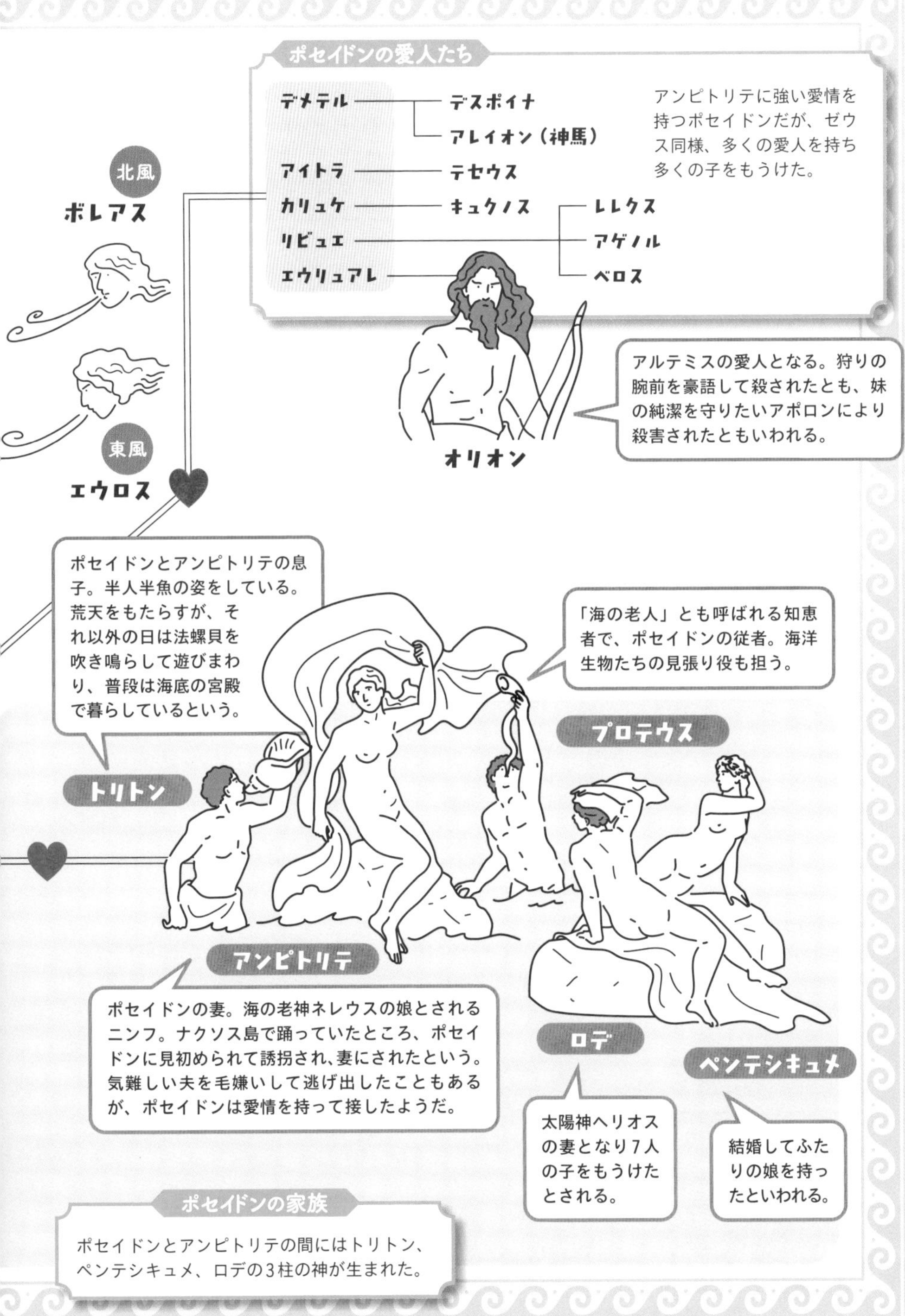
ポセイドンの愛人たち
デメテル
デスポイナ
アレイオン（神馬）
アイトラ
テセウス
カリュケ
キュクノス
リビュエ
レレクス
アゲノル
ベロス
エウリュアレ
アンピトリテに強い愛情を持つポセイドンだが、ゼウス同様、多くの愛人を持ち多くの子をもうけた。
北風
ボレアス
東風
エウロス
オリオン
アルテミスの愛人となる。狩りの腕前を豪語して殺されたとも、妹の純潔を守りたいアポロンにより殺害されたともいわれる。
ポセイドンとアンピトリテの息子。半人半魚の姿をしている。荒天をもたらすが、それ以外の日は法螺貝を吹き鳴らして遊びまわり、普段は海底の宮殿で暮らしているという。
トリトン
「海の老人」とも呼ばれる知恵者で、ポセイドンの従者。海洋生物たちの見張り役も担う。
プロテウス
アンピトリテ
ポセイドンの妻。海の老神ネレウスの娘とされるニンフ。ナクソス島で踊っていたところ、ポセイドンに見初められて誘拐され、妻にされたという。気難しい夫を毛嫌いして逃げ出したこともあるが、ポセイドンは愛情を持って接したようだ。
ロデ
太陽神ヘリオスの妻となり7人の子をもうけたとされる。
ペンテシキュメ
結婚してふたりの娘を持ったといわれる。
ポセイドンの家族
ポセイドンとアンピトリテの間にはトリトン、ペンテシキュメ、ロデの3柱の神が生まれた。

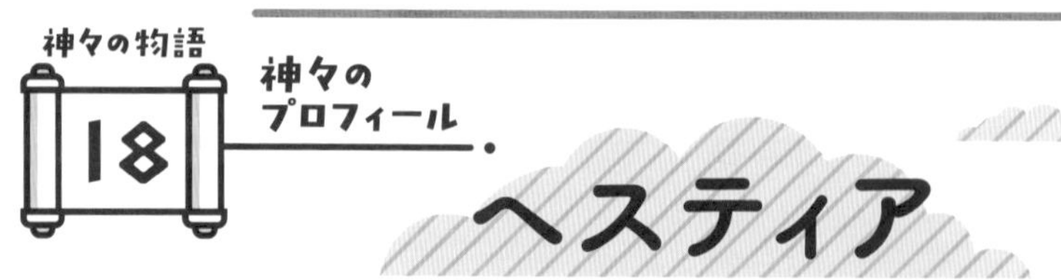

ヘスティア

永遠の純潔と引き換えに最高の権威を得た竈(かまど)の女神

図解ヘスティア

ヘスティアは、家の炉から動くこともなく、ほかの神からの求愛にも頑(かたく)なに拒否しており、目立った伝説はほとんど残っていません。

ヘスティアを理解するための 4POINT!

- **神格**
  炉の女神、家庭の守護神、都市の守護神
- **聖地/祝祭** オリュンポス／ローマ
- **関係の深い神**
  ゼウス(兄弟)、ポセイドン(兄弟)、アポロン
- **主な業績**
  ・永遠に処女でいることを誓う。

家庭の守護神として敬われ、愛された炉の女神

古代ギリシャの各家庭の中心には炉が設けられた広間があり、家庭内での儀式の場となっていた。その炉を神格化した女神が**ヘスティア**である。

彼女は**ポセイドン**と**アポロン**からの求婚を断って、処女を守ることを誓った。これに対して**ゼウス**は、結婚の喜びの代わりに、彼女があらゆる家の中心に祀られ、最初に生贄を得る権利を与えたという。

ヘスティアは家の炉に鎮座して動かないため、目立った伝説はない。

しかしその安定感が、ギリシャ人が生活の基本とみなした「炉」を守る神として信頼され、家庭や都市の守護神として信仰された。

またヘスティアは聖なる火の神でもあり、現代もオリンピックの聖火を守護している。

のちにオリュンポス12神の座をディオニュソスに譲ったが、ローマでは竈の女神**ウェスタ**と同一視され、篤(あつ)い崇敬(すうけい)を集めた。

ウェスタは穢れを嫌うため、ウェスタに奉仕する巫女は良家出身の処女でなければならなかった。この掟を破った者には、牢に入れられて餓死させられるという罰が待ち受けていた。

神々のプロフィール

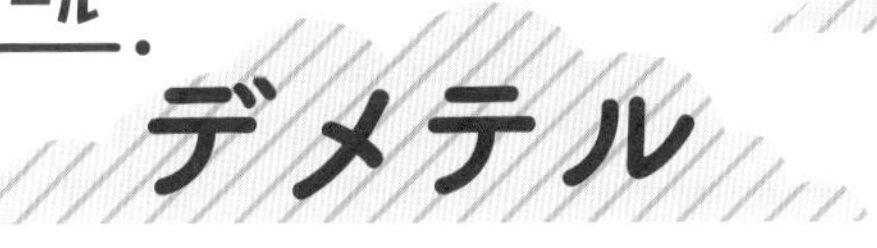

デメテル

怒らせると怖い豊穣の神

世界を覆う飢饉の恐怖 怒らせると怖い豊穣の神

ゼウスの姉**デメテル**は自ら人間とともに農作業を行なう豊穣の神として、ギリシャで広く崇拝された。

豊穣の神らしく穏やかな性格だが、逆に一度怒らせるととてつもなく恐ろしい罰を下す神でもあった。

ゼウスとの間に生まれた娘**ペルセポネ**を**ハデス**にさらわれた際には、地上の穀物の生産を止め、人類ばかりか神々にまで滅亡の淵をのぞかせた。また、デメテルが管理する聖なる森を伐採したテッサリア王には、無限の飢えという罰を与えた。王は最後、自らを食らうという凄惨な最期を遂げる。(▶P.112)

恋愛面ではゼウス夫妻に翻弄される。ゼウスの娘ペルセポネを生んだため**ヘラ**ににらまれる一方、ゼウスには人間の愛人イアシオンを嫉妬で殺された。

そんな彼女は**エレウシスの秘儀**を伝えた女神でもある。誘拐されたペルセポネを捜してエレウシスに滞在中、同地の王妃に神殿を建てさせ、秘儀を授けたという。内容を話す者は死をもって罰せられるためその詳細は不明だが、死後の世界の幸福だったとも、命の再生と復活にまつわるものだったともいう。

図解デメテル

デメテルはオリュンポス12神の1柱で豊穣の神としてギリシャで広く信仰されていました。

デメテルを理解するための 4POINT!

▶ **神格**
豊穣の女神、穀物の女神、農業の守護神

▶ **聖地/祝祭** エレウシス、アルカディアなど／エレウシス祭、テスモポリア祭

▶ **関係の深い神**
ゼウス(兄弟)、ペルセポネ(娘)／ハデス

▶ **主な業績**
・ゼウスとの間にペルセポネをもうける。
・四季の起源となる。
・エレウシスの秘儀を人々に伝授する。

ディオニュソス

葡萄酒（ぶどうしゅ）から派生した信仰で世の中を狂乱させたお酒の神の戦慄の信仰

図解ディオニュソス

酒と酩酊、演劇を司るディオニュソスは、葡萄酒の作り方を人間に教える一方、神人合一の秘儀を伝え、とくに女性たちの信仰を集めていました。

盃
酒の神であることを象徴するアイテム。

頭髪
葡萄の葉の冠、もしくは頭髪自体が葡萄の房になった姿で表現される。

体格
中性的なでふくよかな体格で描かれる。

ディオニュソスを理解するための4POINT!

▶ **神格**
酒の神、狂乱の神、演劇の守護神

▶ **聖地/祝祭** アテネ、エレウシス／ディオニュシア祭、アンテストリア祭

▶ **関係の深い神**
ゼウス(父)、ヘラ／ヘルメス、アポロン、パン、サテュロス／セメレ(母)、アリアドネ(妻)

▶ **主な業績**
・人間に葡萄酒の作り方を教えた。
・ヨーロッパ中を巡って布教し、信仰しない者を罰した。
・ミノス王の娘・アリアドネを妻とした。

ヘラの迫害から逃げ惑った酒の神

酒の神の**ディオニュソス**は**ゼウス**とテバイ王女**セメレ**との間に生まれた。

しかし彼は、ゼウスの正妻ヘラの迫害に追われる前半生を送った。

母セメレはディオニュソスがお腹にいるとき、**ヘラ**の策略にかかり焼死(▶P.60)。ゼウスが遺骸(いがい)の灰のなかから胎児のディオニュソスを取り出し、太ももに縫い付けて誕生させた。

彼はセメレの姉イノの元で育つが、これを知ったヘラはイノの夫を錯乱(さくらん)させ破滅に導き、ニンフに預けられたディオニュソスに狂気を吹き込んだ。

狂ったディオニュソスは中近東やアフリカなど諸国を放浪し、小アジアのプリュギアで女神**キュベレ**に清められ、ようやく正気に戻ったのだ。

そしてキュベレから葡萄酒の作り方を伝授された。また、酔って笛やシンバルなどを打ち鳴らしながら踊り狂い、神と一体になる秘儀も伝授された。

ギリシャ中を熱狂させたディオニュソス教の狂乱

ディオニュソスはこの秘儀をさらに発展させ、酩酊して乱舞し、恍惚(こうこつ)状態を生むディオニュソス教を生み出し、各地に広めていく。精神を解放するこの教えはまたたくまに信者を増やし、信者らは酒を飲み、陶酔状態に陥っては、野山で踊り狂った。興奮が極まると、獣を八つ裂きにして生肉を貪(むさぼ)り食い、狂喜乱舞したともいう。その異様な姿を見た人々は、女性信者を**マイナデス**(狂った女たち)、男性信者を**サテュロス**と呼び恐れた。当然、このいかがわしい信仰に眉をひそめる支配者も多かったが、ディオニュソスはこの教えを迫害する者に対して容赦ない罰を与えた。

彼の故郷テバイの王ペンテウスもそのひとりである。王は、ディオニュソスを捕らえようとしたが、信者や母たちに獣と間違えられ、八つ裂きにされている。こうしたディオニュソスの一面は、歓喜を与える一方で、飲み過ぎれば狂気をもたらす酒の性質を象徴しているともいえよう。

描かれたディオニュソス

『バッコスの勝利』
(ディエゴ・ベラスケス)

1629年/プラド美術館(マドリード/スペイン)

陽気な酔っ払いたちに囲まれた酒と豊穣の神ディオニュソス(バッコス)。楽しい宴会風景にも見えるが、実はときのスペイン国王フェリペ4世のために描かれた作品で、豊穣を祝うために捧げられたと考えられている。

神々の物語

ディオニュソスの旅

エーゲ海の周辺を旅してまわり信仰を求めた酒と演劇の神

酒の神として信仰されるに至った**ディオニュソス**は、どのような旅をしたのか。

まずイノに預けられたが、すぐに**ヘラ**にかぎつけられ、イノが破滅に追い込まれてしまう。さらにニンフに預けられたが殺害されるという憂き目に遭っている。

その後なんとか生き返ることができたディオニュソスは、各地を旅して葡萄酒の作り方を教えていった。そうしたなかでたびたび弾圧されたが、ディオニュソスは弾圧者に手ひどく罰を与えている。

やがて海賊にさらわれたのをきっかけに**ナクソス島**へとたどり着いたディオニュソスは、ここで英雄**テセウス**に置き去りにされた**アリアドネ**(▶P.205)と出会い、結ばれるのだった。

ディオニュソス布教の旅

ゼウスの太ももから生まれたあと、ヘラの嫉妬から逃れるため、誰も見たことのないニュサの谷で育てられる。

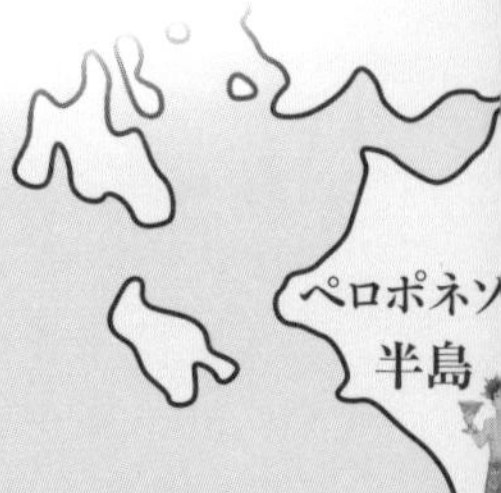

3 アルゴスの領主プロイトスの娘

ディオニュソスへの帰依を拒んだアルゴスの領主プロイトスの娘たちは、狂乱に陥り、山野を走り回って乳飲み子を引き裂いてその肉を食らったという。

神話の POINT!

- ディオニュソスは小アジアからギリシャ中を旅して自分への帰依を促した。
- ディオニュソスは自分を侮辱した者に対して苛烈な罰を与えた。
- ディオニュソスはアリアドネと結ばれた。

豆知識 ワインなどの酒はそのまま飲むのが現代の常識であるが、古代ギリシャでは酒を水で割って飲むのがマナー。ストレートで飲むのは野蛮な行為とされていた。

神々の物語 22 神々のプロフィール

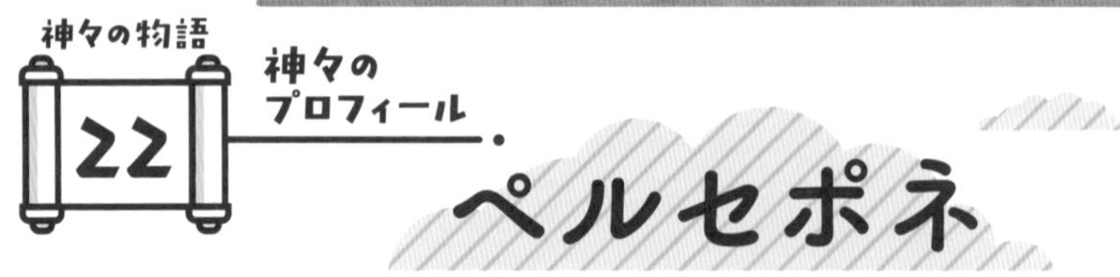

ペルセポネ

冥界の女王と春の芽生えの女神の二面性を持つデメテルの娘

図解ペルセポネ

ハデスにザクロの実を食べさせられたことにより、ペルセポネには、春の芽生えの女神と冥界の女王という二面性が備わることとなりました。

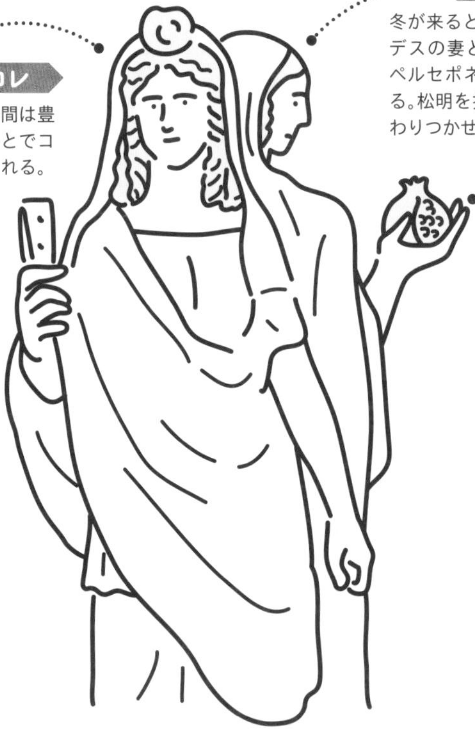

豊穣の娘神 コレ
作物が実る春、夏、秋の間は豊穣の女神デメテルのもとでコレとして祀られるとされる。

二面性
冬が来ると冥界におもむいてハデスの妻となり、ここでの名をペルセポネとするという説もある。松明を持ち、髪には蛇をまとわりつかせる恐ろしい姿になる。

ザクロ
ペルセポネが冥界に戻らなくてはならないのは、冥界の食べ物であるザクロを食べてしまったため。神々の間には冥界の食べ物を食べた者は、冥界にいなくてはならないという掟があった。

ペルセポネを理解するための 4POINT!

▶ **神格**
春の芽生えの女神／冥界の女王

▶ **聖地/祝祭** 不詳

▶ **関係の深い神**
ゼウス(父)／デメテル(母)、ハデス(夫)、ヘルメス、アプロディテ／アドニス

▶ **主な業績**
・ハデスに誘拐され、季節の起源を担う。
・冥界の女王として君臨。
・アプロディテと美青年アドニスを巡って争った。

娘をさらわれた母の怒りが世界を震撼させる

ゼウスと大地の神**デメテル**との間に生まれた**ペルセポネ**は、野にまく種を象徴する春の芽生えの女神にして、冥界の女王。明暗の相反した二面性は、次のような逸話から生まれた。

冥界の王**ハデス**は**シチリア島**に暮らす美しいペルセポネを見初め、実力行使に出る。ペルセポネが**水仙**（すいせん）に手を伸ばした途端、大地を割って黄金の馬車に乗ったハデスが姿を現し、ペルセポネを冥界へ連れ去ったのである。

彼女の母デメテルは半狂乱となって娘を探し回った。神々にも協力を求めるが、冷淡な反応しか返ってこない。それもそのはず、ハデスの行ないはゼウスの黙認のもとに行なわれていたのだ。やがて真相を知ったデメテルは激怒し、大地の生産という仕事を放棄して人間界に身を隠してしまう。そのため草木は枯れ、食物は実らず大地は飢饉（ききん）に襲われた。人々は飢えに苦しみ倒れ、神々も捧げ物を失った。

こまり果てたゼウスは、母と娘を面会させるようハデスを説得した。

ザクロを食べてしまったペルセポネゼウスが下した裁定とは？

こうしてペルセポネは母と再会を果たしたが喜んだのもつかの間、彼女は地上には戻れない運命に陥っていた。ハデスに促されて**ザクロの実**を食べていたからだ。冥界の食物を食べた者は、冥界で暮らさねばならなかったのである。

デメテルの悲嘆を見たゼウスは、ペルセポネが4か月だけ冥界で暮らし、残りの8か月は地上で母と一緒に暮らせるように定めてやった。

こうしてペルセポネは春には地上で豊穣の娘神コレとして祀られ、冬は冥界の女王として君臨することとなったと考えられる。

春はデメテルも生産に精を出し、大地が豊かに実ったが、娘が冥界に戻るとデメテルは悲しみで仕事が手につかなくなり、大地は枯れ果て冬となる。こうして季節の区別が生まれたのである。

描かれたペルセポネ

『プロセルピナの帰還』
（フレデリック・レイトン）

1891年頃／リーズ美術館（ウェスト・ヨークシャー／イギリス）

ヘルメスの導きによりプロセルピナ（ペルセポネ）が地上に戻ってきた場面を描いた作品。洞窟の外ではデメテルが両手を広げて迎えている。
青空と白い雲、そして花が地上と光、生の世界を、光の射さない洞窟に生える植物が地下、冥界、そして死を象徴する。また、ペルセポネのポーズが光の方向へ向かって成長する植物を表している。

ハデス

その名を呼ぶことさえも恐れられた冥界の王

図解ハデス

ゼウスの兄であるハデスは、ゼウスと同じくひげを蓄えた初老の姿で表現されます。これではゼウスらと変わりませんが、3頭の犬ケルベロスと二叉の槍が目印。

容姿

ゼウス、ポセイドンと同じくたくましい中年以上の威厳ある姿で表現される。芸術作品によっては気難しさに加え、性悪な雰囲気をたたえるものも見られる。

二叉の槍

ティタノマキアの際にキュクロプスに製作してもらった槍。ほかに姿を隠すことのできる兜を所有する。

ケルベロス

ハデスの館を守る凶暴な番犬。冥界の死者が脱走しないよう見張る役割を担う。

ハデスを理解するための 4POINT!

- **神格** 冥界の王
- **聖地/祝祭** 不詳
- **関係の深い神**
  ゼウス(兄弟)、ペルセポネ(妻)/オルペウス、ヘラクレス
- **主な業績**
  - ・ティタノマキアにおいてゼウスとともにティタン神族を破る。
  - ・ペルセポネを誘拐し、季節の起源に携わる。
  - ・冥界の王として君臨する。

死の国の王として恐れられた冥界の王

ハデスは**ゼウス**の兄にあたる。ゼウスによって父の体内から救い出された後、**ティタン神族と**の戦いに挑み勝利。その後でゼウス、**ポセイドン**とくじを引いて、死者の霊がおもむく冥界の王となった。

このように地位の高い神でありながら、冥界から地上に出ることがなかったせいか、**オリュンポス12神**に数えられない。

ただし冥界の王でありながら、死に関与する死神というわけではなく、死神は別にタナトスという存在がある。また、死者を裁くこともないなど影の薄い存在である。

とはいえ古代ギリシャの人々からは「死の国の王」と恐れられてあまり信仰されず、ハデスを祀る神殿もほとんど建てられなかった。わずかに2世紀の旅行家パウサニアスの記録に、エリス地方のハデス神殿が言及されるのみである。

直接名を呼ぶことさえ恐れられたのか、さまざまな別名を持ち、とくに**プルトン**の名で呼ばれることが多い。

その名は「**プルトス(富める者)**」の意味である。地中から生える植物、地下に埋蔵されている金銀その他の金属類などの資源を見て、古代ギリシャの人々が、冥界のある地下が恐ろしい場所であると同時に、富にあふれる場所と見ていたことの現れである。

神話に見るハデスの気難しい性格

そんなハデスが登場する神話は少なく、**ペルセポネの誘拐**や**オルペウス**の伝説、**ヘラクレスの12の難行**などに限られる。

なかでも有名なのが、前述のペルセポネの誘拐事件だろう。一説によると、アプロディテの差し金でエロスに矢を射られ、彼はペルセポネにひと目ぼれしたとされる。ここではペルセポネの返還を求められた際、冥界の食べ物であるザクロをペルセポネに食べさせることで、地上へ戻れなくなるよう策を弄(ろう)している。

またオルペウスの物語では、妻を取り戻しに来たオルペウスに難色を示すなど、ハデスの気難しい性格がうかがえる。

『冥界』(モンス・デジデリオ)

1622年頃/ブザンソン美術館(ブザンソン/フランス)

イタリアの画家モンス・デジデリオによって描かれた冥界の風景。画面左下にハデスとペルセポネが描かれている。キリスト教の地獄観の影響を受けた作品で、亡者たちが地上世界から次々に落とされているが、ギリシャ神話において冥界はそうした罰を受けるための世界ではなく、あくまで地下世界と位置付けられている。

プルトニウム ハデスの別名である「プルトン」は放射性物質として有名な「プルトニウム」の語源となった。原子番号92番〜94番が惑星にちなんで名づけられたため、噂される毒性とは関係がない。

冥界へようこそ

ハデスの館を中心とする冥府の全貌と住人たち

ハデスの暮らす冥界は地上のはるか西、もしくは地下にあって、世界各地の洞窟とつながっていると考えられていた。

冥界に至った死者は、まずカロンという渡し守に渡し賃を払ってアケロン川を渡った。ハデスの宮殿の玄関には、3つの頭を持つ地獄の番犬ケルベロスが冥界から出ようとする者を見張っている。

時代が下ると、冥界は死者が最後の審判を受ける場所とされた。裁判官はミノス、ラダマンテュス兄弟とケルベロスの世話をするアイアコスの3人。刑罰は復讐の女神エリニュスが執行するという。

死後の世界というと、天国と地獄を想像しがちであるが、ギリシャ神話においてはともに冥界に含まれているようだ。

このハデス様が君臨する冥界は、わしの館を中心に、天国に当たるエリュシオンの野、神を冒涜した者たちが永遠の責め苦を受けるタルタロスに分かれている。わしの館はアケロン川に囲まれており、冥界にやってきた亡者は、まずアケロン川の渡し守カロンにお金を払って渡してもらわねばならんぞ。

ティテュオス

アポロン、アルテミスの母であるレトに邪な思いを抱いた者で、地面に横たえられたまま、肝臓を毎日2羽のハゲタカについばまれている。

イクシオン

ゼウスの妻ヘラに邪な思いを抱いた者で、ケンタウロスの父となったのち、タルタロスへ落とされ、高速で回転する車輪に手足を縛り付けられ、永遠に回転している。（▶ P.113）

神を冒涜した者はタルタロスへ！

タンタロス

（▶ P.113）

タルタロス

冥界の最下層にある監獄。神々を冒涜した者が落とされるとされ、シシュポスやタンタロスなどが永遠の責め苦を受けているという。

シシュポス

（▶ P.148）

❶ エリニュス
ハデスの玉座の上には、刑を執行する3柱の復讐の女神エリニュスたちが舞っているといわれる。黒い衣をまとい、それぞれアレクト(休まない女)、ティシポネ(復讐する女)、メガイラ(妬む女)という名が伝わる。

❷ タナトス
死そのものを神格化した存在で、黒衣をまとい、死者を連れ去る。

❸ ミノス ラダマンテュス アイアコス
死者の生前の行ないを裁く3人の裁判官。このうちミノスはもともとクレタの王だった。また、ラダマンテュスはエリュシオンの野も管轄するとされる。

❹ ヒュプノス
憩いと安らぎを与えてくれる眠りの神。

❺ カロン
アケロン川の渡し守。舟に乗せてもらうには渡し賃が必要で、ギリシャでは死者の棺や口のなかに1オボロスの貨幣を入れる習慣があった。

❻ ケルベロス
ハデスの館の玄関を守る3つの頭を持つ猛犬。やってくるものには大人しいが、冥界を出て行こうとする者には容赦なく襲いかかる。

❼ オネイロス
夢を司る存在で、人々に夢を見せ、ときに神意を伝える夢占いも行なう。

❽ ヘカテ
ペルセポネに次ぐ冥界第三の権威を持つ女神とされ、亡霊の女王として君臨する。3つの頭と3つの体を持つ姿で表現され、月のない闇夜を司る存在ともいわれる。

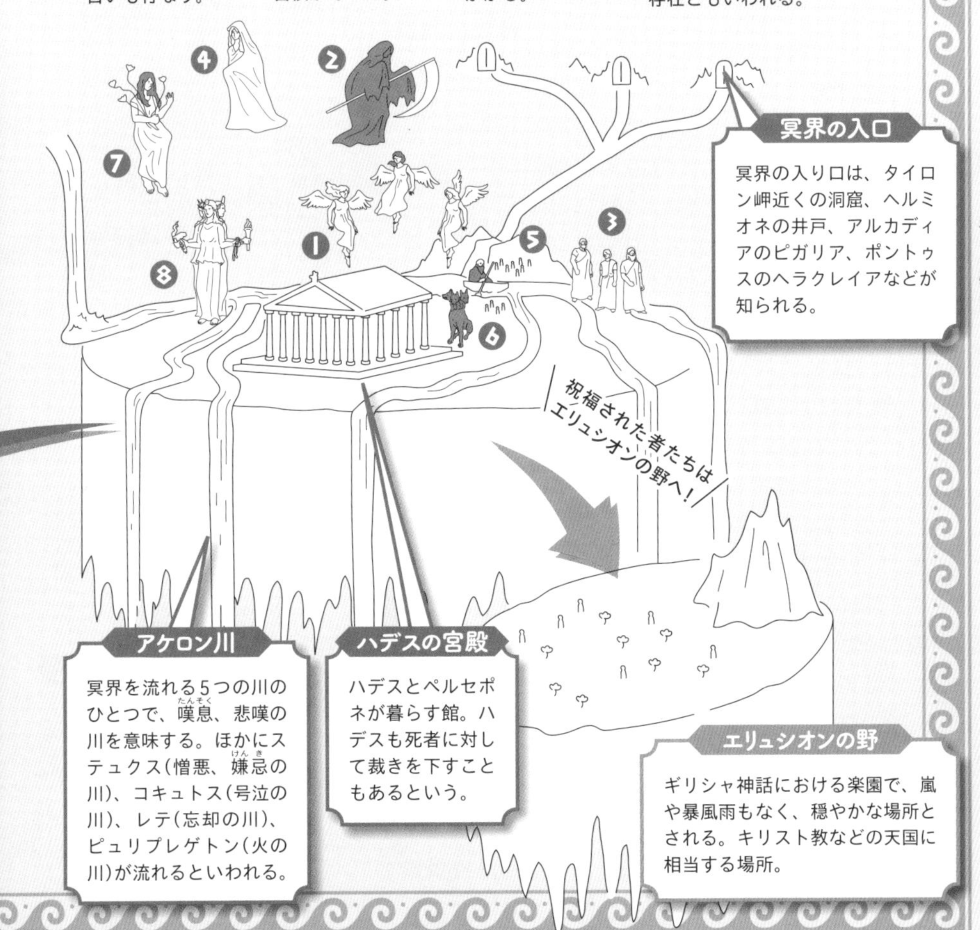

神々のプロフィール

ムサイ

歌と踊りをこよなく愛した自然と芸術の女神集団

出会った人間に才能を授けた9柱の芸術の神

芸術を司る**ムサイ**は、**ゼウス**が記憶の女神**ムネモシュネ**と9晩愛し合って生まれた9柱の女神集団である。

それぞれが天文学や歴史、音楽、舞踊など芸術の才能のシンボルであり、「museum」や「music」の語源となった。

この9柱の女神たちは、**カリオペ**が叙事詩、**クレイオ**が歴史、**ウラニア**は天文学、**メルポメネ**は悲劇、**タレイア**は喜劇、**エラト**は恋愛詩など担当が定められ、出会った人間にそれらのインスピレーションを授けたという。

いわば彼女たちと出会えば大芸術家になることができたのだ。

ムサイは日頃ボイオティア地方のヘリコン山に住み、芸術の神アポロンと一緒にオリュンポスで開かれる祝宴におもむき、舞踊や歌を披露していた。彼女たちの歌や踊りに、星や天空なども仕事を休めて聞きほれていたという。

図解ムサイ

芸術を司る9人のムーサは、その持ち物から判別することができます。

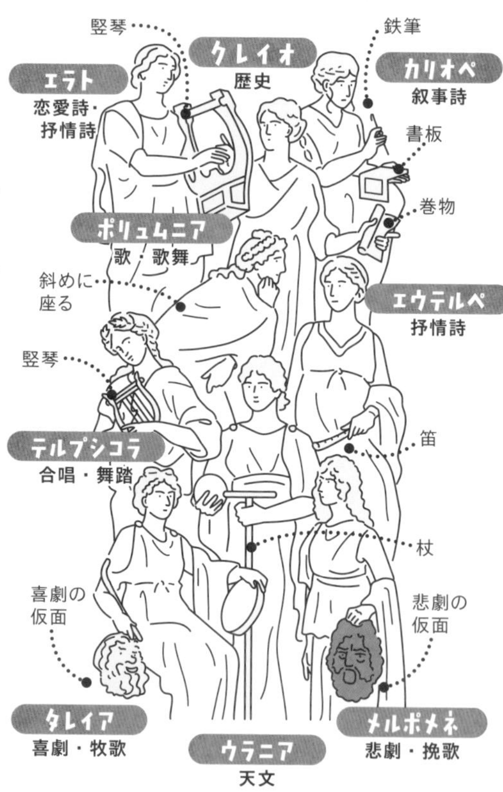

ムサイを理解するための 4POINT!

▶ **神格** 芸術の女神

▶ **聖地/祝祭** ミューズの谷、デルポイ、ヒッポクレネ、アガニッペ、パルナッソス

▶ **関係の深い神**
ゼウス(父)、アポロン(兄弟)/ムネモシュネ(母)

▶ **主な業績**
・出会った人間に才能を授けた。
・アポロンとともに神々の宴で演奏を行った。

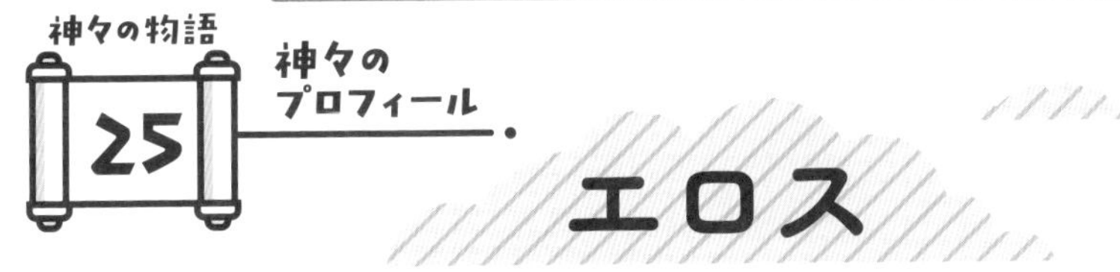

エロス

時代を経てかわいらしいキューピッドの姿になった愛の神

図解エロス

エロスはアプロディテの子とされ、翼の生えた子どもの姿で描かれますが、もともとは原初の神として誕生した存在でした。

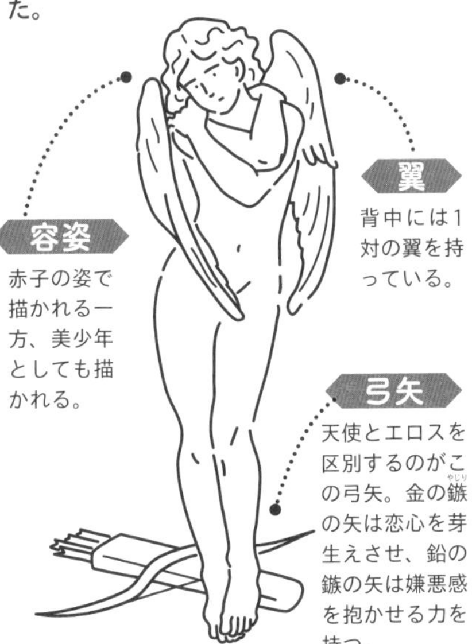

エロスを理解するための 4POINT!

- **神格** 愛の神
- **聖地/祝祭** テスピアイ／エロティディア祭
- **関係の深い神**
  ゼウス、アプロディテ(母)、アポロン／エウロペ、プシュケ(妻)、イアソン、メディア
- **主な業績**
  - アポロンとダプネの悲恋を引き起こした。
  - メディアに金の矢を打ち、イアソンを援助させた。
  - プシュケとの恋愛を成就させ、妻とした。

青年から天使、幼児へと変わったエロス

エロス(クピド)は愛の神で、男女の愛の象徴である。

恋する金の矢、嫌悪を抱く鉛の矢を使い、人の心を操る力を持っていた。そのため恋のキューピッドなどと呼ばれるが、いたずら好きで、ときとしてその矢は**ゼウス**や**アポロン**など神々に向けられることもあった。

絵画などでは**アプロディテ**の傍(かたわ)らで弓矢を構えていて、ふっくらした体型に翼の生えた幼児の姿で描かれることが多いが、こうしたキューピッドの姿は時代とともにキャラクターも移り変わっている。「愛」は人間の本能のひとつでもあることから、元々は大地ガイアなどと同じく原初の神とされたが、アプロディテとアレスとの子、ヘルメスの子とする神話も生まれるなど、その出自は諸説ある。

その姿も当初は青年の姿だったものが、のちにアプロディテの子とされると少年や幼児の姿に変わっていった。

テスピアイでは5年に1度「エロティディア祭」が開かれるなど篤く信仰され、他都市の軍隊や訓練所には同性愛を奨(すす)めるためにエロスの祭壇が設けられているところもあった。

神々の物語 26

神々のプロフィール

アスクレピオス

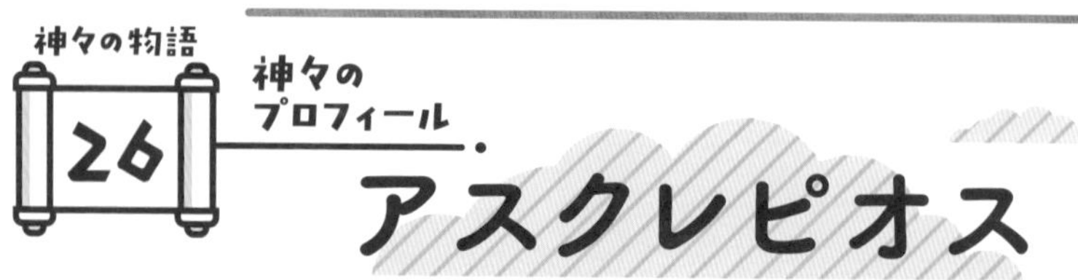

死者を蘇らせる医術を身に着けてしまったため、殺害され医神となる

図解アスクレピオス

アスクレピオスは蛇の巻き付いた杖を持つ壮年の男性として表現され、医療にまつわる品を手にしています。

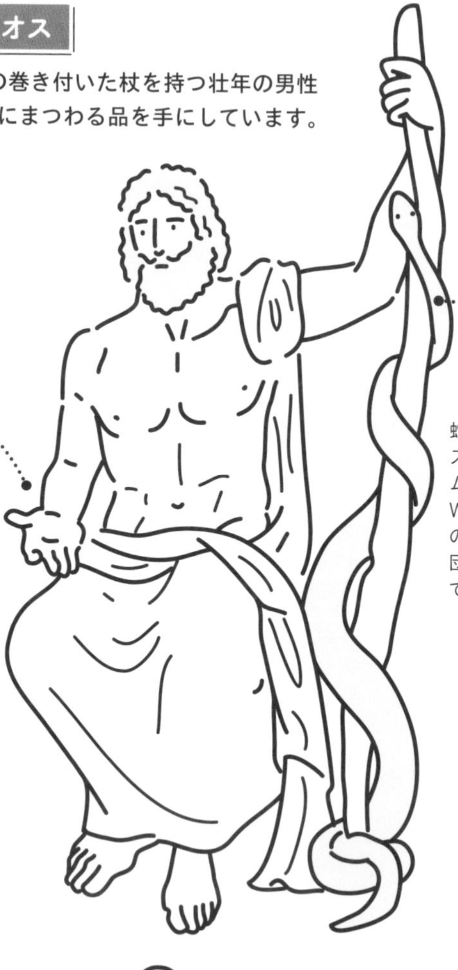

杯
薬を飲ませるための杯。

杖
蛇が巻きついた杖がアスクレピオスのアイテム。医学の象徴として、WHO(世界保健機関)のロゴなど多くの医療団体のロゴに用いられている。

特技
ケイロンのもとで医学の神として育ち、アポロンに代わって医学を担当することになった。

アスクレピオスを理解するための 4POINT!

▶ 神格
医療の神

▶ 聖地/祝祭
エピダウロス、コス島／エロティディア祭

▶ 関係の深い神
ゼウス、アポロン(父)、ハデス

▶ 主な業績
・優れた医療の技術で多くの人々を救う。
・死者を蘇らせた。
・天に上げられて神となった。

知恵者のケンタウロスに養育された医薬の神

アスクレピオスは**アポロン**とテッサリア王女**コロニス**との間の子で医神として知られる。神と高貴な血筋の人間の子という出自であるが、その出生は悲劇に彩られていた。

コロニスはアポロンの子を身ごもった。だが、家を留守にしていたアポロンは、連絡係のカラスの告げ口によって彼女の不義を疑ってしまう。激情にかられたアポロンは遠くから死の矢を放ち、死によって彼女の罪を清算させた。アポロンはすぐに後悔したが遅く、せめて子どもを助けたいと火葬場から胎児を取り出すと、半人半馬のケンタウロス族にあって、知恵者として知られたケイロンに養育を託す。

アポロンはコロニスを殺したことを悔やみ、息子に妊婦を守る医神になってもらいたいと考えたのだった。

この子がアスクレピオスである。彼は医学にも通じた**ケイロン**の薫陶(くんとう)を受け、成長して優秀な医者となり、多くの人々を救った。しかしその熱心さが仇(あだ)となる。

熱心過ぎてうっかり禁忌を破ってしまった名医

アスクレピオスはあるとき、運び込まれた死者を蘇らせてしまったのである。この死者は**アプロディテ**の怒りを受け、ゼウスの呪いによって命を落とした**テセウス**の息子**ヒッポリュトス**だったといわれている。

死者を蘇らせるという行為を知った冥界の王**ハデス**はゼウスに抗議した。ゼウスも禁断の罪を犯したアスクレピオスを生かしておくことはできず、雷によって焼き滅ぼしたのだった。

収まらないのはアポロンである。一時はオリュンポスを追われるまで激しくゼウスに抗議した結果、アスクレピオスは神としてオリュンポスに迎え入れられたのであった。

アスクレピオスの信仰地にはペロポネソスの**エピダウロス**、エーゲ海のコス島、小アジアのペルガモンなどがあり、聖地は医療施設も兼ねていた。とくにエピダウロスには多くの患者がつめかけた。

『へびつかい座』

アポロンの怒りをなだめるため、ゼウスによって天に上げられたアスクレピオスは、へびつかい座になったともいわれる。杖ではなく、蛇を直に手にしたワイルドなポーズで、アスクレピオスは輝いている。
20世紀末に生まれた13星座占いにおいて、黄道(こうどう)12星座に加えてこのへびつかい座が選ばれ、話題となった。

豆知識 エピダウロスでは夢のなかに現れるアスクレピオスが養生法を伝えたり、夢の中で治療したりする夢治療が行なわれていた。

神々のプロフィール

運命の女神

運命の糸を紡ぎ、断ち切ることで人々の運命を決したモイライ

三位一体となって人の運命を決めるモイライ

人間の運命を決めるとされるのが、**クロト**、**ラケシス**、**アトロポス**の3人の女神**モイライ**。**ゼウス**と掟の女神テミス、または夜のニュクスの娘という。

彼女たちは仕事を分担しており、クロトが運命の糸を紡(つむ)ぎ、ラケシスが長さを測って割り当て、アトロポスが糸を断ち切った。

人間の運命、つまり死を決定するのはオリュンポスの神々ではなく、このモイライで、神々でもそれは変えられなかった。そのため神々は、彼女たちに贈り物をしては運命を都合のいいように変えようと躍起になったという。

彼女たちは神々が人間の運命を占うときに登場する。トロイア戦争でも英雄同士が一騎打ちを行なう際、ゼウスがその勝敗に大きく関与するが、ゼウス自身が一方的に勝敗を決めるのではなく、運命の天秤(てんびん)を使って両者の運命を決定し、判断をモイライに委ねている。

図解モイライ

運命の女神は3人の老女とされますが、若年、中年、老女の姿で描き分けられることもあります。

ハサミ
運命の糸を断ち切るためのハサミ。アトロポスもしくはラケシスの持ち物として描かれます。

容姿
糸を紡いでいるのがクロト、右下で糸の長さを割り当てているのがラケシス、左下でハサミを手にしているのがアトロポスです。

モイライを理解するための 4POINT!

- **神格** 運命の女神
- **聖地/祝祭** コリントス、スパルタ、テバイ
- **関係の深い神**
  ゼウス(父)、テミス(母)
- **主な業績**
  ・人間の運命を紡ぐ。

豆知識 モイライはのちにローマの運命神パルカエと同一視された。

神々のプロフィール

気象の神々

天体の運行を司るヘリオスとセレネ

図解ヘリオスとセレネ

太陽の戦車に乗って空を駆けるヘリオスは太陽を象徴します。月の女神セレネには、エンデュミオンという恋人がいました。

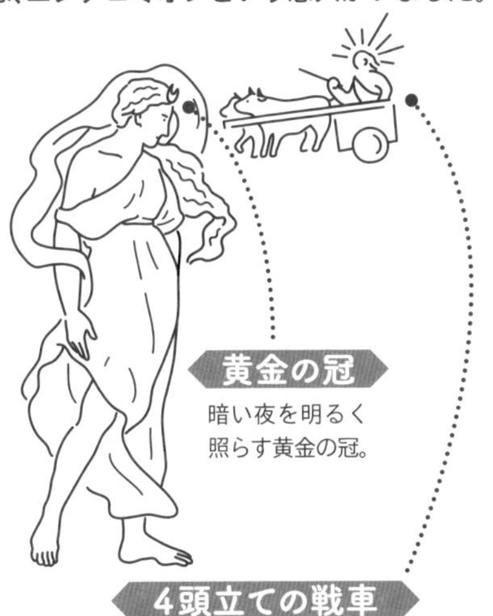

黄金の冠

暗い夜を明るく照らす黄金の冠。

4頭立ての戦車

毎朝ヘリオスは4頭立ての太陽の戦車に乗って天空を駆けたとされる。セレネも夜を駆けるための月の馬車を持っている。

ヘリオスとセレネを理解するための 4POINT!

- **神格** 太陽神／月の女神
- **聖地/祝祭** ロドス島、ラトモス山
- **関係の深い神**
  ヘリオス：ヒュペリオン(父)、テイア(母)／パエトン(子)
  セレネ：ゼウス／ヒュペリオン(父)、テイア(母)／エンデュミオン
- **主な業績**
  ・ヘリオスは太陽の運行を担当する。
  ・セレネは月の運行を担当する。

アポロンより古い太陽の神と月の女神

ティタン神族というと、**ティタノマキア**に敗れて神々の世界から駆逐された印象があるが、ヒュペリオンと姉妹テイアの間に生まれた太陽の神**ヘリオス**、月の女神**セレネ**、暁の女神**エオス**の3柱の神々は、天候を司る神として語り継がれている。

ヘリオスはゼウスから与えられたとされる**ロドス島**を聖地とし、古くからギリシャ全土で信仰されていた。彼は毎朝4頭立ての戦車に乗ってエオスに先導されて東の波間から姿を現して天を巡るとされた。

ヘリオスには多くの逸話があるが、息子パエトンに太陽の戦車を操縦させた結果、戦車が暴走して町を燃やしてしまったため、息子をゼウスに殺害されるという悲劇が知られる。

このヘリオスが西に沈むと、空には月の女神セレネが後を追うように現れる。

ヘリオスの姉妹セレネは黄金の冠で暗い夜を照らし、ゼウスとの間に3人の娘をもうけた。もうひとりの姉妹エオスはアレスに愛されたため、その愛人のアプロディテに憎まれ、人間への恋心をあおられ、人間との恋愛を繰り返した。

豆知識 太陽神というとアポロンと誤解されがちであるが、アポロンは光の神であり、太陽そのものはヘリオスである。

資料室 神に逆らった人々

オリュンポスの神々の絶対的な力に歯向かった人々とその末路

ギリシャ神話のなかには、神に逆らう多くの身の程知らずが登場する。そのような輩がどのような目に遭ったか、よく見ておくのじゃ。

ミダス

罪状　何よりも金を愛し、強欲に生きた。

プリギュア王のミダスはディオニュソスの養父シレノスを丁重にもてなした礼としてディオニュソスから願いをひとつかなえるといわれた。そこで欲深い性格の彼は、さらなる富を求めて、自分の体に触れるものすべてを黄金に変える力が欲しいと頼む。実際に触れるものすべてが黄金に変わり、大喜びしたが、食べ物もすべて黄金に変わってしまった。ついにはうっかり息子まで金に変えてしまう始末。王が懇願してその能力を取り除いてもらうと、黄金はすべて元に戻ったという。

報い　息子を金に変えられてしまった！

アラクネ

罪状　アテナとの織物勝負でオリュンポスの神々を皮肉った。

アラクネは機織りと刺繍にかけて神がかった技術を持ち、それを作る彼女の手さばきも見事でニンフたちがしばしばみとれるほどだった。しかし傲慢になった彼女は「アテナにも勝てる」と公言してしまう。これを知ったアテナは激怒。アラクネと織物勝負を申し込むと、アラクネが神々の恋愛を織り込み、神々を皮肉ったかのような内容を見て怒り心頭に発し、アラクネの頭を殴りつけている。そして、アラクネを、糸を紡ぐ蜘蛛に変えてしまった。

報い　蜘蛛に姿を変えられた！

エリュシクトン

罪状　デメテルの森の木を伐った。

テッサリアの王エリュシクトンは神をないがしろにする不遜な王で、あるときデメテルの神聖な森を伐採してしまう。怒ったデメテルがエリュシクトンに与えた罰は飢餓地獄だった。以降、彼はいくら食べても空腹は満たされず、ついには国中の食べ物を食らい尽くし、国は荒廃した。さらに食べ物を買うために娘を売る。それでも空腹が満たされることはなく、ついには自分の肉を食らい尽くし消滅した。

飢餓の罰を与えられ、自分自身を食べてしまった！

イクシオン

罪状　ゼウスの正妻ヘラに邪な想いを抱いた。

テッサリア王プレギュアスの子とされるイクシオンはゼウスの正妻ヘラに思いを寄せ、女神に寵愛されているといいふらし、ヘラを誘拐しようと企てた。この神を恐れぬ所業に対し、ゼウスは雲をヘラの姿に変え、イクシオンに与えた。ヘラと思い込んだ彼は雲と交わり、ケンタウロスを産ませた。ゼウスはさらに彼を冥界の底タルタロスに落とし、燃え上がる火の車に縛り続け、永遠に苦しむ罰を与えた。

車輪の刑を科せられた！

ペイリトオス

罪状　ハデスからペルセポネを奪おうとした。

イクシオンの子でテッサリア王ペイリトオスが後妻にしたいと望んだのは、冥界の王ハデスの妻ペルセポネだった。彼は友人でアテナイ王のテセウスとともに冥界に乗り込むが、ハデスはお見通し。宴に誘うふりしてふたりを忘却の椅子（座ると立つことを忘れてしまう椅子）に座らせてしまう。テセウスはのちにヘラクレスが助け出したものの、ペイリトオスの手を取ると、大地が揺れて助けることができない。今もペイリトオスは冥界に囚われたままである。

永遠に冥界に囚われた！

ニオベ

罪状　子だくさんを自慢し、レトを揶揄した。

タンタロスの娘でテバイの女王ニオベは非常に子だくさん。一説によると男女各7人ずつあるいは10人ずついたという。あるとき、ニオベはこのことを自慢して女神レトより勝っていると発言。レトはこれを恨み、子どものアポロンとアルテミスに命じてニオベの子どもに向かって遠矢を射かけさせ、殺させた。ニオベはこのことを嘆き悲しみ、泣いて石になったという。

子どもを皆殺しにされる！

タンタロス

罪状　殺害した子どもを神々に食べさせて、試そうとした。

ゼウスの子であるタンタロスは、父ゼウスをこまらせようと自分の息子ペロプスを殺してその肉を料理してゼウスに食べさせようとした。この企みに気付いたゼウスは孫のペロプスを生き返らせ、タンタロスを殺すと、首まで水に浸かったまま永遠に飢えとのどの渇きに苦しめられる罰を与えた。水、そして目の前にはリンゴの木があるが、彼がそれに手を伸ばしても遠のいてしまうという。

永遠の渇きを科せられた！

COLUMN

古代ギリシャ的生活

— 3 —

ギリシャの医療

医療が未発達の古代ギリシャの病気治療のひとつに神による夢治療がある。これは医術の神アスクレピオスの聖地エピダウロスで盛んに実施された。患者が病人のための宿舎アバトンで眠ると、夢にアスクレピオスが現れ、治療したり、治療法を教えたりしたという。治療の碑文も残されており、夢に神が現れて動かない指を伸ばしたら、動くようになった、夢のなかで神が体の麻痺を治してくれたなど、多くの例が残されている。

こうした迷信的な治療が行なわれた一方で紀元前5世紀後半にはヒポクラテスが登場。四体液説（血液、黒胆汁液（こくたんじゅうえき）、黄胆汁液（おうたんじゅうえき）、粘液のバランスで病気が決まる）を唱えて迷信を排除した治療を始めた。

やがて生体構造や臓器の役割、心臓の血液の仕組みも明らかにされていく。病気になりにくい養生法と呼ばれる体づくりも盛んに行なわれた。

ヒポクラテスらの四体液説

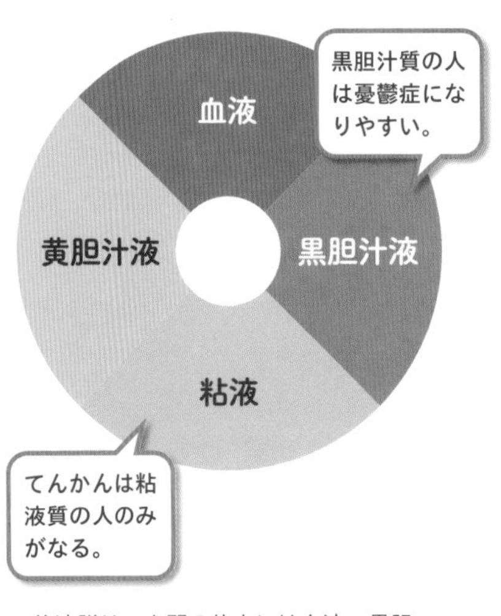

四体液説は、人間の体内には血液、黒胆汁液、黄胆汁液、粘液の4つの体液があり、それらの調和によって健康が保たれるとされる考え方である。

エピダウロスの夢治療

エピダウロスの至聖所で眠る。

アスクレピオス

夢のなかにアスクレピオスが現れ、治療法を教えてくれたり、治癒してくれたりする。

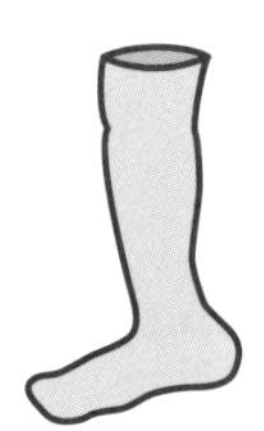

病気が癒（い）えたら、患部をかたどったものをお供えし、感謝を捧げる。

CHAPTER 3

恋人たちの物語

神々でさえ恋をするのですから、人間もまた恋をします。成就する恋もある一方で、悲劇として終わる恋もまたあります。そこには活写された人間の心の真理を見ることができます。ギリシャ神話に登場する恋人たちの物語を見てみましょう。

ギリシャ神話には
愛の心理も
詰まっているぞ。

そりゃあ、
ゼウスさんのなり
ふり構わない恋愛を
たくさん聞かされ
ましたからね。
ぬぅ、
失敬な

もしや、「愛」が
世界の始まりで
生まれたのを
忘れましたか？

私は結婚の神
でもあります。
夫の邪な恋愛と純
粋な愛を
一緒にしてはいけ
ませんよ。天罰を
覚悟しなさい！

エロスとプシュケ

ピレモンとバウキス

オルペウスとエウリュディケ

ギリシャ神話は
恋愛の教訓で
あふれているのです。

ナルキッソス

セレネと
エンデュミオン

ピュグマリオンとガラテイア

第3章は、ギリシャ神話として伝わる恋人たちの物語。
相関図とともに物語を楽しんでください。

オルペウスとエウリュディケ

冥界まで妻を追いかけた竪琴の名人、その戦慄の最後とは？

死んだ妻を追って冥界へ向かった竪琴の名手

ムサイのひとりカリオペの子とされる天才音楽家の**オルペウス**。彼は竪琴の名手、発明者とされ、その音色と歌声で人々を慰めていた。

そんな彼はトラキアで愛妻**エウリュディケ**と仲良く暮らしていたが、ある日その妻が毒蛇に噛まれて死んでしまう。

嘆き悲しんだオルペウスは最愛の妻を何としても連れ戻そうと決意し、冥界へ向かった。通常、生きた人は冥界に入れないが、彼は竪琴の音色と美しい歌声で冥界の番犬**ケルベロス**を眠らせ、ついに冥界の王**ハデス**の王宮にたどり着く。

彼の切々とした竪琴はハデスとその妻**ペルセポネ**の心も動かし、ハデスにエウリュディケを地上に戻すことを承諾させた。ただし、ハデスは地上に出るまで決して振り返らないことを条件とした。

エウリュディケを先導しながら地上を目指すオルペウス。だが、地上の灯りが見えたとき、ふと後ろに妻が付いてきているのか不安に取りつかれ、ハデスとの約束を忘れて振り向いてしまう。たしかにエウリュディケの姿はあったが、次の瞬間、その姿はかき消されていった。オルペウスは再び冥界へおもむこうとしたが、渡し守のカロンは舟に乗せることを拒み、オルペウスは永遠に妻を失ったのである。

失意の音楽家に訪れた悲劇の最期

これ以降、オルペウスは抜け殻のようになり、誰とも心を通わさずひとり荒野をさまよった。そのうち狂乱の宴を開く**ディオニュソス教の信者**たちと出会うが、彼の頑なな心を憎んだ信者たちにより、彼は八つ裂きにされたのだった。

あるいはオルペウスが死者の幸福を祈る**オルペウス教の秘儀**を起こしたところ、秘儀が漏れるのを恐れた**ゼウス**により殺されたとも伝えられる。いずれにしろ悲劇の最期を遂げた彼の頭部と竪琴はレスボス島に流れ着き、島民によって丁重に葬られた。また、彼の魂は**エリシュオンの野**に行き、竪琴はこと座となった。

何事もつめが肝心だ。一度失われたものは
二度と戻らないことも覚悟すべきじゃ。

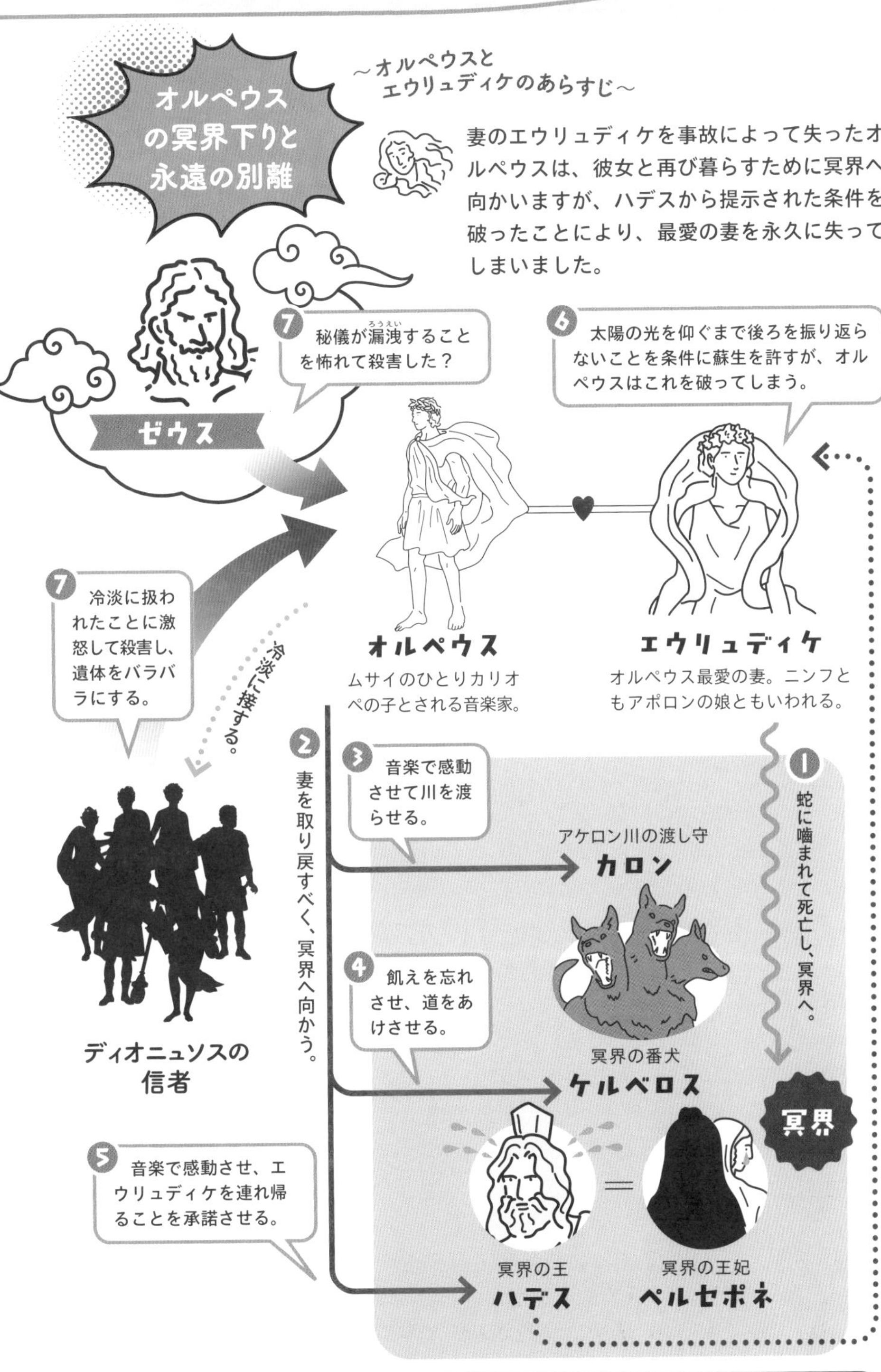

豆知識 オルペウス教では、肉食を禁止して死後の世界の幸福を約束した。プラトン哲学やグノーシス派の教理などにも影響を与えており、西洋神秘思想の源流となった。

エロスとプシュケ

試練を乗り越えてエロスのために女神となったプシュケ

理想の夫と結ばれるも、夫の正体を見てしまったプシュケ

昔、ある王には3人の娘がいた。とくに末の**プシュケ**は類稀な美女で、人々は美と愛の女神**アプロディテ**さえもしのぐとたたえた。だが、このたとえ方にアプロディテは憤慨し、我が子**エロス**にプシュケを世界で最も下劣な男と結婚させるようにと告げた。

ところがエロスも彼女の美しさに見とれ、誤って相手に恋をする矢の鏃で自分の親指を傷つけてしまう。そのためエロスはプシュケを愛するようになった。

一方のプシュケは、おりしも婿取りの神託を受けた両親により花嫁衣裳を着せられ、山の上に置き去りにされることとなった。すると彼女は西風によって豪華な宮殿に運ばれ、そこの主と結婚する。

プシュケは幸せな日々を過ごすが、ただひとつの不満は夫が夜しか現れず、姿を決して見せないことだった。

姉たちにそそのかされたプシュケは、夫が寝入ったすきにその姿を見てしまう。それはまばゆい金髪を持つ美青年エロスだった。しかし姿を見られたエロスは怒り去っていった。

いじわる姑と化した女神の難題を乗り越え結婚

プシュケは贖罪のためにエロスを探し回り、ようやくアプロディテの宮殿にいることをつきとめる。

しかし、ふたりを別れさせたいアプロディテから無理難題を押し付けられてしまう。それは穀物の山のより分け、生命の泉の水くみ、そして冥界の**ペルセポネ**の持つ美の入った箱をもらうこと。プシュケは無数のアリやワシの助力などでこの難題を切り抜けたのだが、最後についペルセポネからもらった箱を開けてしまった。その瞬間、彼女は箱に入っていた眠りによって倒れ伏してしまう。

しかし、これを助けたのがエロスだった。結局アプロディテもプシュケの努力を渋々認め、ふたりは結ばれた。プシュケは不死の身となり、ウォルプタスを生んでいる。

やるな、見るなという約束を破りたくなるのは人の性じゃ。
ただし、裏切りの償いは命がけであることを覚悟せい。

エロスとプシュケの物語

偶然から出会ってしまった神エロスと人間の女性プシュケ。ふたりは神と人間の間にある超えられない壁を克服し、ついに結ばれました。

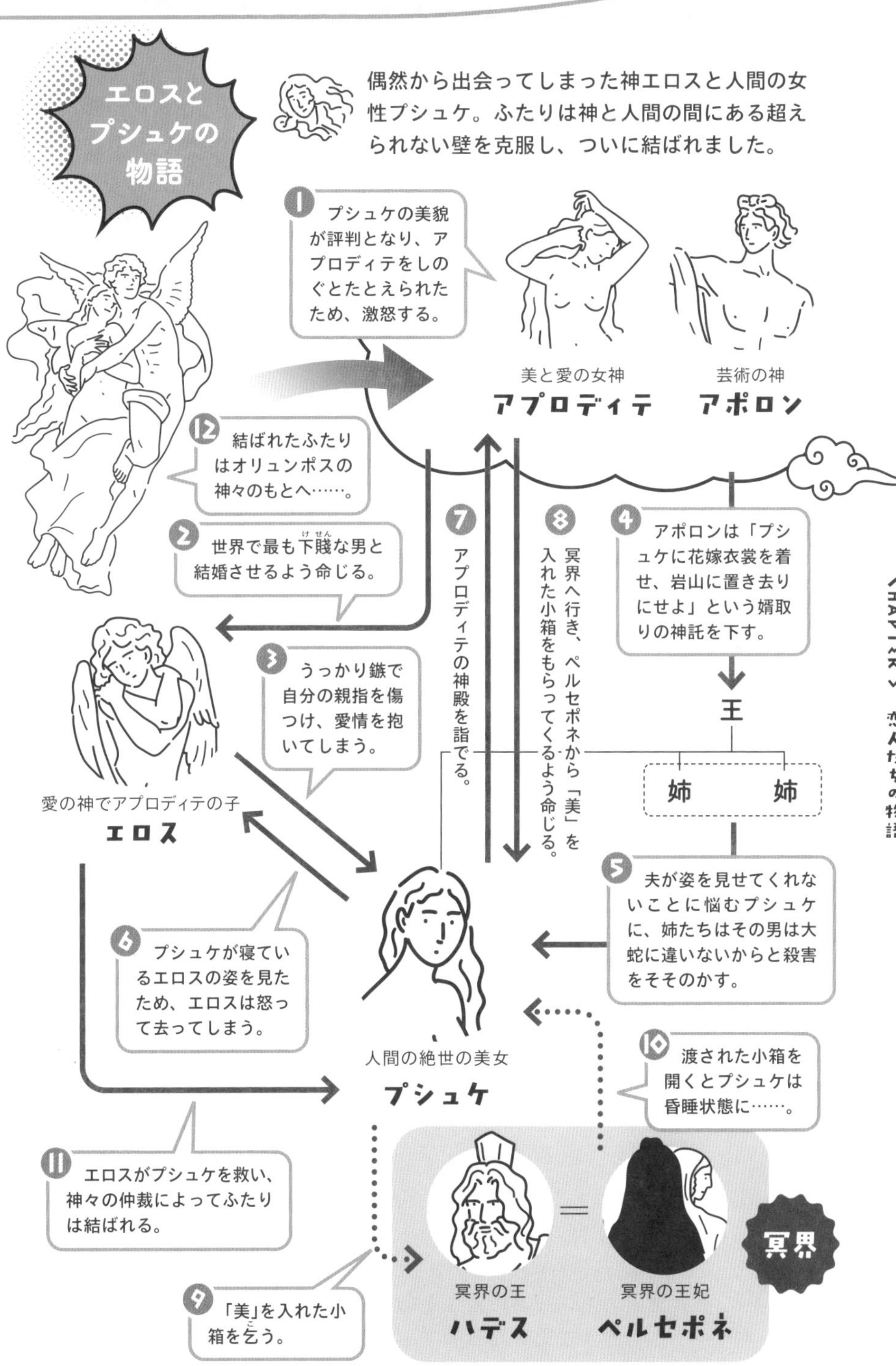

語源図鑑 **サイコロジー** エロスとプシュケの神話には肉体が精神と結ばれるという隠れた意味がある。プシュケ（Psyche）は英語読みでサイキ。実は心理学（psychology）の語源はプシュケである。

ケユクスとアルキュオネ

永遠の別離を強いられた仲睦まじい夫婦は、カワセミとなって飛び立った

夫の死を嘆き、カワセミに変わった妻

テッサリアの王**ケユクス**は、風の神アイオロスの娘**アルキュオネ**を娶り、仲睦まじく暮らしていた。

あるとき、ケユクスは海を隔てた目的地へ向けて船旅に出る。夫の旅を心配したアルキュオネは毎日熱心に夫の無事を夫婦の神であるヘラに祈った。

しかし、その祈りもむなしくケユクスはこの船旅の最中、嵐に襲われ、海の底に沈んでしまうのだ。

そのことを知らないアルキュオネは戻らない夫の身を案じ、毎日岬に立ってその帰りを待ち続けた。これを不憫に思った**ヘラ**は、彼女に夫の死を知らせ、遺体を彼女のもとに運んでやった。

夫の遺体を見て悲しんだアルキュオネ。すると不思議なことに彼女の姿がカワセミに変わった。カワセミの姿でケユクスに何度も口づけをしようとするアルキュオネを不憫に思った神々はケユクスも**カワセミ**に変身させて生き返らせた。以来、カワセミが卵をかえす冬至前後の7日間、海は鎮まるようになったという。

また、この話には別の展開も伝えられている。夫の死を知り、嘆いたアルキュオネが崖から身を投げたところ、海に落ちる前にカワセミに変わり、海の底のケユクスもカワセミとなって空へ舞い上がり、ふたりは仲良く暮らしたという劇的な展開の物語だ。

ラブラブぶりを自慢した結果、ゼウスの罰を受けた夫婦

一方で少々残念な展開に終わるパターンもある。

それはケユクスとアルキュオネのふたりが、自分たちはゼウスとヘラのようだと公言したため、ゼウスの逆鱗に触れたというもの。ゼウスは思い上がりも甚だしいと憤慨し、罰としてアルキュオネをカワセミに、ケユクスをカツオドリに変えてしまったのだという。

美しい夫婦愛ではなく、カウセミに変身した理由は、ゼウスによる罰とするものである。

愛は健気に密かに育むものじゃ。人に見せつけるものでも、他人と比べるものでもないぞ。

カワセミになった夫婦

仲睦まじく暮らすテッサリアの王と王妃でしたが、夫であるケユクスの旅立ちが運命を暗転させることとなりました。

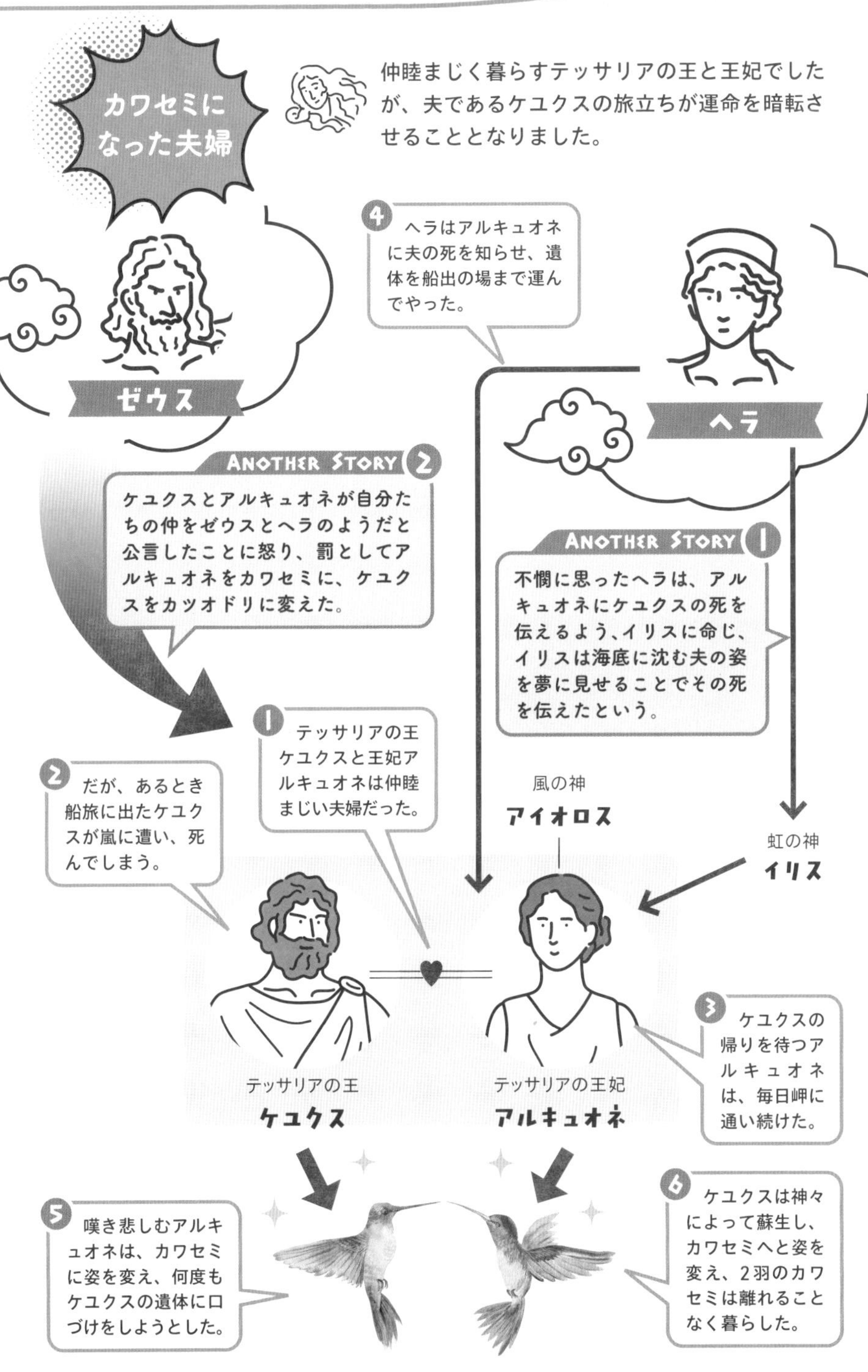

豆知識 カワセミは英語でハルシアン(Halcyon)。当時、天候穏やかな時期を「ハルキュオン・デイス(halcyon days)」といい、転じて穏やかで平和な時期を表すようにもなった。

ピレモンとバウキス

神々へのおもてなしにより永遠の願いをかなえた老夫婦

旅人の姿になって村人を試したゼウス

小アジア中部のプリュギア地方の人々は、長い平和と豊かな生活のなかで慢心し、他人への思いやりを失い、神を崇(あが)めなくなっていた。

この様子を憂慮した**ゼウス**は、彼らに心を入れ替えるチャンスを与えようと、息子で伝令の神**ヘルメス**を伴って地上に降り立った。ふたりは貧しい旅人の姿に身をやつして村の家々を回りながら、一杯の水と休憩の場を求めた。

ところが立派な家であるにもかかわらず、どの家もふたりのみすぼらしい姿を見ると嫌がり、戸を閉めて迎え入れようとしない。

だが、最後にゼウスが村はずれの粗末な家に向かうと、**ピレモン**と**バウキス**の老夫婦が快くふたりを迎え入れた。食事や葡萄酒をふるまい、ささやかながらも精一杯のもてなしでゼウスとヘルメスを迎えたのである。

この心配りに感動したゼウスは正体を明かし、願いをひとつ何でもかなえると伝えた。

しかし、老夫婦の答えは、富や名誉を求めず、今まで通りいつまでも夫婦仲良く暮らせるだけでいいというものだった。

この答えに心打たれたゼウスは、ほかの家々を洪水で沈めて滅ぼす一方で、粗末なピレモンの家を、金色の屋根を持つ神殿に変えてやった。ピレモンは感服し、神官として神々に仕えることを誓うのだった。

永遠を誓った夫婦は2本の大木となった

神官として穏やかに暮らした老夫婦もやがて死を迎える。

するとピレモンは樫(かし)の木、バウキスは菩提樹(ぼだいじゅ)に姿を変え、仲良く枝をからませて、旅人たちに憩いを与えることとなった。永遠に一緒にいたいと願った老夫婦の願いがかなえられたのだ。

この神話から菩提樹の花言葉は夫婦の愛、樫の木の花言葉は「もてなし」になったという。

夫婦の理想形であるな。年を食うほどこういう話には情が湧いて涙腺が弱くなるものじゃ。

菩提樹と樫木になった老夫婦

人間界を訪れたゼウスとヘルメスが目の当たりにした荒(すさ)んだ村。そうしたなかにあってつつましく暮らす老夫婦がゼウスに乞うたたったひとつの願いとは？

1 ゼウスとヘルメスが旅人に姿を変え、プリュギア地方の山間の村を視察に訪れる。

5 ふたりはこれまで通り夫婦仲良く暮らせるだけでいいと答えた。

3 ピレモンとバウキスはふたりの旅人を快く迎え入れ、もてなした。

6 ゼウスは洪水を引き起こしてほかの家々を水没させた。

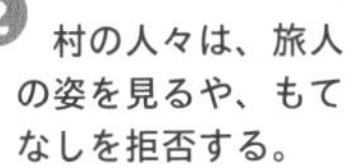

4 ゼウスは正体を明かし、願いをひとつだけかなえると申し出た。

やがてピレモンとバウキスは、神殿の神官として一生を終えた……。

2 村の人々は、旅人の姿を見るや、もてなしを拒否する。

7 死を迎えたピレモンは樫の木に、バウキスは菩提樹の木に姿を変え、仲良く枝をからませながら道行く人々に木陰を提供し続けた。

豆知識 ギリシャ語で「客人」や「外国人」のことを「クセノス」といい、「交友関係」「ホスピタリティ」のことを「クセニア」といい、ギリシャに「クセニア」の名を持つホテルが多いのはこのためである。

プロクネとピロメラ

トラキア王から受けた屈辱を凄惨な復讐で返したアテナイの姉妹

姉に招かれた義妹ピロメラを襲ったテレウス

アテナイの王女**プロクネ**は、**トラキア**王で軍神アレスの子とされる**テレウス**に嫁ぎ、ひとり息子のイテュスをもうけて幸せに暮らしていた。

だが、プロクネの招きを受けた彼女の妹**ピロメラ**が、トラキアを訪れたことから悲劇が起きた。

テレウスが**アテナイ**まで船で迎えに出向いたところ、航海の途中、ピロメラに恋して思いを抑えきれなくなり、彼女を襲ったのだ。

そればかりか、この暴挙を口外されることを恐れ、ピロメラの舌を切ると、プロクネには妹が旅の途中で死んだと偽って、ピロメラを森の小屋に幽閉してしまったのである。

姉妹の壮絶な復讐劇を止めた女神の采配とは?

小屋に閉じ込められたピロメラはひそかに復讐を誓った。1年かけてこの罪を暴く模様を織り込んだつづれ織を織り上げ、姉のもとへ届けさせたのだ。

この織物を見て妹が生きていることと、夫の悪行を初めて知ったプロクネは怒り心頭、妹を助け出すと、ふたりでテレウスへの壮絶な復讐を計画する。

なんとプロクネは自分の息子イテュスを殺して料理し、テレウスにそれを食べさせたのだ。

テレウスが何も気づかないまま食事を終えると、プロクネはテレウスの前へイテュスの首を投げつけた。肉の正体を知ったテレウスは狂乱し、姉妹を追いかけ、殺そうと襲いかかる。

そのとき、姉妹はふわりと姿が軽くなり、鳥に姿を変えて空へと舞い上がった。テレウスも同様に、姉妹を追いかけているうちに鳥に変わった。

これは女神**ヘスティア**が復讐の連鎖を止めようと3人を鳥に変えたから。テレウスを鋭いくちばしを持つ**ヤツガシラ**に、プロクネを**ナイチンゲール**に、ピロメラを**ツバメ**に変えたのである。

夫婦なんぞ所詮は他人である。不倫はどのような報復を受けるかわからん。命がけでやることじゃ。

アテナイの王女たちを巡る愛憎劇

トラキア王の暴虐に始まる復讐劇。母が子を殺し父親に食わせる凄惨な事件に終止符を打ったのは竈の女神でした――。

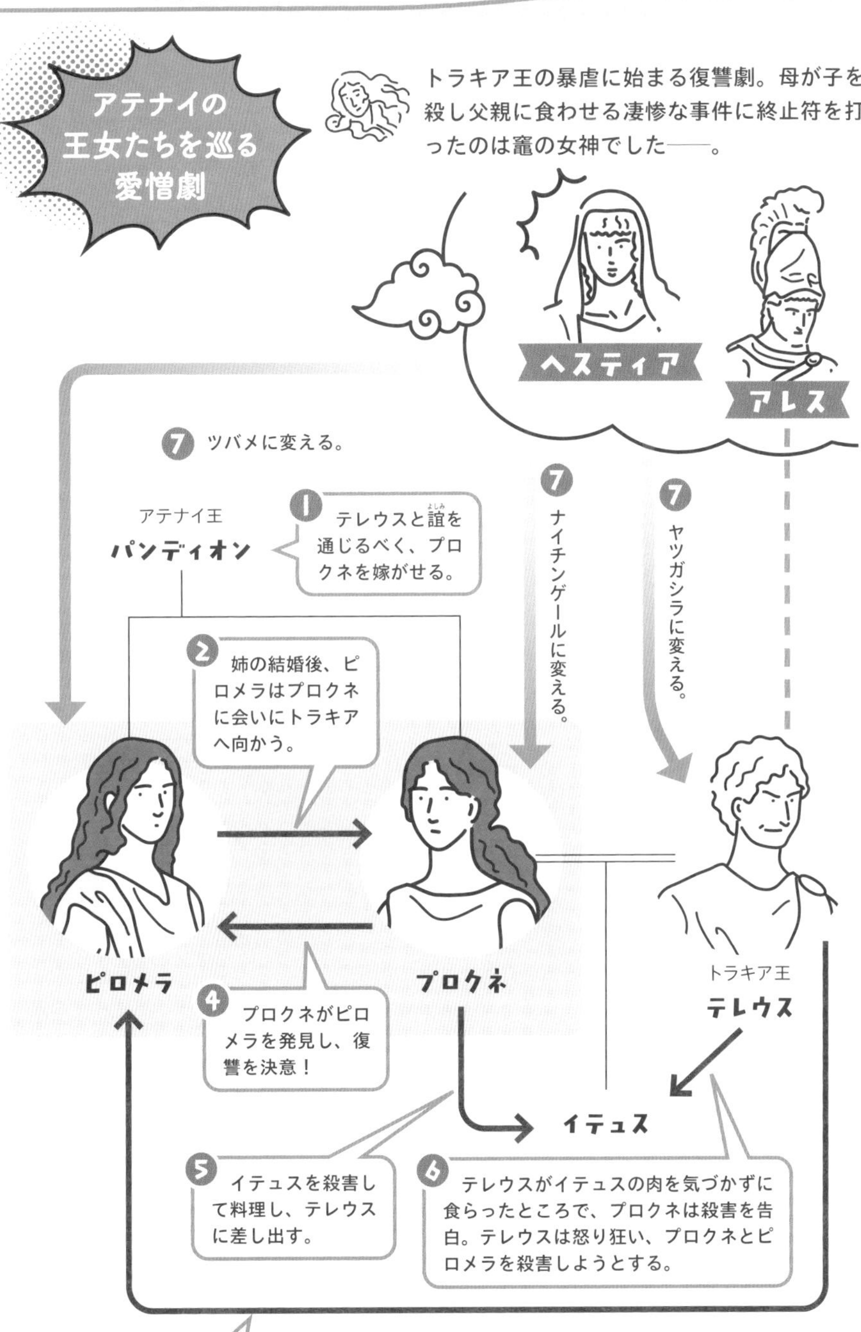

豆知識　トラキアは現在のブルガリア付近。当時のブルガリアは多くの部族に分かれて抗争を繰り返しており、ギリシャ人にとっては野蛮な民族と映っていた。

ピュグマリオンとガラテイア

生身の女性に絶望した王が手に入れた理想の女性

理想の女性を彫像で制作したキプロスの王

東地中海に浮かぶ**キプロス島**。愛と美の女神**アプロディテ**の崇拝が盛んな聖地でもあるが、女神をあざ笑ったために怒りを買い、人類初の娼婦が生まれたとされる場所でもあった。

そうした背景もあってキプロス島には娼婦が多く暮らしていた。娼婦たちの奔放な性を間近にしたことから、島の王**ピュグマリオン**は、いつしか生身の女性に幻滅してしまう。

そんなピュグマリオンはある日、代わりに象牙で理想の女性像を作ることを思い立つ。卓越した腕で彫り上げた像は今にも動きだしそうなほど精巧で美しかった。

だが、ピュグマリオンはあまりの美しさに現実と虚構を見失い、その像に愛情を抱いてしまう。

彫像の胸元に真珠を飾り、指に宝石をはめ、美しい衣装をまとわせた。そして、像に語りかけ、抱きしめ、口づけして、寝るときも一緒に過ごすほどだった。

しかし彼がいくら愛情を注いでも像は何も反応しない。

恋心を募らせた彼は、思いあまってアプロディテの祭りのとき、女神の祭壇に「この像のような女性を妻にしたい」と一心不乱に祈る。

彼の真摯（しんし）な愛情に打たれた女神は、願いをかなえようと、祭壇の炎を三度明るく燃え立たせて合図した。

アプロディテが聞き届けたピュグマリオンの願い

ピュグマリオンが家に帰って像を抱きしめ、口づけすると、像の唇が温かく柔らかい。抱きしめた体からもいつもとは違う弾力に富んだ感触が伝わってきた。驚いた彼が、彼女の口元を見ると、像は優しげに微笑んで、頬を赤く染めた。

女神が彫像に生命を吹き込み、彫像が生身の女性へと変わったのである。

こうして理想の女性を手に入れたピュグマリオンは、彼女を**ガラテイア**と名付けて結婚し、パポスという子をもうけた。

まぁ、こういう恋もよいが、やはり相手が思い通りにならないからこそ楽しいのだがな。

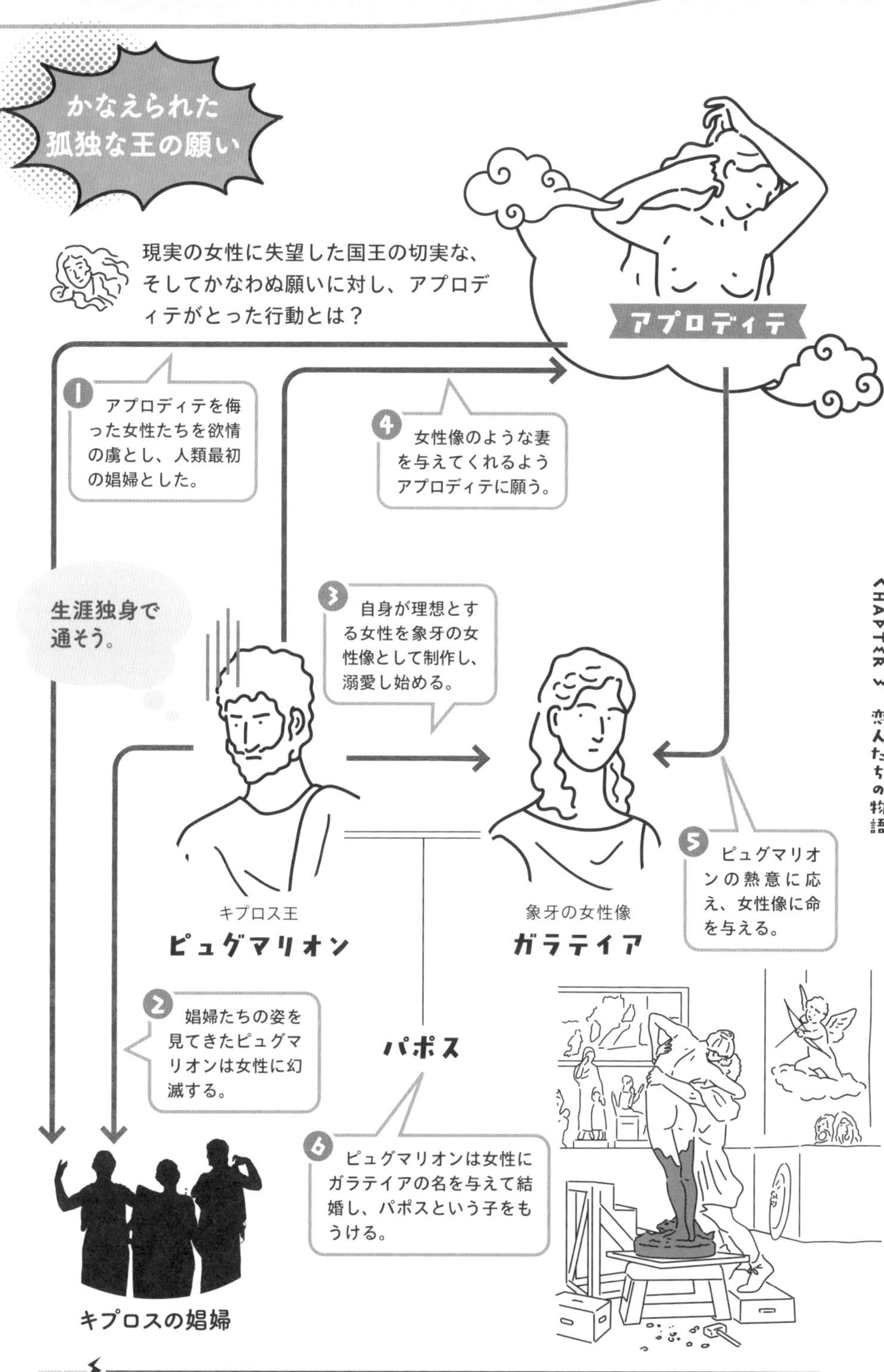

語源図鑑 **ピュグマリオン効果** 1960年代、学習者の成績が教師の期待によって向上する傾向から、アメリカの教育心理学者ローゼンタールが唱えた「人は期待され褒められると、期待通りになる」という心理効果のこと。

ナルキッソスとエコー

水面に映る自分の姿に見とれて衰弱死した美少年

声を失ったエコーは声だけの存在となる

川のニンフの子として生まれた**ナルキッソス**は、美しい容姿を持ち、多くの女性から思いを寄せられたが、うぬぼれが強い彼は誰にもなびかなかった。

そんなナルキッソスに思いを寄せたひとりがニンフの**エコー**である。

彼女はおしゃべりが大好きで、いつも鳥や妖精たちとの会話を楽しむ陽気なニンフだった。

しかし**ゼウス**とニンフの浮気を疑う**ヘラ**に対し、エコーは仲間のニンフをかばったことからヘラの怒りを買い、声を奪われてしまう。その結果、誰かから話しかけられない限り、話すことができなくなってしまったのである。

ある日、道に迷ったナルキッソスに呼び掛けられる形で応じたエコーは、ついに思いを告白する。しかし、冷たく扱われたエコーは思い悩み、洞窟に姿を隠した。

ナルキッソスへの思いは募るばかり……。結局エコーはそのまま衰弱し、声だけの存在になってしまう。

この物語から「**こだま**」は「エコー」と呼ばれるようになった。

自分の姿にほれ込み、衰弱死したナルキッソス

一方のナルキッソスは幼いころ、予言者テイレシアスから「自分の姿を知らなければ長生きできる」と不思議な予言を受けていた。

しかしあるとき、泉の水を飲もうと水に近づいたところ、水面に映る自分の顔を見てしまう。

「美しい……」ナルキッソスはまさか自分と思わず水のなかの美少年に一瞬でほれ込んだ。彼に口づけしようと水面に顔を近づけたが、水面の青年はかき消されてしまう。それは何度繰り返しても同じだった。ナルキッソスは、そのまま彼に見とれてそこを動かず、次第に衰弱して死んでしまう。

ナルキッソスが死んだ場所には紫と銀の花が咲いた。その花は「**ナルシス(水仙)**」と呼ばれた。

自己愛や自己肯定感は生きる上で必要だが、ものには限度というものがあるという好例じゃな。

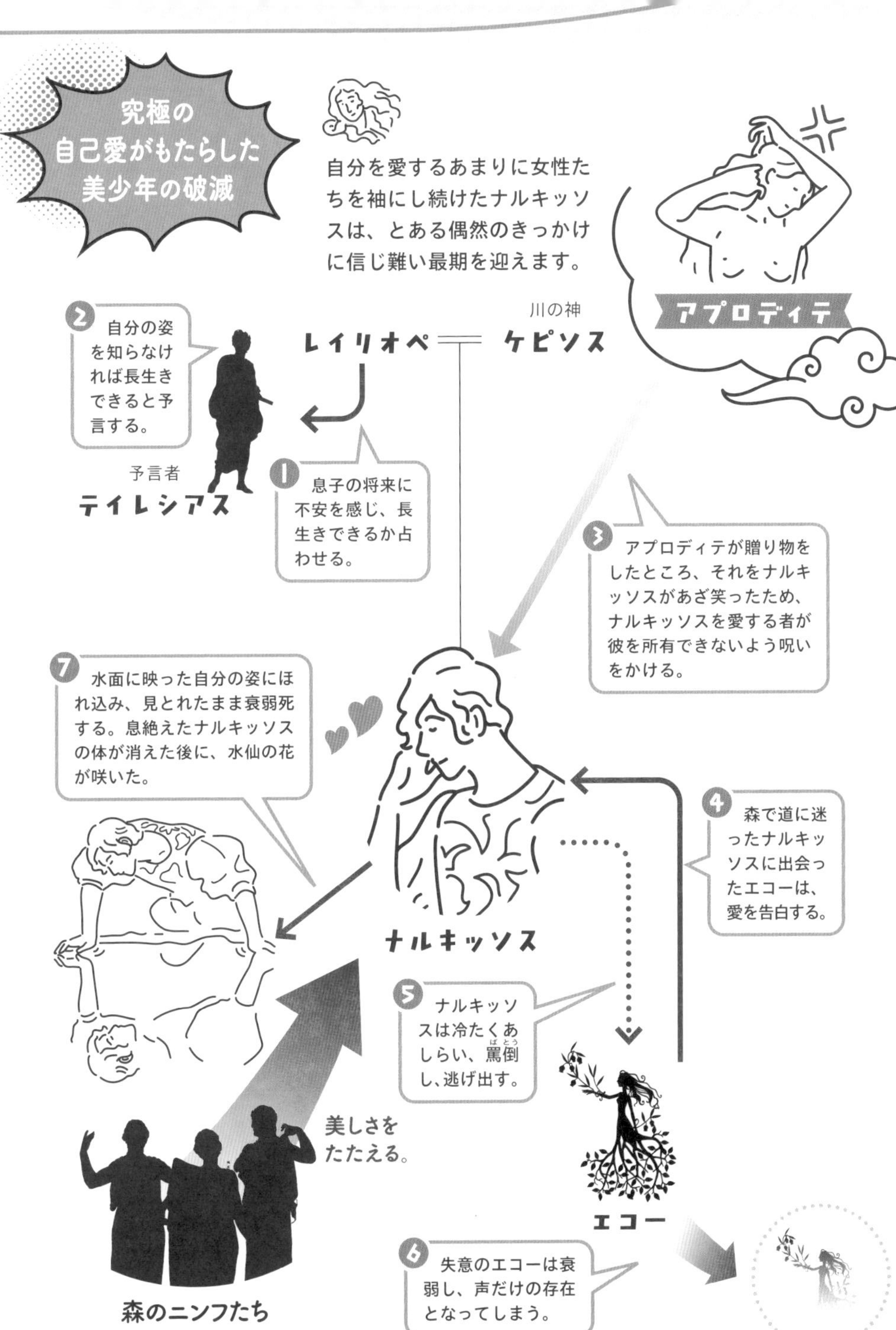

語源図鑑 ナルシシズム ナルキッソスの物語から生まれた言葉で、うぬぼれの強い自己愛を表す。フロイトは精神分析学において、精神的なエネルギーが自分自身に向けられている状態があるとし、この語を当てはめた。

エンデュミオンとセレネ

月の女神との純愛の代償を受け入れた美青年

不老不死となるも永遠の眠りを課せられた美男

月の女神**セレネ**は**ティタン神族**のヒュペリオンの子で、太陽の神**ヘリオス**、暁（あかつき）の女神**エオス**と兄妹の関係にある。

彼女は物静かな女神とされるが、**エンデュミオン**との情熱的な純愛の物語が知られている。

あるときセレネは、「人間のなかでもっとも美しい」といわれる青年エンデュミオンが羊を放牧しているところを目撃し、ひと目ぼれしたという。エンデュミオンは羊飼いだったとされる一方で、エリスの王、または王子、さらにゼウスの子だったともいわれる人物だ。逢瀬（おうせ）を重ねたふたりだったが、エンデュミオンは人間のためいつかは年老いてしまう。そのことに耐えられなくなったセレネは、**ゼウス**に彼を不老不死にしてほしいと頼み込んだ。

ゼウスはその願いを聞き届けたが、とんでもない条件を引き換えに出した。それはエンデュミオンが永遠に眠り続けるということ。セレネはこれを承諾し、エンデュミオンは永遠に若く美しい姿を保ちながら、眠り続けることとなった。

セレネは彼をラトモスの山中に置いて、毎夜、彼のもとを訪れた。ものいわぬ人となった美しい最愛の彼を優しく見守り続け、ふたりの間には50人の子が生まれたともいわれている。

永遠の眠りはゼウスの罰だった!?

この物語はエリス地方と小アジアのカリアで主に発展したが、多くの詩人たちに好まれ、いくつか類型も生まれた。

たとえば不老不死を望んだのはセレネではなく、美貌を失うことを嫌ったエンデュミオン自身だったともいわれる。

また、眠りの神ヒュプノスが彼に恋をして眠りにつかせたという説もある。

さらに永遠の眠りは、エンデュミオンがヘラの愛を求めたため、怒ったゼウスが下した罰だったというものまである。

いずれにせよ、山中で眠る美青年の姿は、後世の画家たちが好んで絵画の主題に取り上げている。

神との恋愛は大きな代償を伴うが、それを受け入れてしまうのはあっぱれな男気じゃ。

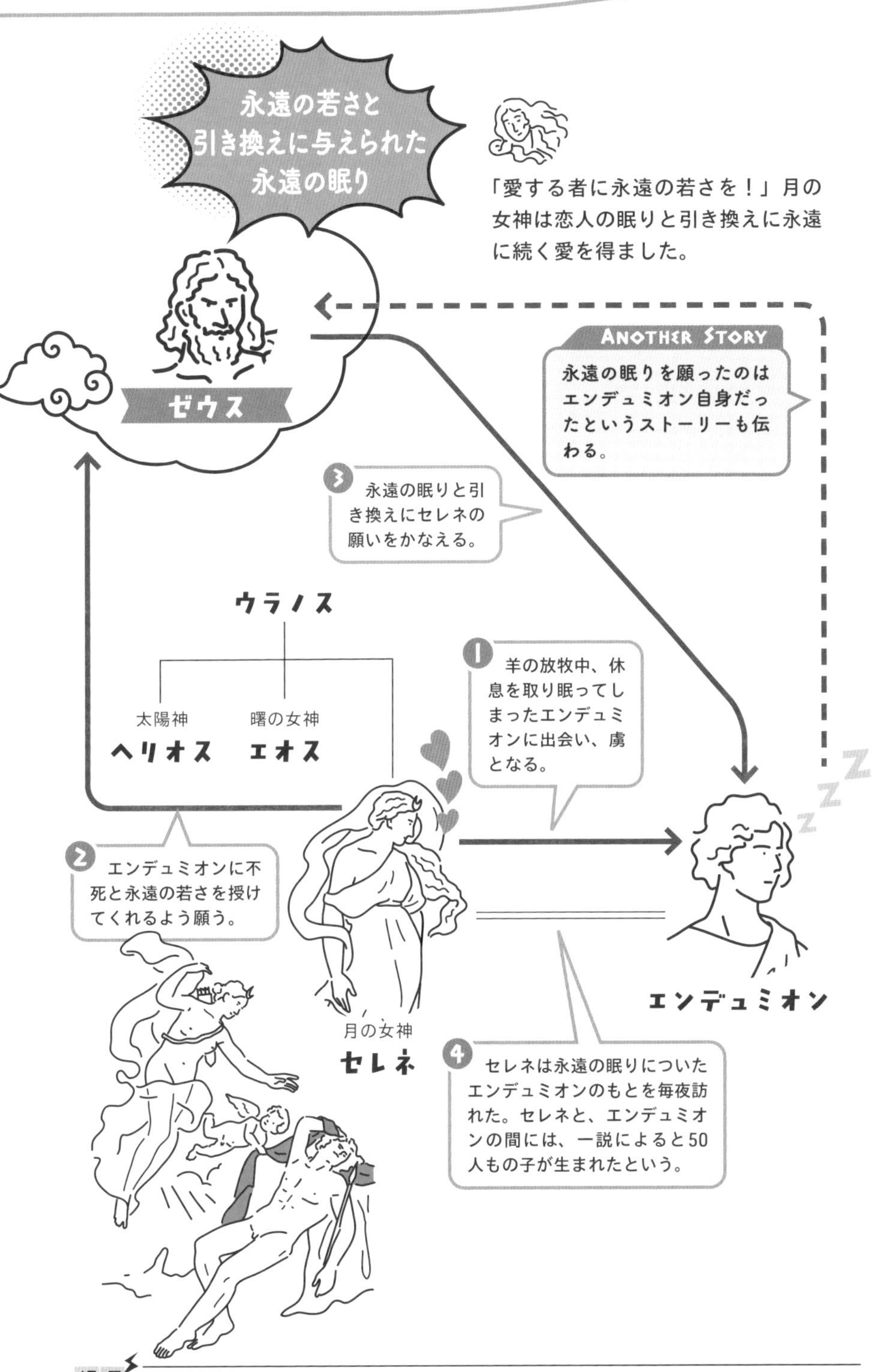

語源図鑑　**オーロラ**　セレネの妹である暁の女神エオスは、ローマ神話名「アウロラ(Aurora)」といい、オーロラの語源となった。

アタランテを巡る男たち

ギリシャーの女性アスリートに命がけで挑んだメラニオンの秘策

純潔を守ろうと結婚を拒んだアタランテ

ギリシャーの女狩人として知られる**アタランテ**は、アルカディアのイアソスの娘に生まれたが、息子が欲しかった父によって山に捨てられたという出生の経緯を持つ。

熊、さらに猟師に育てられたアタランテは、男装の狩人となり、狩猟の女神の**アルテミス**を崇拝していた。

カリュドンの猪狩り(▶P.152)において、アルテミスが放った猪に幾人もの英雄たちが挑むなか、第一の矢を撃ち込んだことで名をあげている。

その後、アタランテと再会した両親は彼女を結婚させようとしたが、純潔を守ることを誓っていた彼女は結婚を拒否。それでも両親がしつこかったため、足の速さに自信があった彼女は自身と競走して負ければ結婚するが、勝てば相手の命をもらうと宣言した。

美貌の持ち主でもある彼女のもとには次々と脚力自慢の勇者たちが挑んできたが、アタランテは彼らにことごとく勝利を収め、求婚者たちを次々と死に追いやっていった。

アタランテを破ったメラニオンの策略

そうしたなか、彼女とどうしても結婚したいと考えていたのが、アタランテのいとこに当たる**メラニオン**である。

とはいえ、まともに勝負して勝てる相手ではない。

そこでメラニオンは策略を用いることにした。**アプロディテ**に懇願し、女神から**黄金のリンゴ**を3つもらって勝負に挑んだのである。

メラニオンは彼女より先を走り、彼女に追いつかれそうになると、リンゴを後ろに放り投げた。

するとアタランテはこの輝きに魅せられ、リンゴを拾おうとし、拾っているすきに数歩遅れた。

これを二度三度繰り返し、ついにメラニオンが先にゴール。恋を成就させたのだった。

あまりに単純な策になぜアタランテが引っかかったのか、もしかすると、彼女が結婚を望んでいたのかもしれんな。

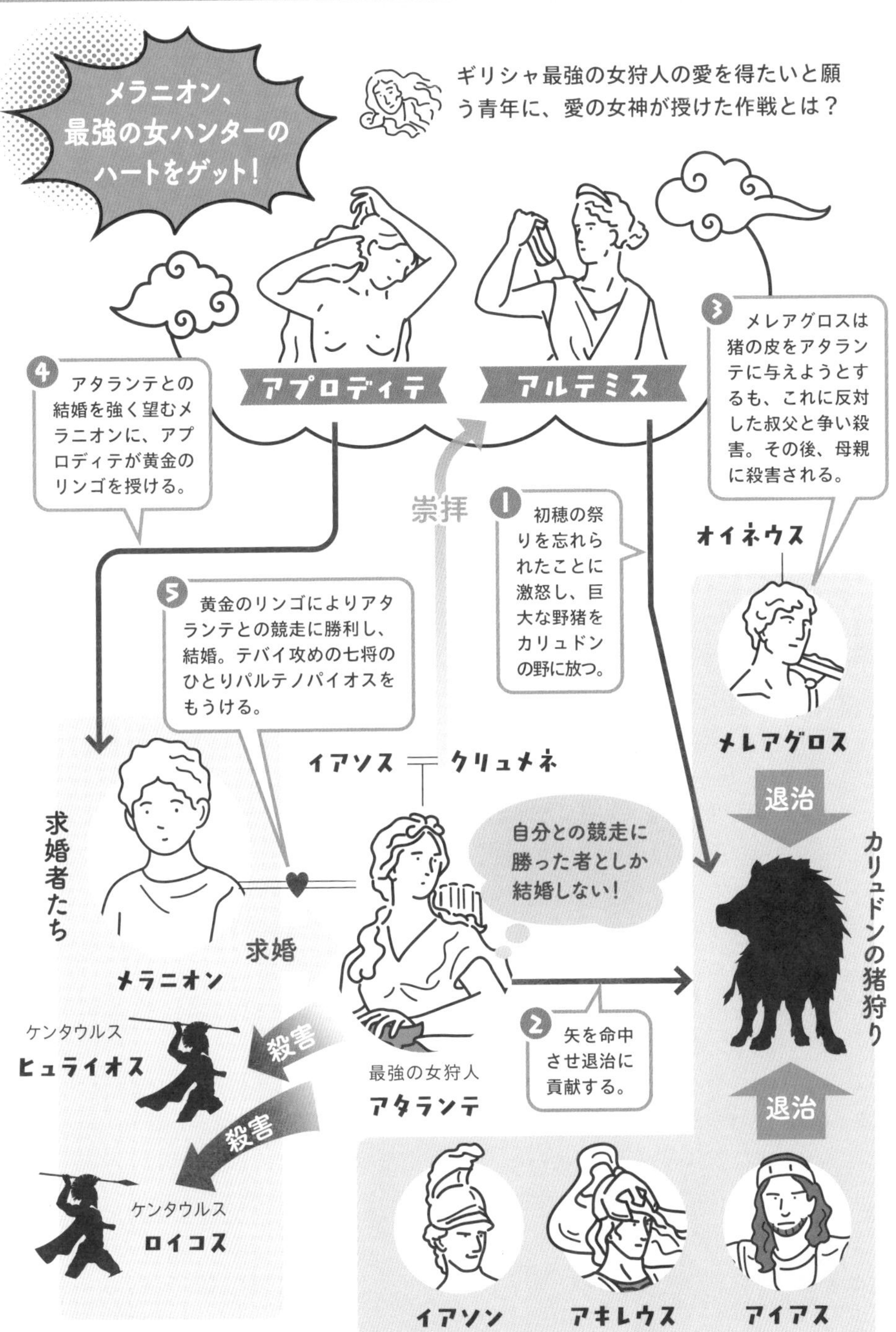

豆知識　のちにメラニオンとアタランテはゼウスの神殿で交わったことで、神の怒りを買ってライオンに変えられたともいわれている。

ペレウスとテティス

海の神の娘を人間が妻とすることができたのはなぜ？

ゼウスとポセイドンが求婚を躊躇した理由とは？

海の神ネレウスの娘に**テティス**という女神がいた。その美貌は神々の間でも評判で、**ゼウス**や**ポセイドン**が求婚するほどであった。

だがテミスの予言を聞いた神々は、テティスへの求婚を躊躇することになる。それは、テティスから生まれる子は、必ずその父より優れた者になるだろうというものだった。これを聞いたゼウスもポセイドンも結婚から手を引いた。

神々に求婚を思いとどまらせたテティスの相手として浮上したのが、テッサリアの英雄**ペレウス**である。

ペレウスはアイギナ島の王アイアコスの息子で、のちにテッサリア王の娘婿（むすめむこ）となった。だが、カリュドンの猪狩りに王とともに参加した際、誤って王を殺してしまい、追放の憂き目にあった。その後イオルコスに移った彼は、この国の王アカストスを倒し、同国の王となっていた。

そんな彼にテティスと結婚する権利が舞い込んだのであるが、当のテティスは女神である自分が人間と結婚することに抵抗があり、得意の変身の術でさまざまな動物やものに姿を変え、逃げ回った。

ケイロンの入れ知恵でテティスを得たペレウス

しかし、諦めきれないペレウスはケンタウルスの賢人**ケイロン**の助言を受け、浜でくつろぐ彼女を捕えると、そのまま離さなかった。ついに彼女も折れて結婚を受け入れ、ペリオン山で壮大な結婚式をあげることになった。このペレウスとテティスとの間に**トロイア戦争**随一の英雄**アキレウス**が誕生することとなる。

テティスはこの子を不死身にしようと**アンブロシア(不死の効力を持つ薬)**を塗って火にさらし、少しずつ鍛えていった。ところがあるときペレウスがその姿を見てしまう。

見られたと知ったテティスは海に帰ってしまう。このとき、アキレウスは不死身になっていたが、かかとの部分だけ母が握っていたため不死身にならなかった。

結婚するなら「ちょうどよい相手」がよいのじゃ。

女神のハートを射止めた人間の英雄

神々が断念したテティスとの恋愛の権利を、人間の英雄がゲット！英雄アキレウス誕生にまつわる物語です。

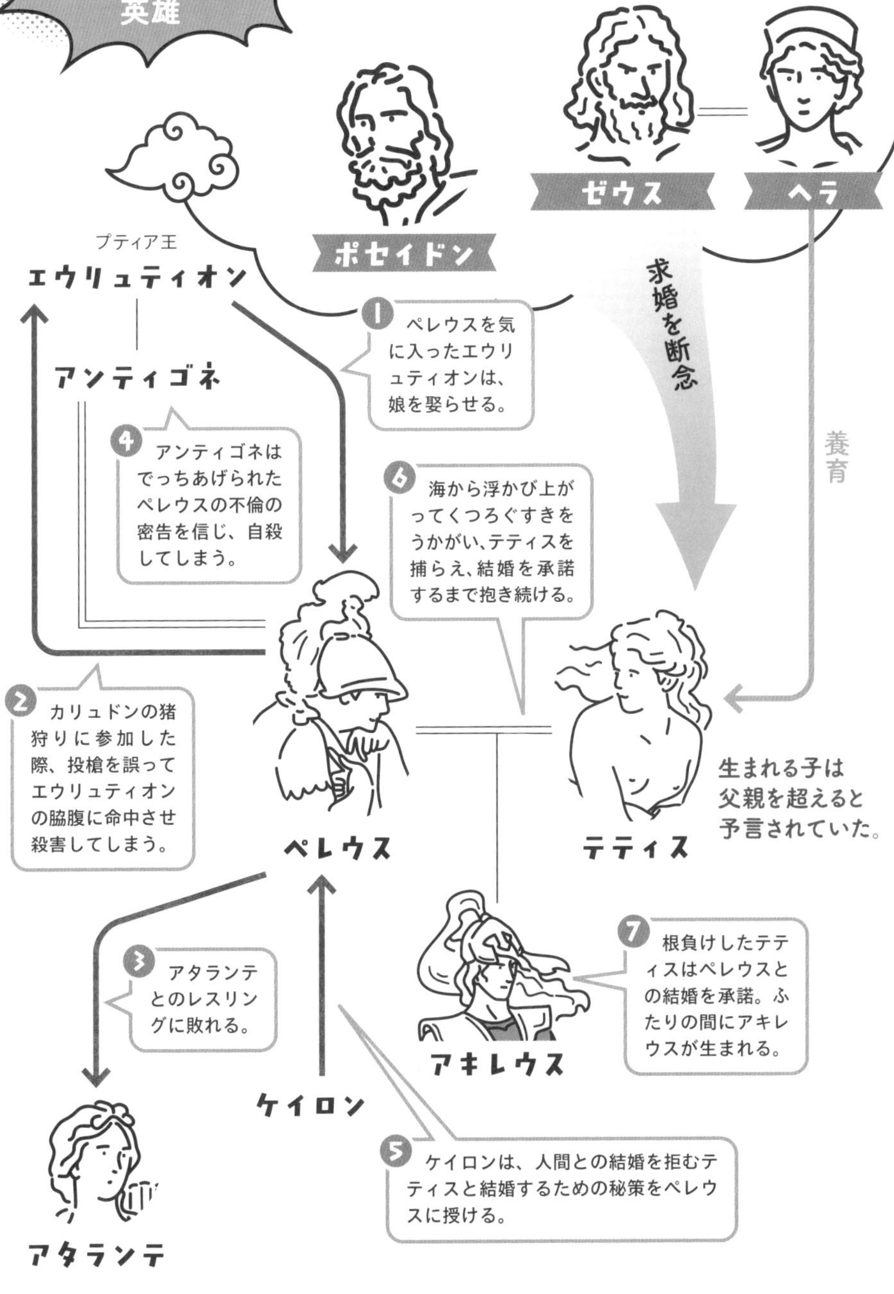

ゼウス
ヘラ
ポセイドン
求婚を断念
養育
プティア王
エウリュティオン
アンティゴネ
ペレウス
テティス
アキレウス
ケイロン
アタランテ

1 ペレウスを気に入ったエウリュティオンは、娘を娶らせる。

2 カリュドンの猪狩りに参加した際、投槍を誤ってエウリュティオンの脇腹に命中させ殺害してしまう。

3 アタランテとのレスリングに敗れる。

4 アンティゴネはでっちあげられたペレウスの不倫の密告を信じ、自殺してしまう。

5 ケイロンは、人間との結婚を拒むテティスと結婚するための秘策をペレウスに授ける。

6 海から浮かび上がってくつろぐすきをうかがい、テティスを捕らえ、結婚を承諾するまで抱き続ける。

7 根負けしたテティスはペレウスとの結婚を承諾。ふたりの間にアキレウスが生まれる。

生まれる子は父親を超えると予言されていた。

ロイコスとドリュアス

知らないうちに恨まれていた樵を襲った理不尽な死

日々の生業のために ハチに恨まれていた樵

神々は、ときに理不尽な死を迎えた人々に同情を寄せている。

そのひとつが樵の**ロイコス**の物語だ。ロイコスはある日、お気に入りの樫の木を切ろうとする男に遭遇し、その男と大乱闘の末に木を切るのを断念させた。

するとその木から美しい**木の精(ドリュアス)**が現れ、樫を助けてくれたことに感謝し、ロイコスに愛を告げる。そして明日の待ち合わせ場所を伝えるために、**ハチ**を使者に出すと告げて去っていった。

ロイコスは喜び、翌日、使者を待ち受けたが、ハチの使いは一向に来ない。

実はドリュアスは約束通り、ハチに使いを頼んでいたのだが、ハチはロイコスに恨みを抱いていた。ロイコスが蜂蜜を食べる母のために、いつも自分たちの巣を壊して持ち去ったからである。

そこで、復讐とばかり、ロイコスに伝言しなかったのだ。それだけでなくドリュアスには、ロイコスに邪険にされたとウソの報告をしたのである。

侮辱されたと怒りに燃えたドリュアスは自らスズメバチに姿を変えると、ロイコスのもとを訪れ、ロイコスをひと刺しして、殺してしまったのである。

アルテミスの憐憫が ふたりをクマに変える

その行き違いを見ていたのが、夜の恋人の神でもある**アルテミス。**彼女はふたりを哀れに思い、ふたりをクマに変えた。蜂蜜を求めて一緒に森のなかで暮らせるようにしてやったのである。

ただし、ロイコスの死を自業自得とする以下のバージョンもある。

ロイコスは樫の木が倒れるところを召使いに支えさせた。すると木のニンフが礼を述べ、ほうびを尋ねると、ロイコスが彼女の愛を求めた。そこで彼女はハチを使者に差し向けたのだが、このとき、ロイコスは将棋を指していたので、うっかりハチを手で払いのけてしまう。ニンフはこれをひどく恨み、彼の視力を奪ったのだという。

知らず知らずのうちに他人に恨まれていることもある。油断は禁物じゃ。

豆知識　ドリュアスは樹木を司る森のニンフで、特定の木に棲み、その木と運命を共にする存在とされた。斧を手にして木の葉の冠を被った姿で表現される。オルペウスの妻エウリュディケもドリュアスとされる。

ティスベとピュラモス

壁の呪縛から逃れた恋人たちに訪れた悲劇

壁の通路でささやき愛を交わしたカップル

セミラミス女王が高いレンガの城壁で囲んだというバビロンの都に、美しい青年ピュラモスと、東方一の美女ティスベが隣り合わせの家に住んでいた。

ふたりはいつしか恋仲になったが、ともに両親に反対され、堂々と愛のささやきを交わすことができなかった。

しかし、恋の執念が実ったのか、ふたりは家の境にある壁に細い裂け目を見つけ、そこを声の通路に、甘いささやきを送り合って愛を育(はぐく)んだ。

そして、ついにその通路を通じて、夜にひそかに門の外へ出て、野原で落ち合う約束を交わしたのだった。

ティスベは家を抜け出し、約束した王の墓の木の陰に隠れて座る。ところがそのとき、口を血だらけにしたライオンが近づいてきたため、ティスベは驚いて逃げ出し、ヴェールを落としながら何とか洞穴に逃げ込んでやり過ごした。

ライオンは、ヴェールを引き裂いて獲物の血の跡を残して去っていった。

早合点が招いた恋人たちの死

このとき、遅れてピュラモスが到着する。彼は獣の足跡、さらに血に染まったヴェールを見て愕然(がくぜん)とした。ティスベがライオンに食われてしまったと思い込んだのだ。彼は、ショックと絶望のあまり、腰につけていた剣をわき腹に突き立て、自殺してしまう。吹き出た血が白い桑の実をどす黒く染めた。

やがて洞穴から出てきたティスベが目にしたのは、変わり果てた姿で横たわる恋人の姿だった。彼女は彼をかき抱きながら泣き叫んだ。

そして「私たちはもう死によっても引き離されることができない。どうか私たちの形見に、嘆きにふさわしい黒い実をつけてほしい」といいながら、ピュラモスの剣で自らを刺し、後を追った。

ティスベの願いは聞き届けられ、桑の実は黒っぽい色になり、ふたりは同じ墓に埋葬されたという。

悲劇の主人公を気取るのはよいが、早合点は取り返しのつかないことになるぞ。

壁を隔てて育まれたささやかな恋心は、早とちりからとりかえしのつかない悲劇へと発展しました。

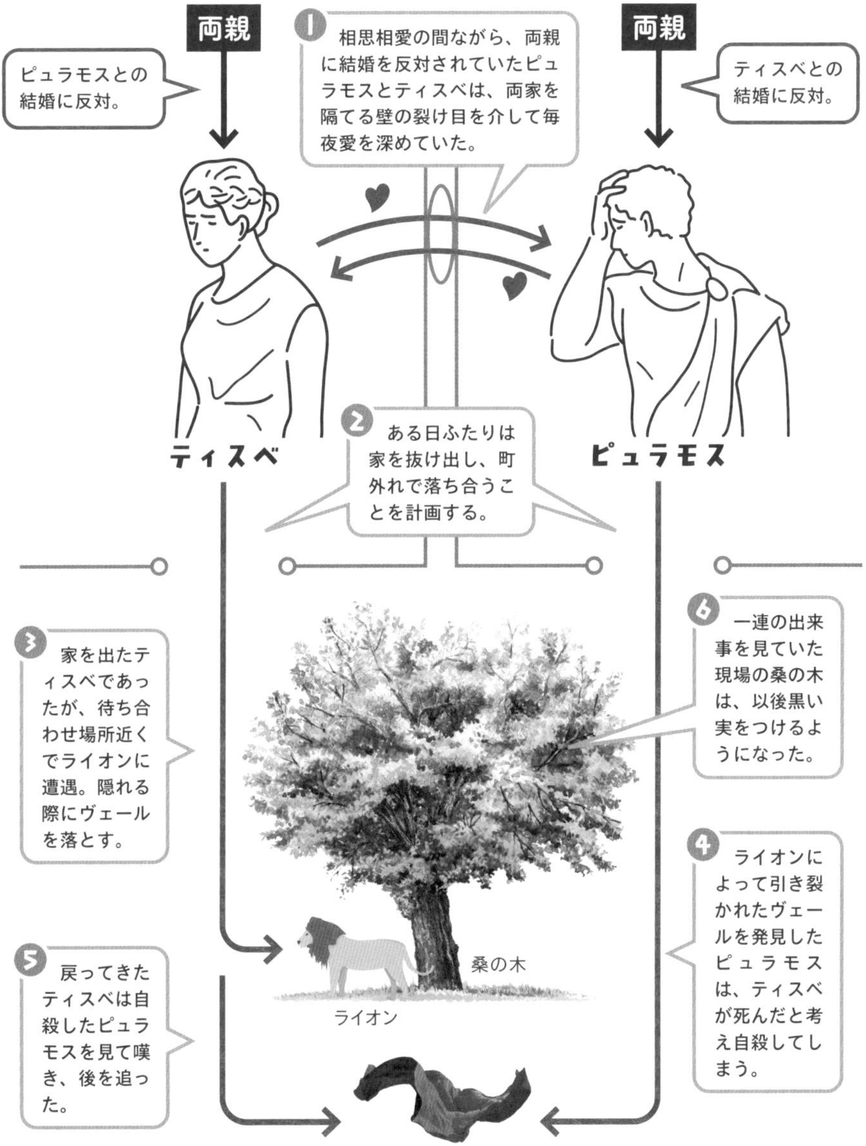

両親

ピュラモスとの結婚に反対。

両親

ティスベとの結婚に反対。

1 相思相愛の間ながら、両親に結婚を反対されていたピュラモスとティスベは、両家を隔てる壁の裂け目を介して毎夜愛を深めていた。

ティスベ

ピュラモス

2 ある日ふたりは家を抜け出し、町外れで落ち合うことを計画する。

3 家を出たティスベであったが、待ち合わせ場所近くでライオンに遭遇。隠れる際にヴェールを落とす。

4 ライオンによって引き裂かれたヴェールを発見したピュラモスは、ティスベが死んだと考え自殺してしまう。

5 戻ってきたティスベは自殺したピュラモスを見て嘆き、後を追った。

6 一連の出来事を見ていた現場の桑の木は、以後黒い実をつけるようになった。

桑の木

ライオン

豆知識 ティスベとピュラモスの物語は、不運な男女の恋物語の源流となり、後世、シェイクスピアの『ロミオとジュリエット』のモチーフとなった。また、同じくシェイクスピアの『夏の夜の夢』の劇中劇「ピラマスとシスビー」の物語としても登場する。

ガラテイアとポリュペモス

悲劇を生んだひとつ目巨人の横恋慕

海の妖精に恋した ひとつ目の巨人

アイトナ火山に住むキュクロプスのひとり**ポリュペモス**は、海の神**ポセイドン**と海のニンフ・トオサとの間に生まれたひとつ目の巨人である。

そのポリュペモスは海岸で、乳白色の肌を持つ美しい海のニンフ・**ガラテイア**にひと目ぼれした。

だが、かなわぬ恋だった。ガラテイアは粗暴なポリュペモスのことを毛嫌いしていたのだ。

まして彼女には**アキス**という16歳の羊飼いの恋人がいた。

しかも、アキスはシチリア島のニンフと牧神パンとの間に生まれた見目麗しい少年である。そんな恋人がいる彼女がポリュペモスになびくはずはなかった。ポリュペモスに付け入るすきはなかったのである。

それでもポリュペモスはガラテイアを思い続けた。船を襲うこともやめて、海が見える小高い丘の上でガラテイアのことを思いながら、葦笛（あしぶえ）を吹いて彼女への愛の歌を奏でる日々を送った。象徴主義の画家ルドンは、そうしたポリュペモスの姿を『キュクロプス』に描いている。

一方的な思い込みから 発狂し、凶行に及んだストーカー

しかし、実ることのない恋はアキスへの憎しみとなり、ついに悲劇が起こる。

ある日、ポリュペモスは海岸の岩陰で、ガラテイアとアキスが仲睦（なかむつ）まじく語らった様子を目撃する。

そのとたん、ポリュペモスは嫉妬に駆られ、呪いの声をあげながらふたり目がけて突進した。

ガラテイアは海に隠れ、アキスは必死の形相（ぎょうそう）で逃げ出す。その後をポリュペモスが追いかけ、大岩をつかむと、アキスに向けて投げつけた。

アキスは岩に押しつぶされ、岩の下からにじみ出した血の色は澄んだ清流、泉となり湧き上がった。

アキスは**川の神**となり、恋人を失ったガラテイアは独身を通したという。

この時代からストーカーは存在しているのじゃ。脈がないと思ったらさっさと次に行く方が楽なんだがな。

キュクロプスを戦慄の凶行に走らせた横恋慕

古代ギリシャ神話にもいたストーカー。
身勝手な妄想が惨劇を招きます。

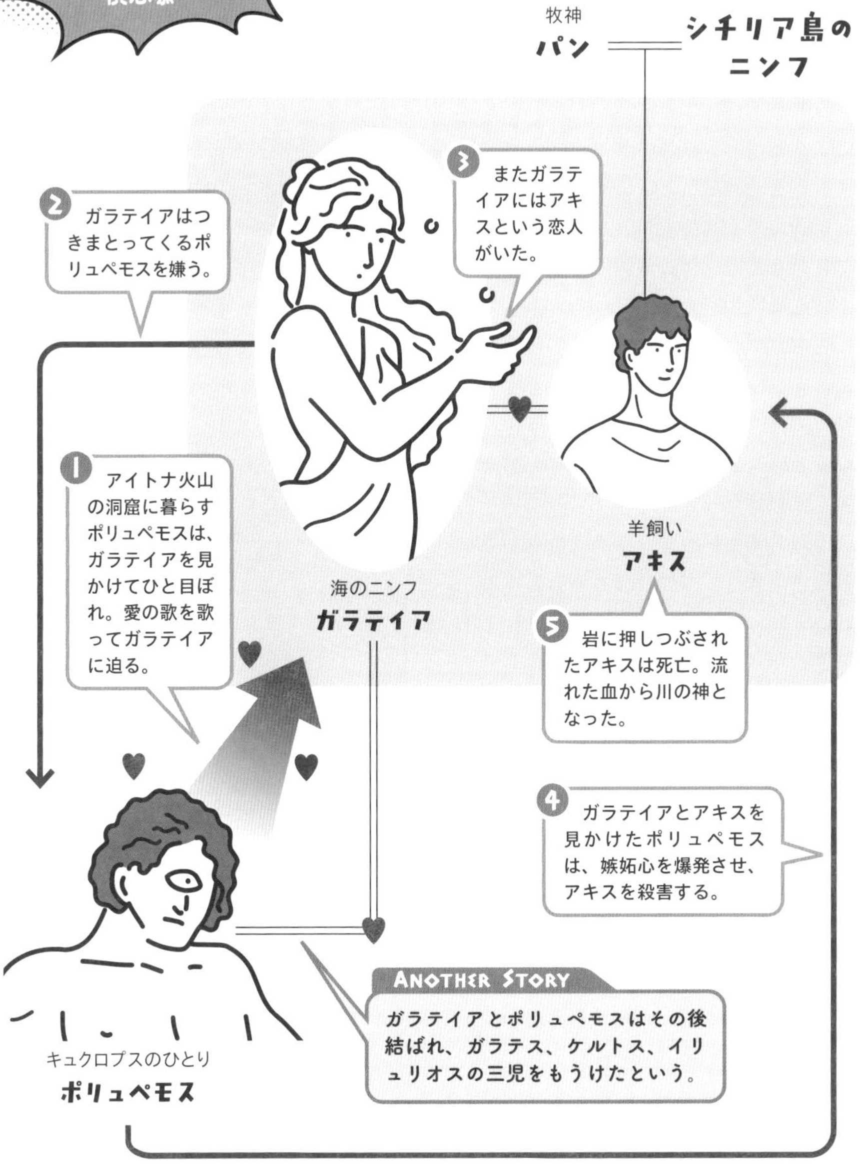

牧神
パン

シチリア島のニンフ

2 ガラテイアはつきまとってくるポリュペモスを嫌う。

3 またガラテイアにはアキスという恋人がいた。

1 アイトナ火山の洞窟に暮らすポリュペモスは、ガラテイアを見かけてひと目ぼれ。愛の歌を歌ってガラテイアに迫る。

海のニンフ
ガラテイア

羊飼い
アキス

5 岩に押しつぶされたアキスは死亡。流れた血から川の神となった。

4 ガラテイアとアキスを見かけたポリュペモスは、嫉妬心を爆発させ、アキスを殺害する。

キュクロプスのひとり
ポリュペモス

ANOTHER STORY

ガラテイアとポリュペモスはその後結ばれ、ガラテス、ケルトス、イリュリオスの三児をもうけたという。

別伝では、ガラティアはポリュペモスの妻となり、ガラテス、ケルトス、イリュリオスの３人の子をもうけた。ただしこれはガリア人、ケルト人、イリリア人をギリシャ神話と結びつけるための創作ともされている。

COLUMN

古代ギリシャ的生活 4

ギリシャ的な愛

ギリシャ神話のなかにはゼウスによるガニュメデスの誘拐やアポロンとヒュアキントスの物語など、少年愛をテーマとした神話が少なくない。

こうした同性愛の背景には古代ギリシャ特有の同性愛文化があったとみられる。

古代ギリシャにおいて、恋に性別は関係なく、男性も女性も愛する両性愛者が多く、同性愛を示す図像も多く残されている。結婚は子孫を残すためのもので、愛とは無縁だった。

そして男性同士が友情を育むなかでお互いを信頼し、友愛の域へと発展することも多かった。男性同士のカップルで構成された軍隊もあり、愛する男の前でもみっともない姿をさらしたくないと願うため、精鋭部隊だったという。

今でも「ギリシャ的な愛」といえば、男性同士の愛を表す言葉として知られるなど、古代ギリシャは同性愛の歴史の代表的な存在だった。

ただし、ギリシャの男性同士の同性愛には一定のルールがあり、同い年同士の恋は禁じられており、愛する側の年配者が少年をリードする形で行なわれた。

少年側は12〜20歳まで、愛する側も40歳までが望ましいとされた。さらに愛される側は自ら性行為を求めたり、性行為で快楽を得たりすることは禁じられた。つまりあくまでも肉体目的ではなく、まずは心でつながることが大切とされたのである。

男性たちはこうしたルールのもと、お気に入りの少年に贈り物をしたり、歌を歌ったりして気を引いた。もちろん、ときには恋のライバルが現れて騒動となったり、片思いで終わったりすることもある。

ただし、恋に頑(かたく)なな者に対しては神の罰が下ることもあった。恋は神の働きによるものと考えられていたからである。

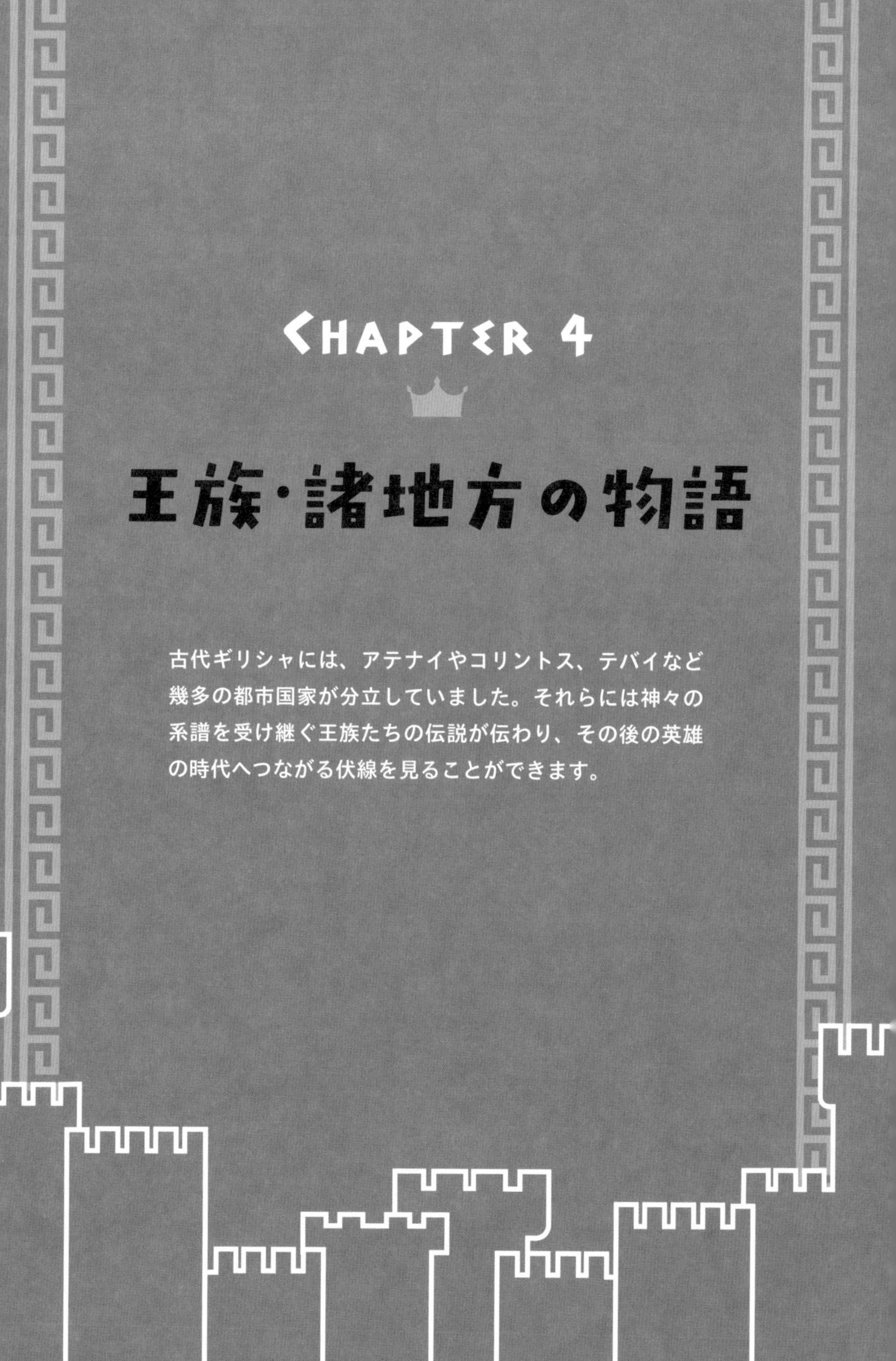

CHAPTER 4

王族・諸地方の物語

古代ギリシャには、アテナイやコリントス、テバイなど幾多の都市国家が分立していました。それらには神々の系譜を受け継ぐ王族たちの伝説が伝わり、その後の英雄の時代へつながる伏線を見ることができます。

ギリシャ神話ってゼウス様以外にもたくさんの恋愛物語があるんですねぇ。

しかもいろいろな教訓があるからの。人生を豊かにしてくれるぞ。

じゃあ、次はいよいよ英雄の物語ですね？

まだじゃ。ちぃと気が早い。

第4章ではギリシャ各地に伝わる王族の物語を紹介します。
英雄たちの物語へつながる伏線を押さえてください。

01

シシュポスの岩

死神をだました狡猾な君主の血を受け継いだ英雄とは？

死神をだまし 永遠の罰を受けたコリントスの王

ペロポネソス半島がギリシャ本土に接続する地峡に位置する**コリントス**。この町を建設して治めた王が**シシュポス**である。スポーツの祭典イストミア祭を始めた、人気の高い王だったが、世界一狡猾な男といわれていた。

とくに有名な逸話が死期を悟ったときのもの。妻に自分を埋葬しないようにいい残して死んだシシュポスであったが、なぜか冥界に入ることができなかった。実は埋葬されていない者は、冥界に入ることができなかったのだ。すると彼は埋葬しない妻を罰することを口実に1日だけの約束で地上に戻るが、そのまま何年も冥界に戻らなかった。さらに、その後、寿命を伝えにやってきた**死神(タナトス)**をだまして何年も鉄の鎖で縛りつけ、死神の仕事ができないようにしたのである。

だが、死を免れる狡知は神々の怒りを買い、シシュポスはついに冥界に連れ戻された。そしてタルタロスに閉じ込められ、岩を山の頂上に運び続ける責め苦を受けることとなった。その岩はいくら運んでも、坂を転がり落ちるため、シシュポスの罰は永遠に続くのである。

その血をこっそり受け継いだ トロイア戦争の英雄

シシュポスには、ヘルメスの子アウトリュコスとの知恵比べに勝利した逸話もある。アウトリュコスは、ギリシャ中の牛を盗むと、見分けがつかないように牛の姿を変えたため、盗まれた側も取り戻せなかった。これに対しシシュポスは、自分の牛の蹄の間に名を刻んでおいたため、簡単に自分の牛を見つけ出したという。

感心したアウトリュコスは、すでにイタケ島の領主に嫁いでいた娘をシシュポスと密会させ、その子種を与え、生ませた。こうして誕生したのが、**トロイア戦争**の知将**オデュッセウス**だったという。

神話のPOINT!

- コリントスの王シシュポスは狡猾な君主で、死神をだましたため、永遠の責め苦を負った。
- シシュポスの血を受け継いだのがオデュッセウスだった。

シシュポスの系譜

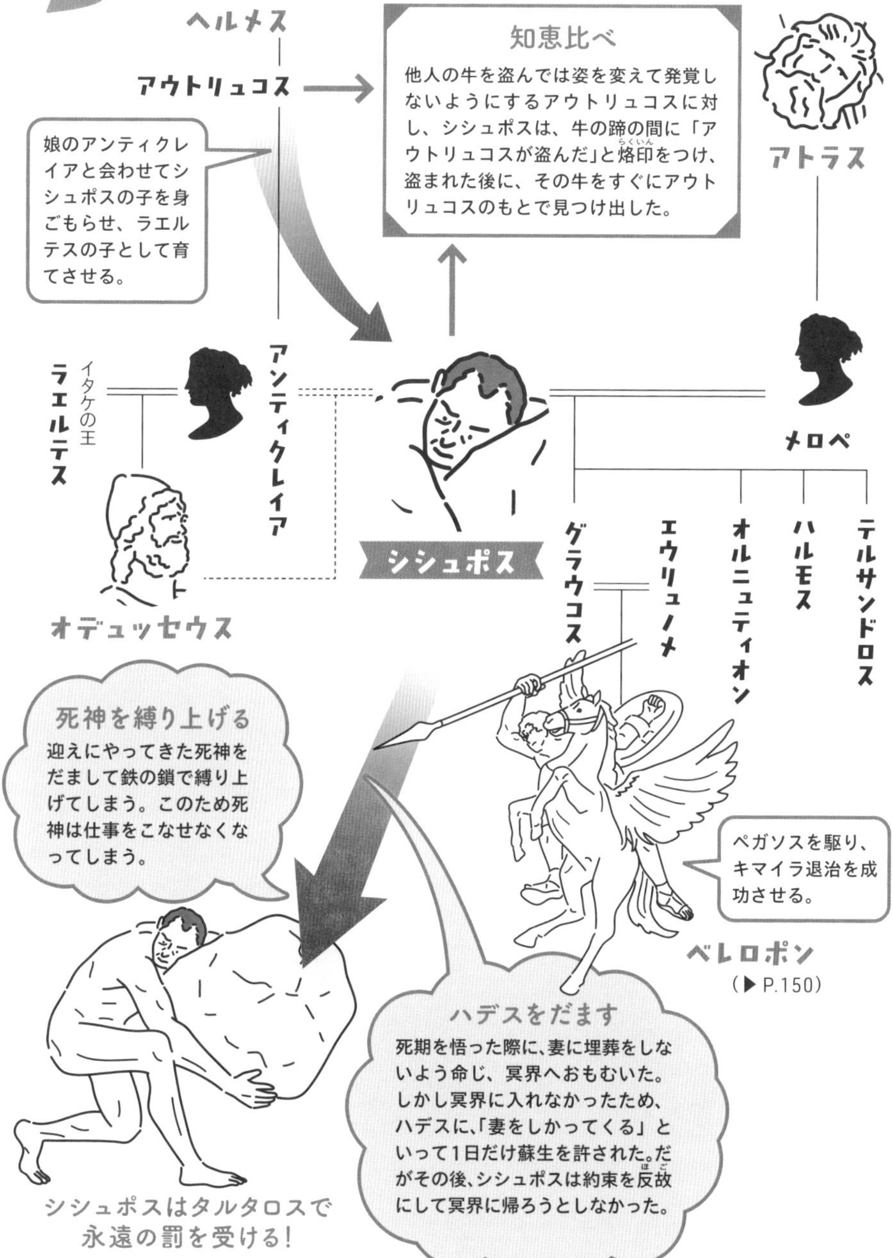

ヘルメス

アウトリュコス

知恵比べ

他人の牛を盗んでは姿を変えて発覚しないようにするアウトリュコスに対し、シシュポスは、牛の蹄の間に「アウトリュコスが盗んだ」と烙印(らくいん)をつけ、盗まれた後に、その牛をすぐにアウトリュコスのもとで見つけ出した。

アトラス

娘のアンティクレイアと会わせてシシュポスの子を身ごもらせ、ラエルテスの子として育てさせる。

イタケの王 ラエルテス

アンティクレイア

シシュポス

メロペ

オデュッセウス

グラウコス

エウリュノメ

オルニュティオン

ハルモス

テルサンドロス

死神を縛り上げる

迎えにやってきた死神をだまして鉄の鎖で縛り上げてしまう。このため死神は仕事をこなせなくなってしまう。

ペガソスを駆り、キマイラ退治を成功させる。

ベレロポン

(▶P.150)

ハデスをだます

死期を悟った際に、妻に埋葬をしないよう命じ、冥界へおもむいた。しかし冥界に入れなかったため、ハデスに、「妻をしかってくる」といって1日だけ蘇生を許された。だがその後、シシュポスは約束を反故(ほご)にして冥界に帰ろうとしなかった。

シシュポスはタルタロスで永遠の罰を受ける!

語源図鑑 **シシュポスの岩** シシュポスの神話から、「シシュポスの岩」は、石を積んでも積んでも崩されてしまう「賽(さい)の河原」と同様、「果てしない徒労」を意味する言葉となった。

ベレロポン

キマイラ退治の英雄は、神々の世界を目指し報いを受ける

神々に愛された英雄による キマイラ退治

ギリシャ一狡猾といわれた**シシュポス**の孫に、**ポセイドン**の子とも噂された**ベレロポン**がいる。眉目秀麗で武勇に優れた英雄へと成長した彼が、アルゴス王の宮廷へとおもむいたときのこと。その姿にほれ込んだ妃からいい寄られたが、これを袖にするという出来事があった。するとこれに腹を立てた王妃が、王にベレロポンの悪口を吹き込んで意趣返しを行なった。これを信じたアルゴス王は、ベレロポンを亡き者にせんと、トルコ南部のリュキア王のもとに追い払い、ひそかにベレロポンを始末するよう依頼したのである。

5 オリュンポス山の頂を目指したために神の怒りを買い、殺害される。

オリュンポス山

1 コリントスに生まれ勇名を馳せたが、競技の際に誤って親族、もしくは兄弟を殺害してしまい、コリントスからアルゴスへ亡命する。

2 アルゴス王プロイトスの妻アンテイアの讒言により、リュキア王イオバテスのもとへ送られる。

エーゲ海

テバイ

アテナイ

コリントス

ミュケナイ

アルゴス

地中海

神話のPOINT!

- 神々に愛されたベレロポンはペガソスに乗ることを許される。
- 彼を始末しようとしたリュキア王から命じられて怪物のキマイラを退治する。
- リュキア王となり、さらに神になろうとしたため天から墜落させられた。

リュキア王は思案し、ベレロポンに**キマイラ**退治を持ちかけた。キマイラは前半身がライオン、中程に山羊の頭を持ち、後半身が大蛇という怪物で、口から炎を吐いて人や家畜を襲い、リュキアを荒らしていた。ベレロポンはこまり果てたが、これを助けたのがポセイドンと**アテナ**である。2柱の神がベレロポンに与えたのが、**メドゥサ**から生まれたとされる天馬ペガソスであった。ベレロポンはこのペガソスを駆ってキマイラに挑み、その口のなかに鉛をぶち込んだ。キマイラは炎を吐いて反撃しようとしたが、喉で鉛が溶け出し、自ら喉を焼いて息絶えた。

偉業を成し遂げたベレロポンに対し、リュキア王はその後も殺害を試みて、女性だけの戦闘部族アマゾンの平定など無理難題を押し付けたが、ベレロポンがこれらを次々と成し遂げたため、リキュア王はベレロポンを認め、王位を譲った。

傲慢(ごうまん)になり、神になろうとした男の結末

しかし、王となったベレロポンは有頂天になり、ついには神になろうと、ペガソスに乗って天界を目指した。この不遜(ふそん)な態度がゼウスの怒りを買い、地上に振り落とされてしまうのだった。

語源図鑑 キメラ　生物学において、同一の個体内に異なる遺伝情報を持つ細胞が混じっている状態。そのような状態の個体のことを「キメラ」といい、キマイラに由来する。

メレアグロス

カリュドンの英雄、母親によって命を奪われる

カリュドンの英雄に下された命数の予言

ギリシャの北方カリュドンのオイネウス王の息子**メレアグロス**は、生まれて7日目、運命の女神から「この子にいま炉で燃えている木の枝が燃え尽きるまでの寿命をあげる」と予言される。母の**アルタイア**はとっさに炉のなかから木片を取り出すと、それを箱のなかに封印した。そのおかげでメレアグロスは命を長らえ、優れた器量を持つ英雄へと成長する。

ある年、オイネウス王が女神**アルテミス**に1年の実りを捧げるのを忘れたところ、これを恨んだアルテミスが巨大な猪をカリュドンの町に放つという事態が起こった。猪が畑の作物をなぎ倒し、人畜にも多大な被害を及ぼしたため、こまったオイネウス王は、ギリシャ中から勇士を集め、猪狩りを行なうことにした。

この狩りには、メレアグロスをはじめ、アテナイの英雄**テセウス**など、名だたる勇士が集まる。そのなかには女狩人の**アタランテ**の姿もあった。勇士の一行は、森のなかで大猪と遭遇。各々が武器を投げつけたが命中しない。そのとき、アタランテの放った矢が猪の首筋に命中し、メレアグロスが剣で肩を深く刺して猪を仕留めた。

兄弟の死をうらんだ母が、木片を火のなかへ

メレアグロスは、猪の首と皮をアタランテにほうびとして与える。しかし、メレアグロスの叔父たちが、女に報酬を与えたことに納得せず、皮を奪い取ったため、メレアグロスは叔父たちを殺して取り返したのだが、それが悲劇を生んだ。

メレアグロスの母アルタイアが、たとえ息子といえども、自分の兄弟を殺したことに怒り狂ったのである。息子に復讐しようと運命の木片を取り出すと火のなかに放り込んだ。すると女神の予言通り、メレアグロスは突然胸に激しい痛みを感じ、そのまま倒れて絶命した。

神話のPOINT!

- メレアグロスは誕生時に木片が灰になれば死ぬと予言を受ける。
- メレアグロスは猪狩りで、叔父たちといさかいになり殺害した。
- 兄弟を殺された母がメレアグロスを死に追いやった。

メレアグロスの最期

正論を通したメレアグロスでしたが、息子より弟を重んじた母親により命を落とすこととなりました。

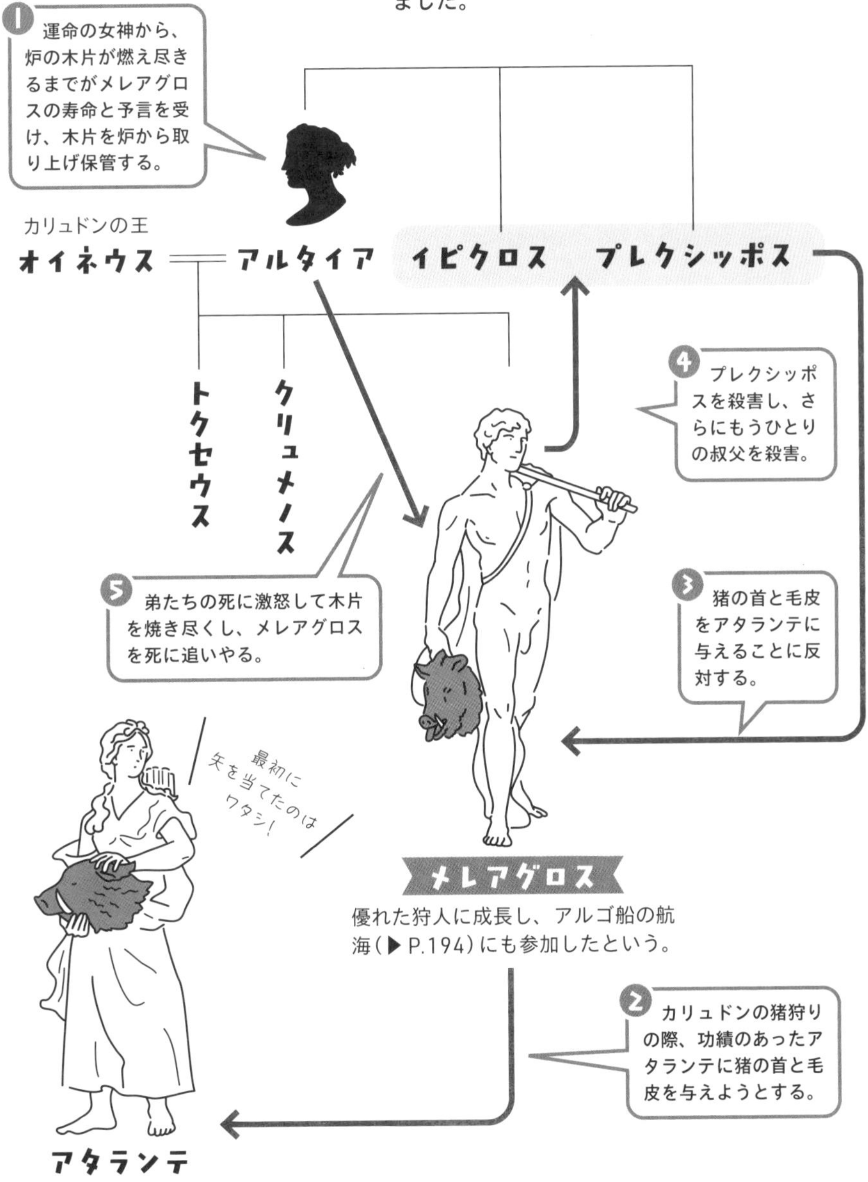

❶ 運命の女神から、炉の木片が燃え尽きるまでがメレアグロスの寿命と予言を受け、木片を炉から取り上げ保管する。

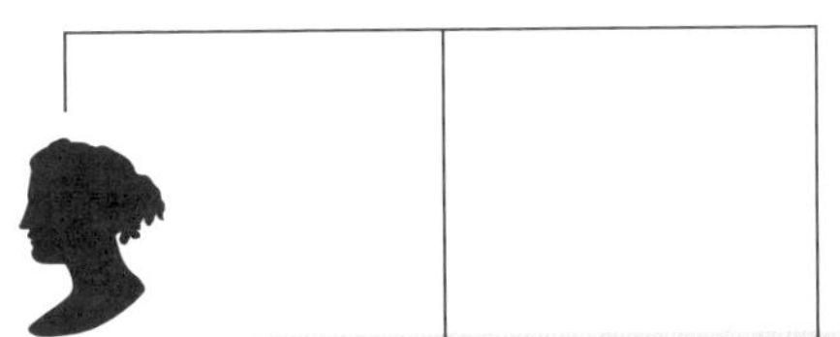

カリュドンの王
オイネウス ＝ **アルタイア** **イピクロス** **プレクシッポス**

トクセウス **クリュメノス**

❹ プレクシッポスを殺害し、さらにもうひとりの叔父を殺害。

❸ 猪の首と毛皮をアタランテに与えることに反対する。

❺ 弟たちの死に激怒して木片を焼き尽くし、メレアグロスを死に追いやる。

最初に矢を当てたのはワタシ！

メレアグロス
優れた狩人に成長し、アルゴ船の航海（▶P.194）にも参加したという。

❷ カリュドンの猪狩りの際、功績のあったアタランテに猪の首と毛皮を与えようとする。

アタランテ

豆知識 メレアグロスを死に追いやったアルタイアも、予言の成就によって我に返ると、激しく後悔し、息子の妻のクレオパトラとともに自殺したとされる。

04 テバイの建国

エウロペ探索の末に都市国家の祖となったカドモス

テバイの建国者となった エウロペの弟

ゼウスの恋愛譚のひとつ「**エウロペの略奪**」(▶ P.56)。フェニキアの王女**エウロペ**を見初めたゼウスが、白い牛に変身して彼女を**クレタ島**へとさらったという神話であるが、この一件で運命を大きく変えられたのが、エウロペの父、フェニキア王アゲノルの息子たち、すなわちエウロペの兄弟たちであった。アゲノルは、エウロペの探索を3人の息子たちに命じ、見つけるまで帰国を禁じたのだ。

そのひとり**カドモス**は、母と一緒に探索の旅に出て、アジアからボスポラス海峡を渡り**トラキア**までおもむくが、エウ

神話のPOINT!

- エウロペを探索して各地を放浪したカドモスは、神託によりテバイを建設した。
- テバイ建国の際、カドモスは泉を守る竜を退治した。
- 地中から現れた不思議な戦士たちと遭遇し、彼らを臣下にした。

ロペを見つけることができない。

やがて母も亡くし、探索をあきらめたカドモスがデルポイで神託を求めたところ、牝牛を道案内とし、その牛が休んだ地に都を建設するよう教えられた。

カドモスは、神託通りに現れた牝牛を追い、その牛が休んだ丘に都を建設した。これが都市**テバイ**である。

カドモスは、祭壇を築き、配下に供儀に必要な水を近くの泉にくみに行かせたのだが、彼らはその泉を守る竜に飲み込まれてしまう。配下が戻らないのを不審に思い、後を追ったカドモスも竜と遭遇。竜と格闘となり、何とか退治した。

テバイ王家を支えるスパルトイの起源

そのとき、女神**アテナ**から、倒した竜の歯を抜き取り、地に蒔(ま)くようにというお告げが下される。カドモスがその助言に従い竜の歯を蒔くと、その土地から戦士たちが出現し、互いに殺し合いを始めた。

この戦士のなかで生き残った5人がエキオン、ウダイオス、クトニオス、ヒュペレノル、ペロロスである。彼らはスパルトイ(蒔かれた者たち)と呼ばれ、カドモスの臣下となり、テバイで最も高貴な家柄の始祖となった。

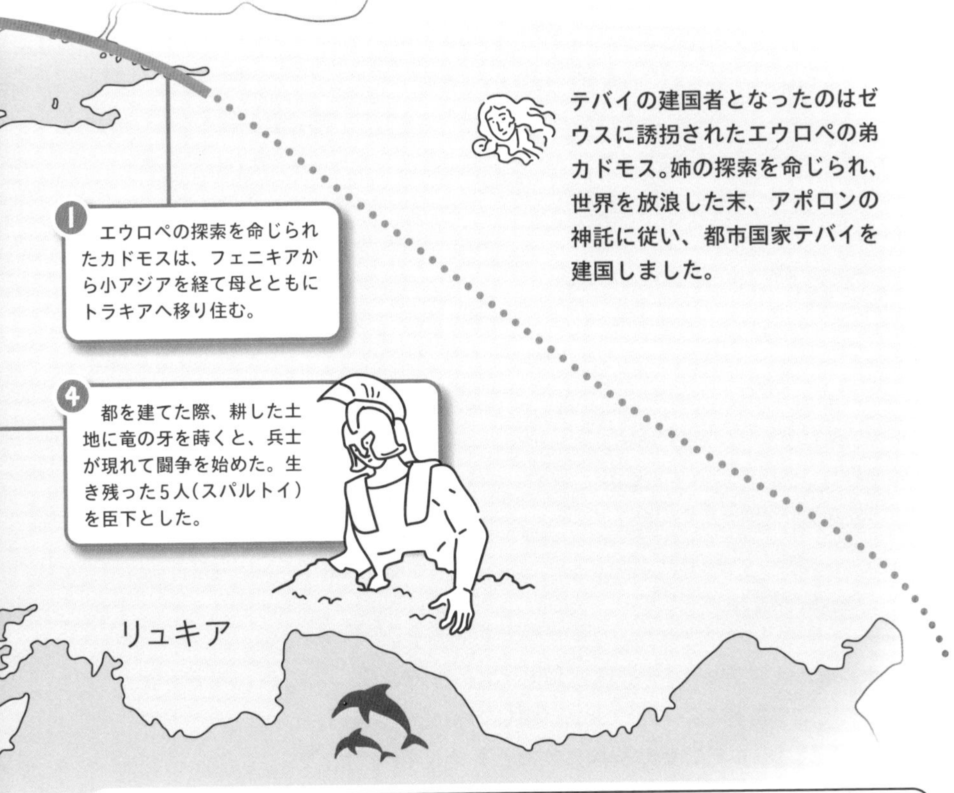

豆知識 カドモスの出身地であるフェニキアは、現在のレバノンとこれに隣接する地域の古代名で、同地に居住したフェニキア人は地中海東岸一帯にシドン、ティルスなどの諸都市を開き、地中海交易で栄えていた。

05 ヘパイストスの呪い

カドモスの一族に降りかかった理不尽な呪い

ヘパイストスの理不尽な呪いを受けたカドモスの結婚

テバイはその後繁栄したが、**カドモス**の退治した竜が**アレス**の子であったため、**ゼウス**はカドモスとアレスを和解させるべく、カドモスにアレスと**アプロディテ**との間の娘**ハルモニア**を娶(めと)らせる。

しかし、これがカドモス一族の不幸の始まりだった。

ふたりの結婚式が盛大に行なわれ、出席した神々から婚礼の美しい衣装など、数々の祝いの品が贈られたが、そのなかに鍛冶の神**ヘパイストス**が作った首飾りがあった。

この首飾りが呪いの首飾りだったのである。

ヘパイストスはアプロディテの夫である。つまり、ハルモニアは、アレスとアプロディテとの間に生まれた不義の子。そのためヘパイストスはハルモニアを恨み、この首飾りを贈ったのだ。

テバイ王家を襲う不幸の連鎖

最初の不幸はカドモスとハルモニアの娘アウトノエの家に訪れる。

アウトノエは**アクタイオン**という子を産んだ。**アルテミス**の神話に登場した人物である。

彼はケンタロウスの賢者ケイロンの教育を受け、たくましい狩人に成長したが、ある日、キタイロンの山中でアルテミスの水浴を目撃。鹿に姿を変えられて連れていた猟犬に八つ裂きにされてしまう。

また、**ディオニュソス**の母である**セメレ**もカドモスの娘である。

ディオニュソスをもうけるもヘラの怒りを買って焼死し、その甥(おい)のペンテウスとラブダコスも、ディオニュソスを崇(あが)めなかったために殺されてしまう。

そして、ラブダコスの子はスパルトイにテバイ王位を簒奪(さんだつ)されるなど不幸の連鎖が続いたのである。

神話のPOINT!

- カドモスはアプロディテの娘ハルモニアと結婚する。
- ハルモニアを憎むヘパイストスが呪いの首飾りを贈る。
- カドモスとハルモニアの子孫は次々と不幸に見舞われた。

テバイ王家を襲う首飾りの呪い

テバイはその後繁栄しますが、カドモスがアレスの娘ハルモニアを娶ったことから一族の不幸が始まります。ハルモニアがヘパイストスから贈られた呪いの首飾りにより、一族の者たちは次々に不幸に見舞われることとなりました。

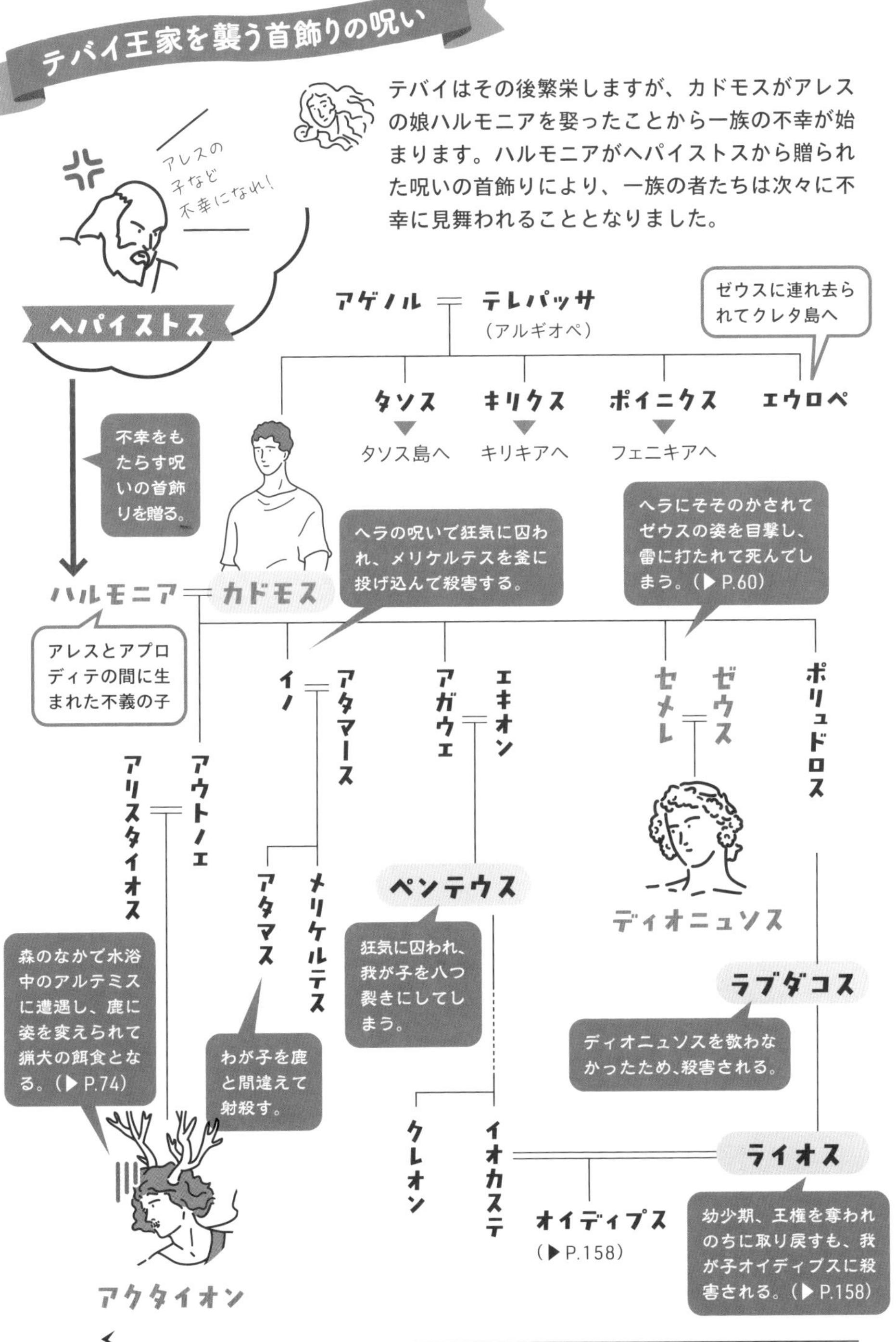

語源図鑑 ハーモニー　テバイ王家の悲劇の原因となったハルモニアであるが、調和の女神ハルモニアと同一視され、調和や音楽用語の和声（ふたつ以上の旋律が同時に調和して響くこと）を意味する「ハーモニー」の語源となった。

オイディプスの物語①

不吉な神託

運命には逆らえなかったテバイの王ライオス

生まれる子に殺される……不吉な神託を受けたライオス

テバイ王家の悲劇の集大成となったのが、**オイディプス**の物語である。

カドモスの曽孫に当たる**ライオス**は「**スパルトイ**」一族の娘**イオカステ**と結婚し、テバイの王となった。しかし、彼は「生まれる男子が、父を殺し、母と結婚する」という恐ろしい神託を受けてしまう。

これはライオスが**ペロプス**王の食客(しょっかく)になっていたとき、王の息子のクリュシッポスに恋して拒否されると、力ずくで自分のものにしたためである。これを恨んだペロプスに呪いをかけられたのだ。

やがて男の子が生まれると、神託を恐れたライオスは赤子の両くるぶしをピンでとめ、キタイロン山に捨てさせる。

しかし、羊飼いが赤ん坊を見つけ、コリントス王に献上し、子どものいない王夫妻は自分たちの子として育てることにした。赤子はピンで刺された腫れた足を意味する「オイディプス」と名付けられた。

オイディプスが殺害した無礼な老人の正体

立派な若者に成長したオイディプスは、自分がコリントス王の子でないという噂を聞きつけ動揺する。真相を知ろうとデルポイのアポロン神殿へと出向いた彼は「父を殺し、母と結婚する」という恐ろしい神託を受け、驚愕(きょうがく)した。このままではコリントス王に迷惑をかけてしまうのではないかと恐れたオイディプスは、そのままコリントスに戻らなかった。

生みの両親探しを避けるオイディプスだったが、運命は神託の実現へと導いていた。あるとき、狭い山道で馬車に乗った無礼な老人と遭遇する。老人に杖で小突かれたオイディプスは逆上し、老人を杖で殴打して殺してしまった。

じつはこの老人こそ、息子の生死を確かめるため、神殿に向かっていたオイディプスの実父ライオスだったのである。

神話のPOINT!

- オイディプスは「父を殺し、母と結婚する」という神託を受ける。
- 捨てられたオイディプスはコリントス王に育てられるが、神託を知り、姿を消す。
- オイディプスは山道で出会った老人を実父と知らないまま殺す。

知らぬ間に成就したアポロンの神託

ライオスがアポロンから受けた、「生まれる男子が父を殺し、母と結婚する」という恐ろしい神託は、やがて意外な形で成就することとなりました。

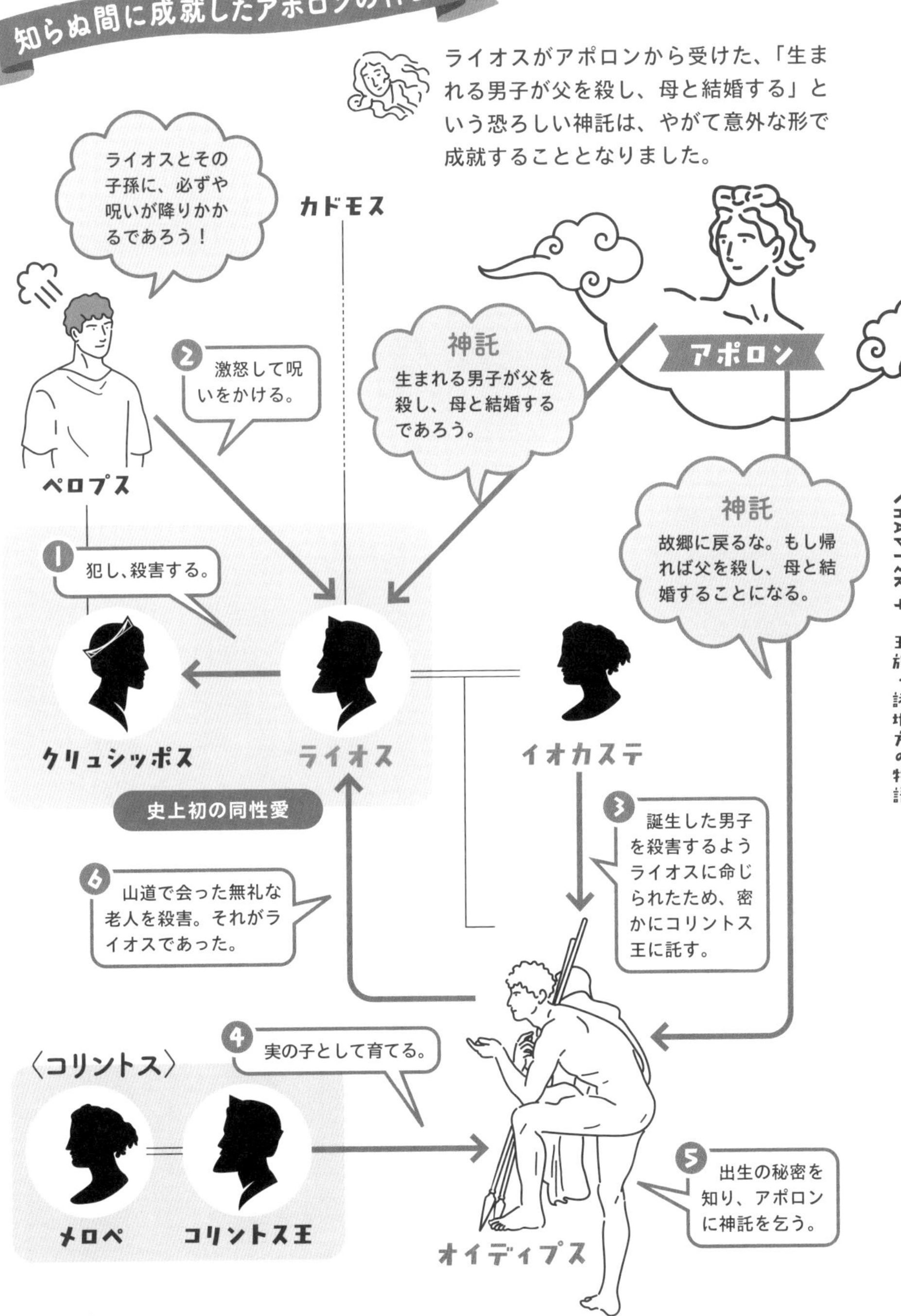

語源図鑑 **エディプス・コンプレックス** オイディプスの悲劇に着想を得てフロイトが説いた学説。人間は幼児期から異性の親に惹かれ同性の親に嫉妬するという衝動。

07

オイディプスの物語②
スピンクス退治

怪物退治によって忌まわしい神託が成就する

故郷に帰ったオイディプスのスピンクス退治

実父と知らずに**ライオス**を殺した**オイディプス**。しかし、神託にはまだ続きがある。父を殺した後、母と結婚するという内容だ。

オイディプスはその神託に導かれるように、生まれ故郷とは知らず**テバイ**までやってきた。

当時のテバイは山道に出没する**スピンクス**に悩まされていた。顔と乳房は美しい女性の姿だが、獅子の胴体、足、尻尾、さらには鷲の翼を持つ怪物で、通りかかる人々になぞかけをして答えられないと殺していた。

王が行方不明となっているテバイでは、王妃**イオカステ**の弟**クレオン**が、「スピンクスを退治した者に、ライオスの未亡人イオカステと結婚させてテバイ王にする」という布令を出していた。

興味を持ったオイディプスは、スピンクス退治に乗り出す。山中でオイディプスの前に現れたスピンクスは、早速、「朝は4本足、昼は2本足、夜は3本足の動物は何か」と問題を出してきた。

オイディプスはすぐさま「人間」と答えた。人間は生まれると手足を使ってハイハイし、成長すると2本足で歩き、老いると杖をついて3本足になるからだ。

正解を出されたスピンクスは崖から身を投げたという。

知らぬ間に現実のものとなったもうひとつの忌まわしき神託

スピンクス退治の成功により、オイディプスは約束通り、テバイの王となり、実母とは知らずイオカステと結婚してしまう。ふたりの間には4人(または3人)の子が生まれた。

もちろんオイディプス本人も含めて、誰ひとりとして彼がイオカステの子で、ライオスを殺した張本人であることを知らない。誰も知らないまま神託が果たされたのである。

神話のPOINT!

- テバイにたどりついたオイディプスはスピンクスを退治する。
- オイディプスが実の母とは知らずイオカステと結婚し、テバイ王となったことで、神託が現実のものとなった。

成就したふたつの預言

ライオス殺しとスピンクス退治によって、アポロンがオイディプスに下した神託は成就したのでした。

ライオスを殺害する。

神託の「父を殺す」という部分が成就する。

スピンクスを退治する。

イオカステと結婚し、子をなす。

神託の「母と結婚することになるだろう」の部分が成就する。

スピンクス退治

テバイ近郊の山道に出没し、問題に答えられない旅人を食い殺していたスピンクスの問題を解く。スピンクスは崖から身を投げて命を絶ったという。

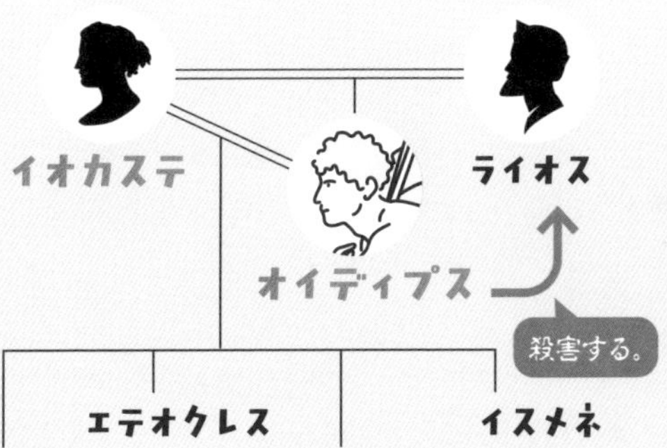

イオカステとの結婚

スピンクスを退治したオイディプスは、クレオンの布告に従ってイオカステと結婚し、テバイの王となった。

クレオン

ライオスの死後、テバイを統治し、スピンクスを退治した者に王位と妹のイオカステを与えると布告する。

イオカステ　ライオス　オイディプス　殺害する。

エテオクレス　イスメネ　ポリュネイケス　アンティゴネ

豆知識　スピンクスの由来はエジプトのスフィンクス。元は王権を象徴する聖獣であったが、オリエントを経てギリシャへ渡るなかで女性的要素が加わり、魔物へと変化したという。

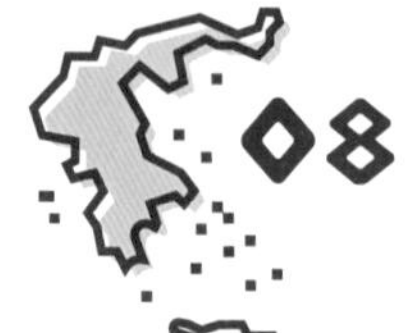

08

オイディプスの物語③

悲劇の結末

真相に絶望したオイディプスは目をつぶし、テバイを去る

コリントスからの使者が明かしたオイディプス出生の真相

スピンクスが退治され、**オイディプス**のもとで繁栄した**テバイ**であったが、その後、疫病が流行します。これを鎮めるために神託を伺ったところ「ライオス王を殺した犯人がこの町で暮らしている。犯人を国外追放すれば鎮まる」という神託が下された。オイディプスはただちに犯人探しに乗り出し、盲目の予言者テイレシアスを招いて犯人について尋ねた。真実を知るテイレシアスは言い渋るが、オイディプスに詰問(きつもん)され、ついに口を開いた。

「ライオス王を殺したのは王です」

オイディプスは驚愕し、疑った。さらにテイレシアスが、かつてライオスに下された「子に殺される」という予言を語ると、**イオカステ**も捨てた子が生きているはずはないと反論する。

そこへコリントス王の死を伝えに使者が訪れると、この使者の証言から次々と真実が明らかになっていく。その使者こそ、オイディプスを見つけた羊飼いからオイディプスを受け取った人物だったのだ。さらにライオス王の殺害時、ひとりだけ生き残った従者が、その羊飼いに赤子のオイディプスを引き渡した人物だった。

すべてがつながり、父を殺し、母と交わったことを知ったオイディプスは自らの目をつぶし、テバイを去った。そしてアテナイ郊外の**コロノスの森**へたどり着く。

オイディプスが消えたテバイで王位を争う息子たち

オイディプスが出奔(しゅっぽん)したテバイでは、その後、オイディプスのふたりの息子が王位を巡り争い、息子たちはオイディプスを埋葬した地に幸いが訪れるという神託を頼りに、オイディプスに接近した。

しかし、親族殺人の穢(けが)れから自分がテバイの地に埋葬されないことを知り、絶望したオイディプスは、どちらにも味方せずに生涯を終えたのだった。

神話のPOINT!

- 神託によりライオス殺しの犯人を捜し始めたオイディプスは、自分がその犯人だと知る。
- オイディプスは目をつぶしてテバイを去り、絶望のなかで死んだ。

ライオス襲撃事件の被疑者の割り出し

疫病が流行したので、これを鎮める方法として「ライオス殺しの犯人を見つける」という神託が下ります。証言を集めた結果、テバイ王オイディプスが知ったのは、予言が成就していたという悲劇でした。

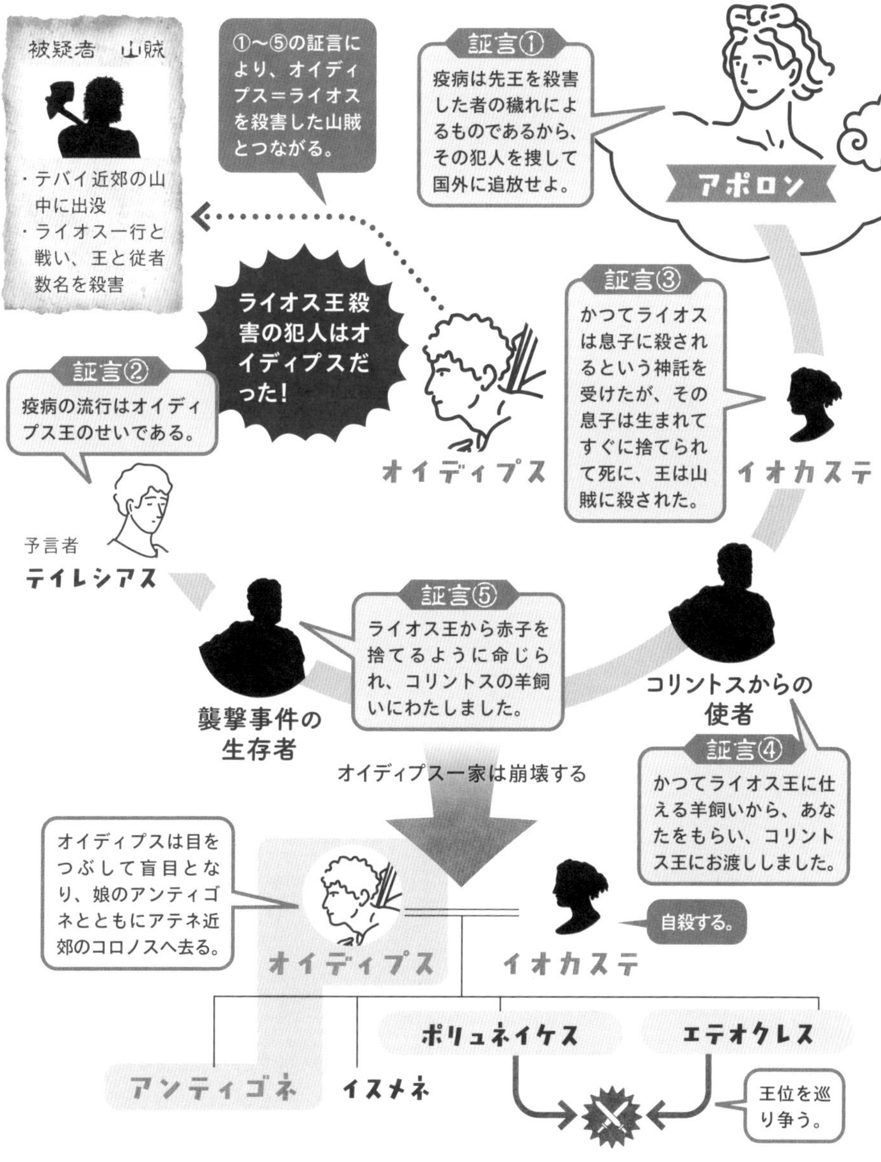

被疑者　山賊

・テバイ近郊の山中に出没
・ライオス一行と戦い、王と従者数名を殺害

①～⑤の証言により、オイディプス＝ライオスを殺害した山賊とつながる。

証言①
疫病は先王を殺害した者の穢れによるものであるから、その犯人を捜して国外に追放せよ。

アポロン

ライオス王殺害の犯人はオイディプスだった！

証言③
かつてライオスは息子に殺されるという神託を受けたが、その息子は生まれてすぐに捨てられて死に、王は山賊に殺された。

証言②
疫病の流行はオイディプス王のせいである。

オイディプス

イオカステ

予言者
テイレシアス

証言⑤
ライオス王から赤子を捨てるように命じられ、コリントスの羊飼いにわたしました。

襲撃事件の生存者

コリントスからの使者

証言④
かつてライオス王に仕える羊飼いから、あなたをもらい、コリントス王にお渡ししました。

オイディプス一家は崩壊する

オイディプスは目をつぶして盲目となり、娘のアンティゴネとともにアテネ近郊のコロノスへ去る。

オイディプス

イオカステ

自殺する。

ポリュネイケス

エテオクレス

アンティゴネ

イスメネ

王位を巡り争う。

豆知識　オイディプスの物語を記した最高の傑作とされるのが、悲劇詩人ソポクレスによる『オイディプス王』。アリストテレスも著作のなかで「悲劇のなかの悲劇」と絶賛している。

09

テバイ攻めの七将

親子2代にわたって繰り広げられたアルゴスとテバイの戦い

追放された兄がテバイ奪回を目指して蜂起

オイディプスの悲劇の後、その息子**ポリュネイケス**と**エテオクレス**のふたりが、**テバイ**の王位を争った。当初ふたりは争いを避けるために1年交代で統治する協定を結んでいたが、エテオクレスが2度目の王位についたときに協定を破り、兄のポリュネイケスを国外へ追放する。追い出されたポリュネイケスは**アルゴス**へおもむいて、王の婿(むこ)に収まると、テバイ遠征軍を興す。このとき、6人の将を軍に加え、テバイに向かった。このうちの

アンティゴネの怒りとクレオンの悲劇

最初の戦いののち、テバイではクレオンが全権を握り、敵の屍(しかばね)の埋葬を禁じた。しかし、オイディプスの娘のアンティゴネはアルゴス側と攻めてきた兄のポリュネイケスの屍がみじめにさらされているのを見かねて、埋葬の式を行なおうとしたが見つかってしまう。アンティゴネは、死ねば敵も味方もない、死者を葬らないのは神々への冒涜(ぼうとく)であると訴えたが、クレオンは彼女を洞窟に閉じ込めた。クレオンの息子ハイモンは彼女の婚約者だったため、父にとりなそうとしたが失敗。洞窟へ行って彼女が自害しているのを見て自刃し、その母もこの悲報に後を追った。クレオンは後悔したという。

神話の POINT!

- オイディプスの長男が、6人の将を率いてテバイ奪回を目指す。
- アンピアラオスは神託で敗戦を知り、子に報復を託す。
- 最初の戦いから10年後、七将の子どもたちがテバイへ再征し、征服した。

ひとり**アンピアラオス**は占いにより自分が死ぬことを知ると、息子に将来、テバイに報復の軍を興すようい残した。

一方のテバイ側も、予言者の**テイレシアス**が、クレオンの息子メノイケイスを犠牲に捧げればテバイ側が勝利できると予言した。

メノイケイスは城門の前で自刃して、テバイの勝利を願った。予言通り、アルゴスの将は雷に打たれ、車ごと大地に飲み込まれるなど散々で、最後はエテオクレスとポリュネイケス兄弟も決闘し相討ちとなった。

10年ののち、七将の息子たちがアルゴスの念願をかなえる

その10年後、父アンピアラオスから遺言を受けていたアルクマイオンを筆頭に、アルゴス側の七将の息子たちがテバイへの遠征を企て、テバイへと攻め込んだ。テバイ軍のラオダマス(エテオクレスの子)がアイギアレウス(アドラストスの子)を倒したが、自身はアルクマイオンに殺され、テバイ軍は市外に逃走。こうしてアルゴスがテバイを奪い、ポリュネイケスの子がテバイの王位に就いた。

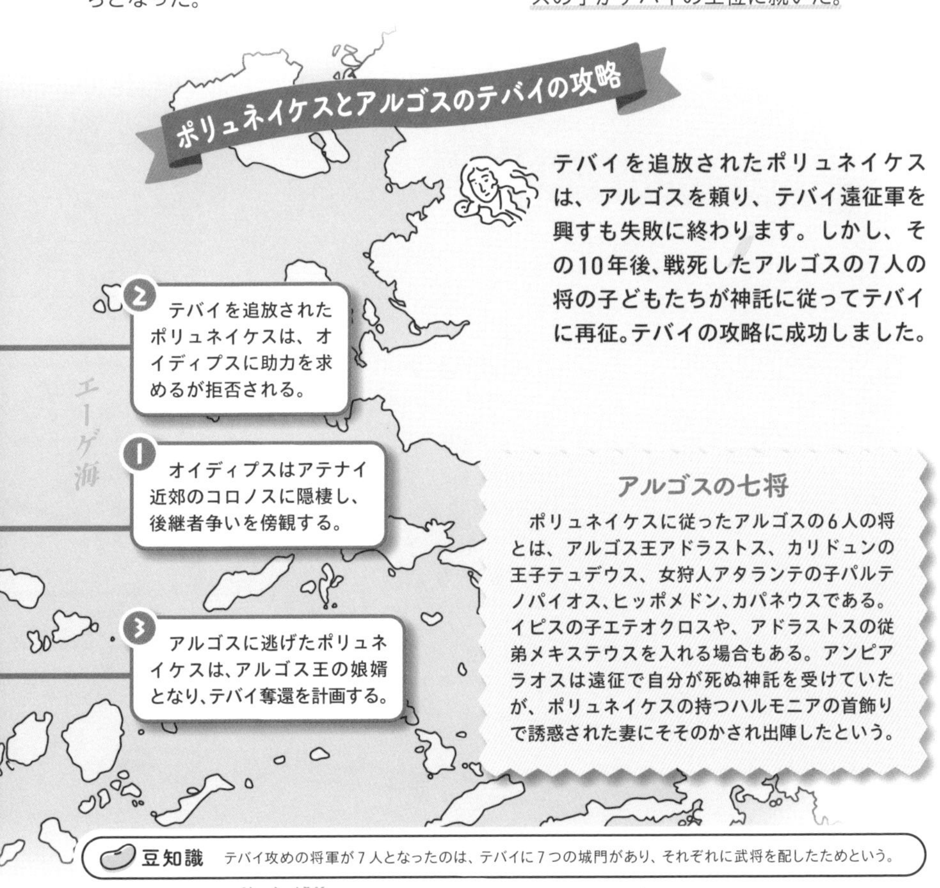

アルゴスの七将

ポリュネイケスに従ったアルゴスの6人の将とは、アルゴス王アドラストス、カリドュンの王子テュデウス、女狩人アタランテの子パルテノパイオス、ヒッポメドン、カパネウスである。イピスの子エテオクロスや、アドラストスの従弟メキステウスを入れる場合もある。アンピアラオスは遠征で自分が死ぬ神託を受けていたが、ポリュネイケスの持つハルモニアの首飾りで誘惑された妻にそそのかされ出陣したという。

豆知識 テバイ攻めの将軍が7人となったのは、テバイに7つの城門があり、それぞれに武将を配したためという。

10 クレタ島の伝説

ポセイドンをあざむいたクレタの王に戦慄の天罰が降りかかる

ポセイドンの呪いで生まれた牛頭人身の怪物ミノタウロス

エーゲ文明発祥の地である**クレタ島**には、**ゼウス**にさらわれた**エウロペ**の後日譚が伝わる。彼女はクレタ島で、ゼウスの子**ミノス**、**ラダマンテュス**、**サルペドン**をもうけたのち、この地の王アステリオスと結婚し、ミノスが王位に就いた。ところが、ミノスは王位に就く際、神を侮ったため天罰を受けることとなる。ミノス王は**ポセイドン**に祈り、海中から立派な雄牛を出現させてもらうことで人々に神意を認められて王となったのだが、この牛をポセイドンに生贄として捧げるのが惜しくなり、ほかの牛をポセイドンへの生贄とした。

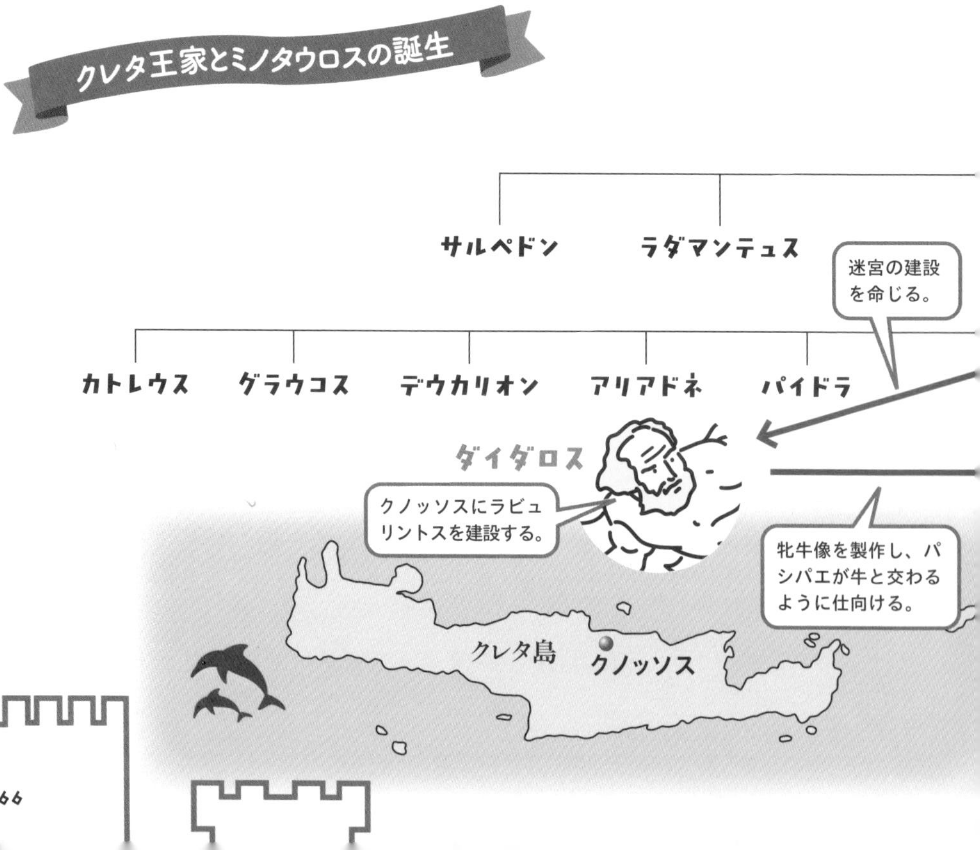

クレタ王家とミノタウロスの誕生

サルペドン　ラダマンテュス

カトレウス　グラウコス　デウカリオン　アリアドネ　パイドラ

迷宮の建設を命じる。

ダイダロス

クノッソスにラビュリントスを建設する。

牝牛像を製作し、パシパエが牛と交わるように仕向ける。

クレタ島　クノッソス

憤ったポセイドンは、ミノスの妻**パシパエ**に呪いをかける。すなわち彼女がこの雄牛に恋心を抱くように仕向けたのだ。

牛に恋焦がれた彼女は、思いを遂げたいと職人**ダイダロス**に相談。ダイダロスはなかを空洞にした牝牛像を造り、そのなかに彼女を入れて牛と交わらせた。この結果、パシパエは牛頭人身の怪物**ミノタロウス**を生む。ミノス王はダイダロスに命じて**ラビュリントス**の迷宮を造らせ、ミノタウロスを閉じ込めたのだった。

クレタ島の牛信仰

こうした伝説が伝わるクレタ島では、ミノア文明以来の牛信仰がある。クレタ島の神話には牛がよく登場し、牛をモチーフにした美術工芸品も多く発見されている。

また、牛の上を跳び越える「牛跳び」の神事を描いた壁画や、牛をモチーフとした彫刻も見つかるなど、牛を崇拝する信仰があったのは間違いない。

さらに当時のクノッソス宮殿は1200以上の部屋があったといわれるほど広大で、複雑かつ入り組んだ迷宮のような造りとなっていた。こうした牛信仰と広大な宮殿が結びついてミノタウロスの伝説が生まれたと考えられている。

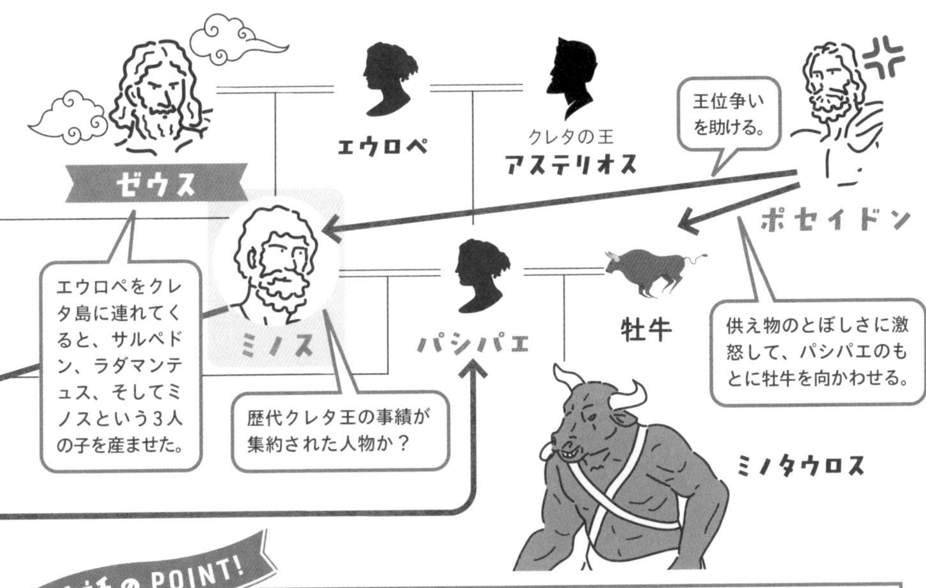

神話のPOINT!

- ミノスがポセイドンとの誓いを破ったため、王妃が怪物ミノタウロスを生んだ。
- ミノス王はミノタウロスを迷宮に閉じ込める。
- クレタ島に存在した牛信仰がミノタウロス伝説のルーツとされる。

豆知識 ミノス王は神話においてさまざまな年代に登場しており、ミノス自体が称号であったのではないかともいわれている。

11

ダイダロスとイカロス

若さゆえの好奇心が招いたイカロスの墜落

翼を使って脱出したイカロスの悲劇

ミノタウロスを閉じ込めた迷宮を設計した**ダイダロス**は、もともと**アテナイ**の優れた工匠で、斧や錐(きり)の発明者ともいわれる。しかし弟子となった甥のタロスが鋸(のこぎり)を造り出すと、この才能に嫉妬(しっと)して彼を殺害した。この罪により**クレタ島**に亡命して**ミノス王**に仕えた経歴を持つ人物である。

迷宮を設計したのち、アテナイの王子**テセウス**がミノタウロスを殺害(▶P.204)し、さらに彼に魅かれたミノス王の娘**アリアドネ**を連れ去ってしまう。

この一連の事件にダイダロスが協力していると知ったミノス王は激怒し、彼と息子の**イカロス**を迷宮に閉じ込めた。

そこでダイダロスは鳥の羽を蠟で固めた翼を作り、息子のイカロスとともに鳥のように空に飛んで脱出しようと計画した。しかし蠟は熱や湿気に弱いことから、イカロスには太陽と海面に近づくなと忠告して飛び立つ。

しかし、若いイカロスは空を飛ぶ面白さに目覚め、夢中で空高く舞い上がった。すると太陽の熱で蠟が溶けて翼がはがれ、彼は海へ墜落してしまったのだ。

一方ダイダロスの方はその後も無事に飛び続け、シチリアの**カミコス**に至った。

ダイダロスを追いつめようとしたミノスの末路

ミノス王はダイダロスの行方を探し始めた。

そこで巻貝に糸を通した者には莫大な賞金を与えると触れ回る。カミコスの王は賞金目当てにダイダロスからこの解決法を聞き出し、糸を通すことに成功。このことからミノス王はダイダロスの所在を突き止め、シチリアへ向かった。

しかし王はその途中で水死したとも、カミコスの領主の歓待を受け、入浴中にダイダロスの作った装置により熱湯を浴びせられて死んだともいうが定かではない。

神話のPOINT!

- ダイダロスは息子のイカロスとともに翼を使って迷宮からの脱出を試みた。
- イカロスは太陽に近づきすぎて、翼の蠟が溶けて墜落した。
- ミノス王はダイダロスの所在を突き止めたが、殺されたと伝わる。

ダイダロスとイカロスのクレタ島脱出

のちにミノタウロスが倒されると、ミノス王は迷宮の秘密を教えたダイダロスを殺害しようとします。そこでダイダロスは鳥の羽を蝋で固めて翼を製作し、息子のイカロスとともに空から逃亡しようと計画しました。

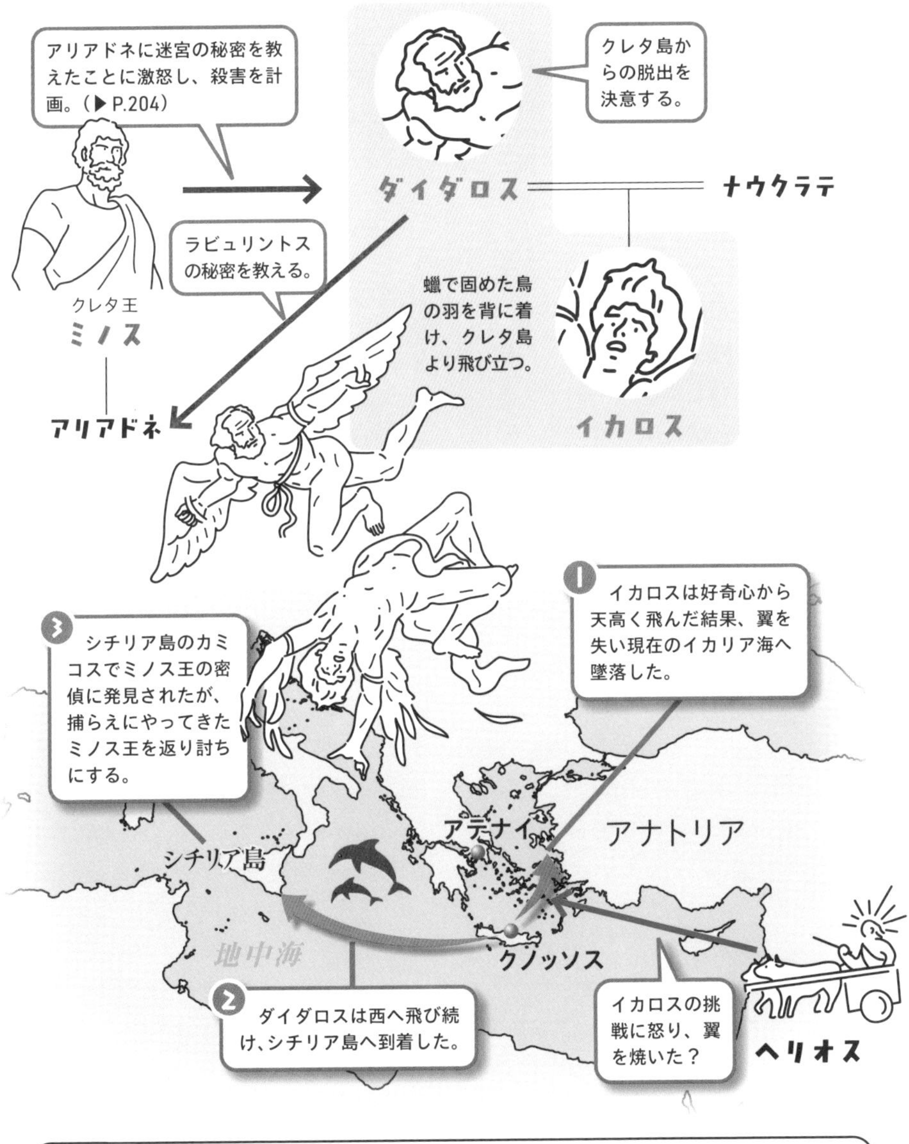

アリアドネに迷宮の秘密を教えたことに激怒し、殺害を計画。（▶P.204）

クレタ王
ミノス

アリアドネ

ラビュリントスの秘密を教える。

ダイダロス

ナウクラテ

クレタ島からの脱出を決意する。

蝋で固めた鳥の羽を背に着け、クレタ島より飛び立つ。

イカロス

❶ イカロスは好奇心から天高く飛んだ結果、翼を失い現在のイカリア海へ墜落した。

❸ シチリア島のカミコスでミノス王の密偵に発見されたが、捕らえにやってきたミノス王を返り討ちにする。

アテナイ
アナトリア
シチリア島
地中海
クノッソス

❷ ダイダロスは西へ飛び続け、シチリア島へ到着した。

イカロスの挑戦に怒り、翼を焼いた？

ヘリオス

豆知識 この悲劇は日本では『勇気一つを友にして』という歌で知られるが、歌詞はイカロスの無謀ではなく勇気をたたえる内容となっている。

12 タンタロス一族の呪い

詐術によって妻と権力を得たペロプスにかけられた一族の呪い

息子を殺して神々を試したタンタロス

テバイ王家と並び、呪いに悩まされたのが**ミュケナイ**の王となった**アトレウス家**である。その祖となる**タンタロス**は人間だが、**ゼウス**の子で母が富の女神**プルト**と大変裕福で、神々からも愛されていた。それに思いあがったのか、彼は神々を試そうと、息子**ペロプス**を殺し、その肉を料理して神々に振る舞った。すぐに気づいた神々は激怒し、タンタロスを冥界の**タルタロス**へと落とし、永遠に続く渇きの罰を与えた。

一方で殺されたペロプスは神々の力で蘇生し、美しい青年に成長。やがてピサの王オイノマオスの娘ヒッポダメイアに求婚する。だが、オイノマオスは結婚相手に命をかけた戦車レースを課していた。それは、王の戦車に追いつかれた求婚者は殺されるという死のレース。しかもオイノマオスは、父の軍神**アレス**から譲られた無敵の馬を持っていた。

そこでペロプスは**ポセイドン**から黄金の戦車と翼を持つ駿馬(しゅんめ)をもらった上で、一計を案じる。王の御者**ミュルティロス**を買収したのだ。レースで王の馬車の車輪が外れ、王はミュルティロスに呪いの言葉を吐きながら亡くなった。

止まらない呪いの連鎖のなか、アガメムノンが登場

ペロプスは王となり、ヒッポダメイアと結婚したが、口封じのためにミュルティロスを殺す。今度はミュルティロスがペロプスに呪いをかけて亡くなった。

その呪いが現れたのはペロプスの子の時代。息子のアトレウスとテュエステスが王位を巡って争ったのだ。

まずテュエステスの策略を見破った兄のアトレウスが王になる。すると今度は弟テュエステスが娘に産ませたアイギストスが、アトレウスを倒し報復。さらに、このテュエステスをアトレウスの長男アガメムノンが殺害してミュケナイ王となった。

神話の POINT!

- タンタロスが息子ペロプスを殺し、神々を試す。
- ペロプスは御者を買収して戦車レースでオイノマオスに勝利した。
- 御者の呪いにより、ペロプスの子孫たちは骨肉の争いを続ける。

神々に息子ペロプスの肉を食わせようとしたタンタロスは、神々の怒りを買ってタルタロスでの罰を受けます。同時にその一族も呪いに巻き込まれ、血族同士の争いが続くこととなりました。

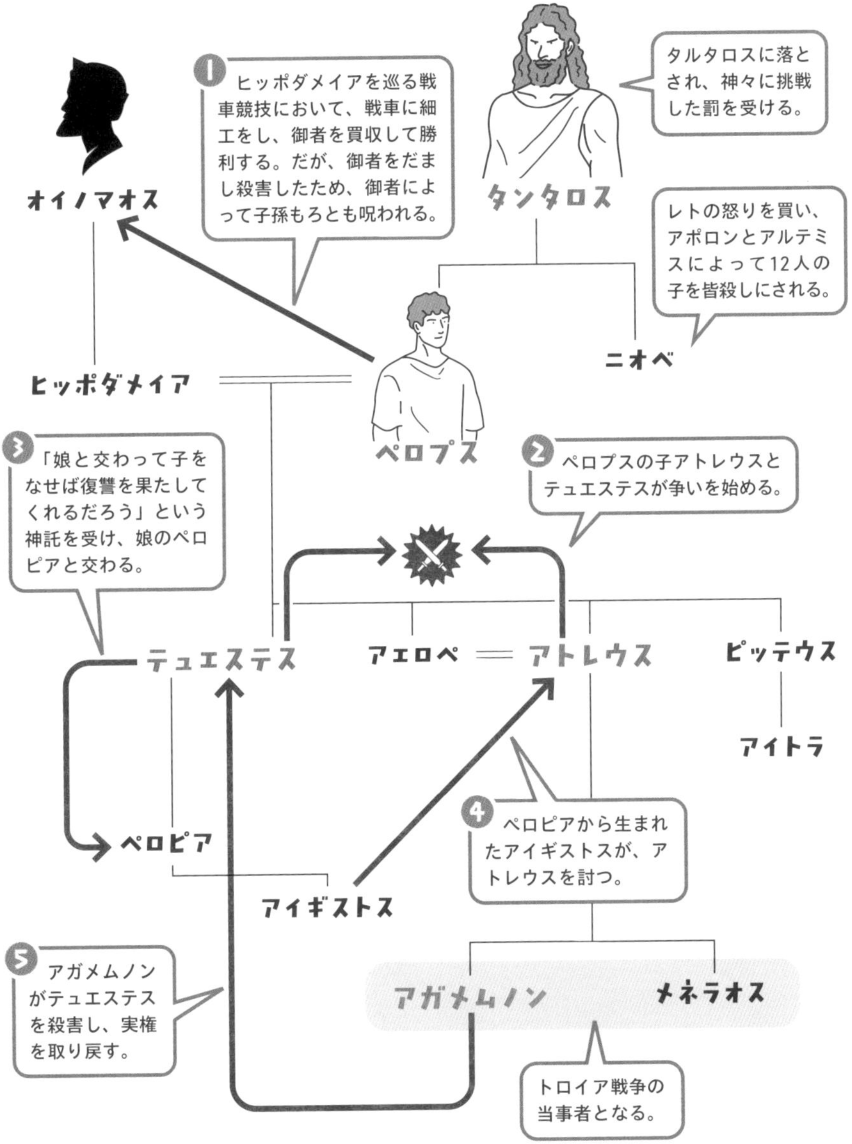

タンタロス

タルタロスに落とされ、神々に挑戦した罰を受ける。

ニオベ

レトの怒りを買い、アポロンとアルテミスによって12人の子を皆殺しにされる。

ペロプス

オイノマオス

ヒッポダメイア

❶ ヒッポダメイアを巡る戦車競技において、戦車に細工をし、御者を買収して勝利する。だが、御者をだまし殺害したため、御者によって子孫もろとも呪われる。

❷ ペロプスの子アトレウスとテュエステスが争いを始める。

テュエステス

アエロペ ＝ アトレウス

ピッテウス

アイトラ

❸「娘と交わって子をなせば復讐を果たしてくれるだろう」という神託を受け、娘のペロピアと交わる。

ペロピア

アイギストス

❹ ペロピアから生まれたアイギストスが、アトレウスを討つ。

アガメムノン

メネラオス

トロイア戦争の当事者となる。

❺ アガメムノンがテュエステスを殺害し、実権を取り戻す。

語源図鑑 **タンタロスの責め苦** タンタロスの罰から生まれたのが「タンタロスの責め苦」という表現。これは「よいものを持っているがそれを楽しむことを許可されていない人」のこと。

資料室

ギリシャ神話のモンスター

神々と英雄の活躍を盛り上げるモンスターたち

天馬ペガソスなどのように、英雄を助ける聖獣がいる一方で、メドゥサやキマイラ、セイレンなど英雄たちの前に立ちはだかる存在も多い。こうした敵役の怪物は排除されることによって、ギリシャの知性や理性が野生に勝利することを意味している。

テュポン

ティタノマキアののち、ガイアがタルタロスと交わって生まれた巨大な怪物。力も強く、目と口からは火や岩を放ち、ゼウスを苦戦させた。エキドナと交わってケルベロス、ヒュドラ、キマイラ、スキュラなどを生んだという。

エキドナ

上半身は美女で下半身は蛇という姿の魔物。ヘシオドスの『神統記』によると、クリュサオルとオケアニデスのカリロエの娘とされる。テュポンの妻となり、ケルベロスやヒュドラなど多くの怪物たちを生んだとされる。

ケルベロス

地獄の番犬で、『神統記』には50の頭を持つとあるが、一般には3つの頭を持つ凶暴な犬の姿が知られる。冥界を脱出しようとする者に容赦なく襲い掛かるとされる。だが、ヘラクレスの怪力やオルペウスの竪琴、アイネイアスのお菓子の前に屈服している。

キマイラ

獅子の首と山羊の胴、蛇またはドラゴンの尾を持ち、口から火炎を吐き出す魔獣。噴火の絶えないリュキア地方の山岳地帯に棲み、人や家畜を餌食にしてはあたりを荒らし回ったが、ペガソスの力を借りたベレロポンに、口のなかに鉛を詰められて倒された。

ヒュドラ

レルネの沼地に棲むとされる蛇。テュポンとエキドナの子とされる。9つの頭を持ち、ひとつは不死の頭。そのほかは切られても新しくふたつずつ再生する力を持っていた。吐き出す息と肌の粘膜に猛毒を持ち、のちにヘラクレスの毒矢に利用された。

カリュブディス

メッシーナ海峡に巣食い、船乗りを襲う海の魔物。ポセイドンとガイアの娘であったが、ヘラクレスの牛を盗んで食べたためゼウスによって怪物の姿にされた。海水ごと食事をするため、彼女の周りには渦が巻き、取り込まれた船は抜け出せなくなる。渦潮を擬人化したと思われる存在。

スキュラ

魔女キルケに逆恨みされたために、下半身が6つの犬の頭と12本の足を持つ怪物に変えられてしまった元ニンフ。優しかった性格は失われ、シチリア島沿岸のメッシーナ海峡の洞窟に巣食い、船乗りを捕らえては貪り食うようになった。

ケトス

エチオピアの王妃カシオペアの傲慢に立腹したポセイドンが、その国土を荒廃させるべく遣(つか)わした怪物。生贄に捧げられたアンドロメダ救出に動いたペルセウスによって退治され、天にあげられてくじら座になったという。

セイレン

人魚のイメージがあるが、女性の上半身と鳥の下半身を持つ魔物で、アンテモエッサ島に棲む。美しい歌声で近くを通る船の船乗りを惑わせるという。アルゴ船の一行はオルペウスの竪琴の音によって難を逃れ、オデュッセウスは船乗りの耳を蠟でふさいで切り抜けた。

ハルピュイアイ

アルゴ船で航海していた勇者イアソン一行が、トラキアで出会った怪物。女性の頭部と乳房に、鳥の胴体を持つ怪物である。セイレンに似ているが、顔は美しくなく、鳴き声も耳障りだという。翼を持つ兄弟カライスとゼテス兄弟に追い払われた。

ミノタウロス

クレタ島の王妃パシパエが、牡牛と交わって生まれた牛頭人身の怪物。アステリオスという名を与えられたが、暴力的で人を食うという悪癖を持っていたため、名工ダイダロスが設計した迷宮に閉じ込められ、のちにテセウスに倒された。

COLUMN

古代ギリシャ的生活

— 5 —

古代ギリシャの家

古代ギリシャの家は、中庭を囲むような間取りになっており、窓も少なく小さかったため、外からは家の壁と塀が見えるだけで外観は殺風景に見えた。都市の場合、2階建てが多かったが、作り付けの階段はないケースが多く、梯子(はしご)を用いて上り下りしていたようだ。

家は石の土台の上に泥を固めた日干し煉瓦(れんが)や石で造られた。内側の床は粘土か土を固めた土間。テラコッタ製のタイルでふいた屋根を木材で支えていた。

家のなかは外側には窓が少ない代わりに、中央の中庭から明かりを取り入れ、内壁は漆喰壁(しっくいへき)で赤や白のシンプルな色合いだった。壁は容易に穴が開いたため、泥棒が壁を破って侵入することがよくあったという。また、戦いのときには壁に穴をあけて連絡を取り合い、そこから出入りして、敵の裏をかくゲリラ作戦にも使われていた。

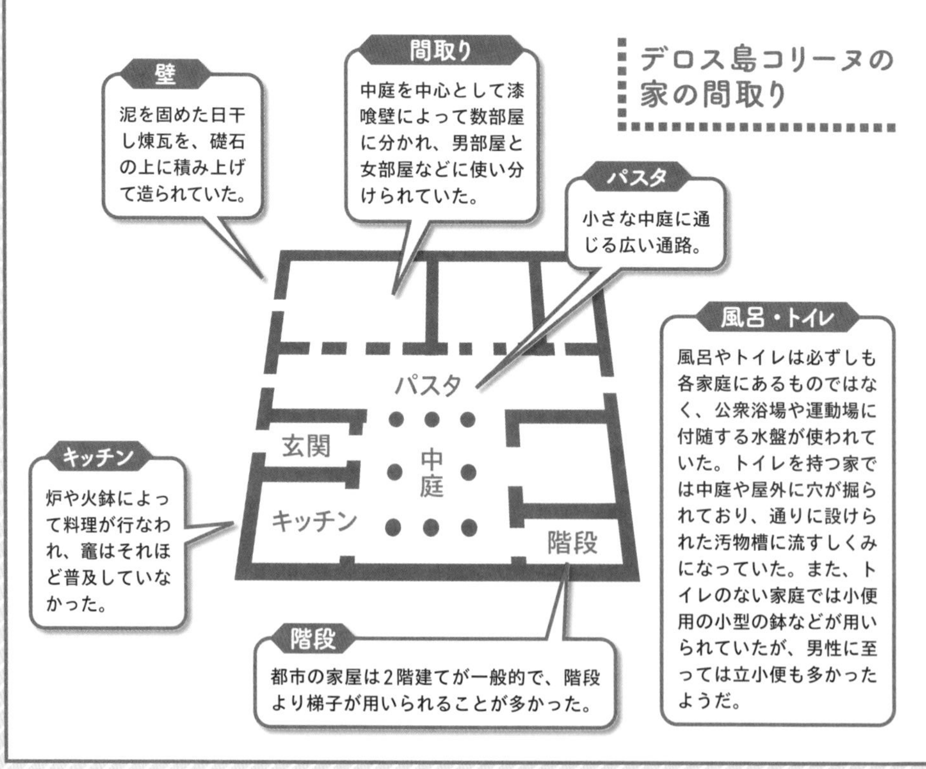

CHAPTER 5

英雄たちの物語

ヘラクレス、テセウス、ペルセウス……。誰もが一度は耳にしたことのある名前。これらがギリシャ神話に登場する英雄たちです。絵画やゲームなど様々なジャンルに登場する英雄たちは、いったいどのような活躍をしたのでしょうか？

さて、いよいよ
神話の最終章
である
英雄たちの
物語じゃ。

そういえば、
星座も神話が
わかると、
がぜん面白く
眺められ
ますね。

第5章は、ヘラクレスやテセウスらが登場する英雄たちの物語。
神話と歴史時代のはざまにあるトロイア戦争までを解説します。

ペルセウスの冒険①

旅立ち

幽閉されたダナエから生まれたゼウスの子、ゴルゴン退治へ旅立つ

図解ペルセウス

ペルセウスはギリシャ神話を代表する英雄。ゴルゴン退治(▶P.180)とアンドロメダの救出(▶P.182)で知られ、メドゥサの首を持つ姿でよく描かれます。

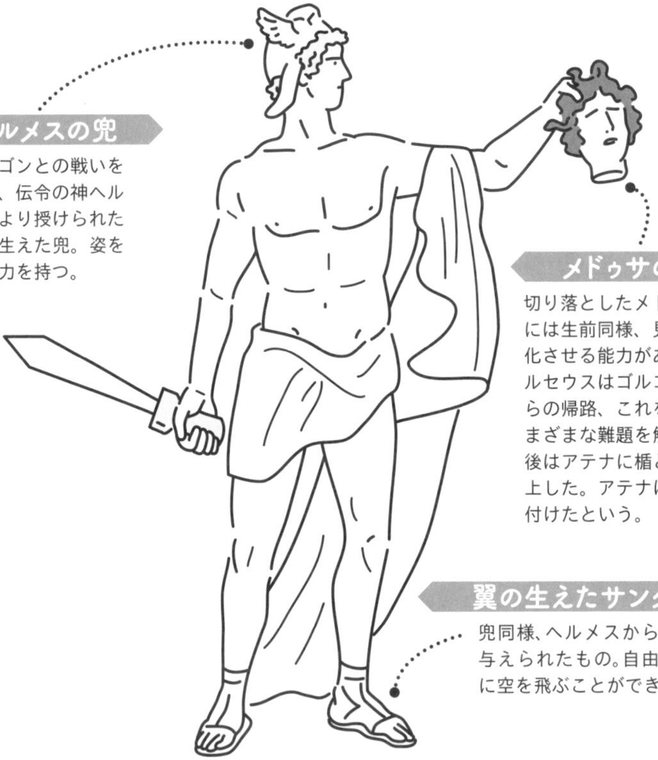

ヘルメスの兜

ゴルゴンとの戦いを前に、伝令の神ヘルメスより授けられた羽の生えた兜。姿を隠す力を持つ。

メドゥサの首

切り落としたメドゥサの首には生前同様、見る者を石化させる能力があった。ペルセウスはゴルゴン退治からの帰路、これを用いてさまざまな難題を解決し、最後はアテナに楯とともに献上した。アテナは楯に縫い付けたという。

翼の生えたサンダル

兜同様、ヘルメスから貸し与えられたもの。自由自在に空を飛ぶことができた。

ペルセウスを理解するための 4POINT!

▶ ゆかりの地

アルゴス、セリポス島、ティリュンス

▶ 関係の深い神々

ゼウス(父)、アテナ、ヘルメス

▶ 関係の深い人物

ダナエ(母)、アンドロメダ、アクリシオス

▶ 主な業績

・ゴルゴン三姉妹のメドゥサを退治する。

・アンドロメダを救う。

・ティリュンスの王となる。

ダナエとゼウスから生まれた英雄ペルセウス

オリュンポスの最高神**ゼウス**が、黄金の雨に姿を変えて交わった**ダナエ**との間にもうけた子が、英雄**ペルセウス**である。（▶P.56）

ダナエの父・アルゴス王アクリシオスは、「ダナエの子に滅ぼされる」と神託を受けて、ダナエを青銅の塔のなかに幽閉してしまう。

このダナエを見初めたゼウスは、**黄金の雨**に変身してすき間から塔内に入り込むと、ダナエと交わって想いを遂げ、ペルセウスをもうけたのだ。

幽閉していたはずのダナエに子どもが生まれたと聞いたアクリシオスは、このままでは神託が実現してしまうと恐れおののく。

とはいえ娘を直接手にかけるわけにもいかず、母子を木の箱に入れ、海に流すことにした。

箱は波に揺られて、エーゲ海に浮かぶ**セリポス島**に漂着。島の王の弟ディクテュスに拾われ、母子はここに住みついて平穏な日々を過ごした。

心優しいディクテュスのもと、やがてペルセウスはたくましい青年へと成長していった。

うっかり発言からゴルゴン退治へと旅立つペルセウス

しかし母子に魔の手が忍び寄ろうとしていた。

ダナエを見初めたセリポス王の**ポリュデクテス**が、邪魔なペルセウスを何とか遠ざけたいと画策したのだ。

そこで王はあるとき、島の主だった人物に贈り物として馬を差し出すよう命じた。しかし財力のないペルセウスに高価な馬は用意できない。

そこでペルセウスは、「自分の腕で取れるものならゴルゴンの首でも取ってくるのだが……」

とポリュデクテスに断りの口上を述べた。

ゴルゴンとは、遠く離れた地に棲むステンノ、エウリュアレ、**メドゥサ**の三姉妹で、蛇の頭、猪の牙を思わせる歯、青銅の手、黄金の翼を持つ醜い怪物たちである。かつては人間であったが、アテナの怒りを買って醜い化物にされたといわれる。

これを聞いたポリュデクテス王は、すかさず、馬の代わりとしてペルセウスにゴルゴン退治という無理難題を押し付けたのであった。

神話のPOINT!

- ペルセウスはアルゴス王の娘とゼウスの間に生まれた。
- アルゴス王は「娘の子に滅ぼされる」という神託を受け、母子を海に流した。
- セリポス島で成長したペルセウスは、王から、ゴルゴン退治を命じられた。

豆知識 メドゥサはアテナの怒りを買った元人間であるのに対して、ステンノとエウリュアレは海の怪物から生まれたという説もある。これに基づくと三姉妹といいつつも出自が全く異なることになる。

ペルセウスの冒険②

ゴルゴン退治

神々の助けを得て成し遂げられた怪物退治の偉業

ペルセウスに積極的に協力したアテナの思惑

ゴルゴン退治を引き受けたものの、この3人の怪物は、醜悪な姿もさることながら、その姿を見た者を石に変える力を持ち、**メドゥサ**以外は不死身であった。

ペルセウスも途方に暮れたが、神々が協力を買って出る。**アテナ**が案内役となり、**ヘルメス**が姿を隠せる**兜**(かぶと)と**飛行できるサンダル**を貸してくれた。

アテナが味方したのは、メドゥサを憎んでいたからである。**ポセイドン**と愛人関係にあったメドゥサが、「自分の髪はアテナの髪より美しい」と自慢したあげく、アテナの神殿でポセイドンと交わったた

ペルセウスのゴルゴン退治

アルゴスで生まれたペルセウスは、ポリュデクテスの策にはまり、自らゴルゴン退治を申し出てしまいますが、神々の助けを得てメドゥサを討つことに成功します。

シチリア島

5 グライアイを脅してゴルゴン三姉妹の居場所を突き止める。

6 西の果てに至り、メドゥサを退治する。メドゥサの首からしたたる血からポセイドンの子、クリュサオルと天馬ペガソスが生まれた。

4 西の果てへ向かう途中、アテナの案内を受けながら、ヘルメスから兜とサンダルを、ニンフのナイアデスからゴルゴンの首を入れるための袋を借りる。

神話のPOINT!

- アテナやヘルメスなど神々がペルセウスに協力した。
- 神殿を穢されたことでアテナはメドゥサを憎み、殺そうとしていた。
- ペルセウスは楯に映るメドゥサを見ながら殺した。

め、神殿を穢されたアテナが憤り、メドゥサとその姉を醜い姿に変えたのだ。

そこへペルセウスがゴルゴン退治を宣言したのだから、協力しないわけにはいかない。

楯を鏡代わりにメドゥサに近づく

アテナは、まず、唯一ゴルゴン三姉妹の居場所を知る**グライアイ**という老三姉妹のもとへ、ペルセウスを案内する。

彼女らはひとつの目と歯を交代で使い回していた。そこでペルセウスは兜の力で密かに近づき、その目を奪ってそれを人質にゴルゴン三姉妹の居所を白状させることに成功する。

ただし、メドゥサは見た者を石に変えるため、近づくことが難しい。

そこでアテナは、ペルセウスに**青銅の楯**を与え、これを鏡代わりに、そこに映る彼女の姿を頼りに討ち取るようアドバイス。ペルセウスは三姉妹が眠っているすきに盾に映るメドゥサの姿を見て近づき、その首を切り落としたのだった。

そのとき、ふたりの姉が起き出してしまうが、隠れ兜をかぶっていたペルセウスは、姿を隠したまま空飛ぶサンダルで逃げおおせたのであった。

豆知識 ヨーロッパではメドゥサの首を魔除けとして飾る習慣が生まれた。イスタンブールの地下宮殿「バシリカ・シスタン」ではメドゥサの首がさかさまになった状態で柱を支えている。

ペルセウスの冒険③

アンドロメダを救う

ポセイドンが放った海の怪物を退治し、美女をゲット

生贄(いけにえ)にされかけた王女を発見したペルセウス

メドゥサを退治した**ペルセウス**は、その帰路、エチオピアの上空を通ったとき、大波が打ち寄せる岩に縛り付けられている美女を目にする。

縛られていたのは、ケペウス王の娘・**アンドロメダ**だった。彼女の母親カシオペイアが、自らの美貌(びぼう)は神々に勝ると自慢したため、**ポセイドン**らの怒りを買い、エチオピアが洪水と海の怪物の被害に見舞われる事態に陥った。そこで神の怒りを鎮めるために神託を求めたところ、アンドロメダを人身御供(ひとみごくう)に捧げるよう告げられたのだった。ペルセウスは彼女を救いたいと王に直談判(じかだんぱん)。彼女を妻にすることを条件に海の怪物退治に乗り出した。

彼は怪物が現れると、ペルセウスは翼の生えたサンダルで宙を自在に舞いながら怪物と格闘。最後は剣で刺して倒したとも、メドゥサの首をつきつけて石に変えたともいわれる。

アンドロメダを狙う王弟ピネウスの反乱

こうしてアンドロメダを救い出したペルセウスだったが、王宮に凱旋(がいせん)すると、彼に歯向かってくるものがいた。ケペウスの弟のピネウスだ。

彼はアンドロメダの婚約者だったため、怪物がいなくなれば彼女は自分の物とばかり、仲間と語らって戦いを挑んできたのだ。ケペウスはピネウスを諭すが、欲望に取りつかれた彼は聞く耳を持たない。

ピネウス一党に襲いかかられたペルセウスは、「自分の味方は目を背けるように」といってメドゥサの首をつきつける。たちまちピネウスとその一味は石に変わってしまうのだった。こうしてペルセウスはアンドロメダと結ばれた。

なお、ルネサンス期以降、多くの画家がこの神話を題材に、アンドロメダが裸で岩に縛り付けられた姿を描いている。

神話のPOINT!

- 帰国途中、ペルセウスは岩に縛られている美女を発見する。
- アンドロメダが生贄にされかけていると知り、怪物を退治して救い出す。
- ペルセウスはアンドロメダを狙うピネウスも倒して彼女と結ばれた。

アンドロメダと結ばれるペルセウス

ゴルゴン退治からの帰路、ペルセウスはエチオピアの王女アンドロメダを救出し、妻としました。

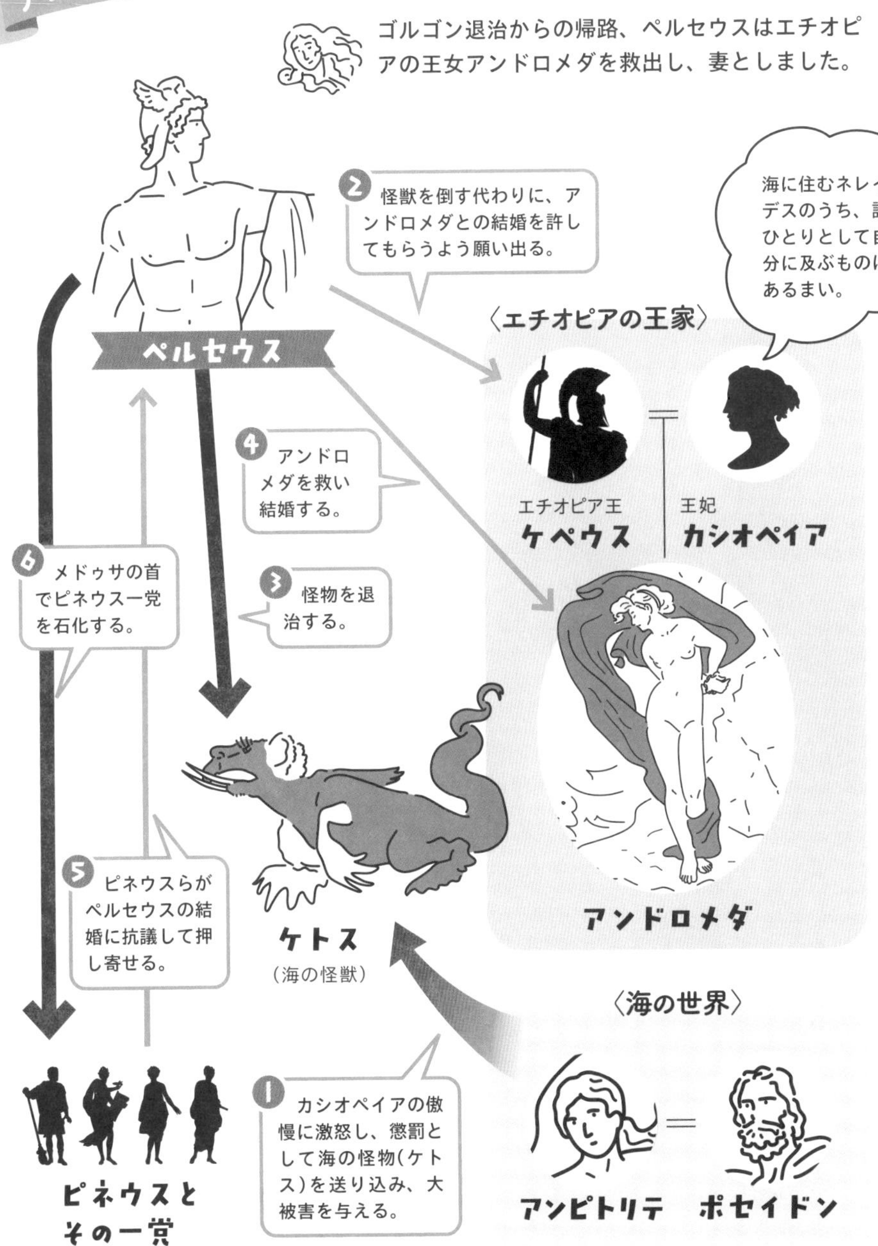

CHAPTER 5 英雄たちの物語

語源図鑑 ペルセウス・アンドロメダ型神話　英雄が囚われの姫を助ける物語は、英雄物語の典型となり、スサノオのヤマタノオロチ退治のように世界中に類似の物語が伝わる。こうした神話は「ペルセウス・アンドロメダ型神話」と呼ばれる。

ペルセウスの冒険④

帰還

不吉な予言を成就させてしまったペルセウスはアルゴスを去る

悪王を石に変え 母の苦難を救うペルセウス

妻の**アンドロメダ**とともに**ペルセウス**がセリポス島に戻ったとき、母の**ダナエ**と庇護者(ひごしゃ)のディクテュスは、王**ポリュデクテス**の無体に耐えられなくなり、ゼウスの祭壇に逃げ込んでいた。ポリュデクテスは祭壇には手を出しかねて遠巻きに囲んでいたが、危機一髪の状況であった。

いまだに母を苦しめる王に激怒したペルセウスは、王とその一味にメドゥサの首をつきつけ、みなを石に変えた。

そして恩人のディクテュスをセリポス島の王にしたペルセウスは、兜とサンダルをヘルメスに返上し、メドゥサの首をアテナに献上する。アテナはその首を自分の楯の真ん中にはめ込んだという。

異国の町で現実のものとなった アルゴス王の予言

その後、ペルセウスは母と妻とともに、祖父アクリシオス王との和解を期待してアルゴスへと向かう。

しかし、アクリシオス王は神託の成就を恐れて、アルゴスから逃げ出していた。

祖父の行方を尋ねていたペルセウスはラリッサの町に立ち寄る。

ここで開かれていた運動競技大会を見て、若者の血が騒いだペルセウスは、円盤投げに参加した。しかし、彼の投げた円盤の手元が狂い、観客席にいた老人の頭に直撃して死なせてしまう。彼が、そこに居合わせたアクリシオス王だった。こうして運命に導かれて予言は果たされてしまったのである。

祖父の死によりペルセウスがアルゴス王につくことになったが、血族間の流血は重い穢(けが)れである。

ペルセウスは従兄弟と領地を交換し、**ティリュンス**へと去った。

以降、ペルセウスは同地の王としてアンドロメダや多くの子と穏やかな余生を過ごした。

神話のPOINT!

- **ペルセウスは母のダナエを追いつめるポリュデクテスを討つ。**
- **祖父を探しに出かけたペルセウスは途中で参加した円盤投げの大会で誤って円盤を老人に命中させ殺害してしまう。**

次代の英雄たちを生んだペルセウスの系譜

ペルセウスとアンドロメダの系譜からは、のちにヘラクレスや、カストル、ポリュデウケスら英雄が生まれています。

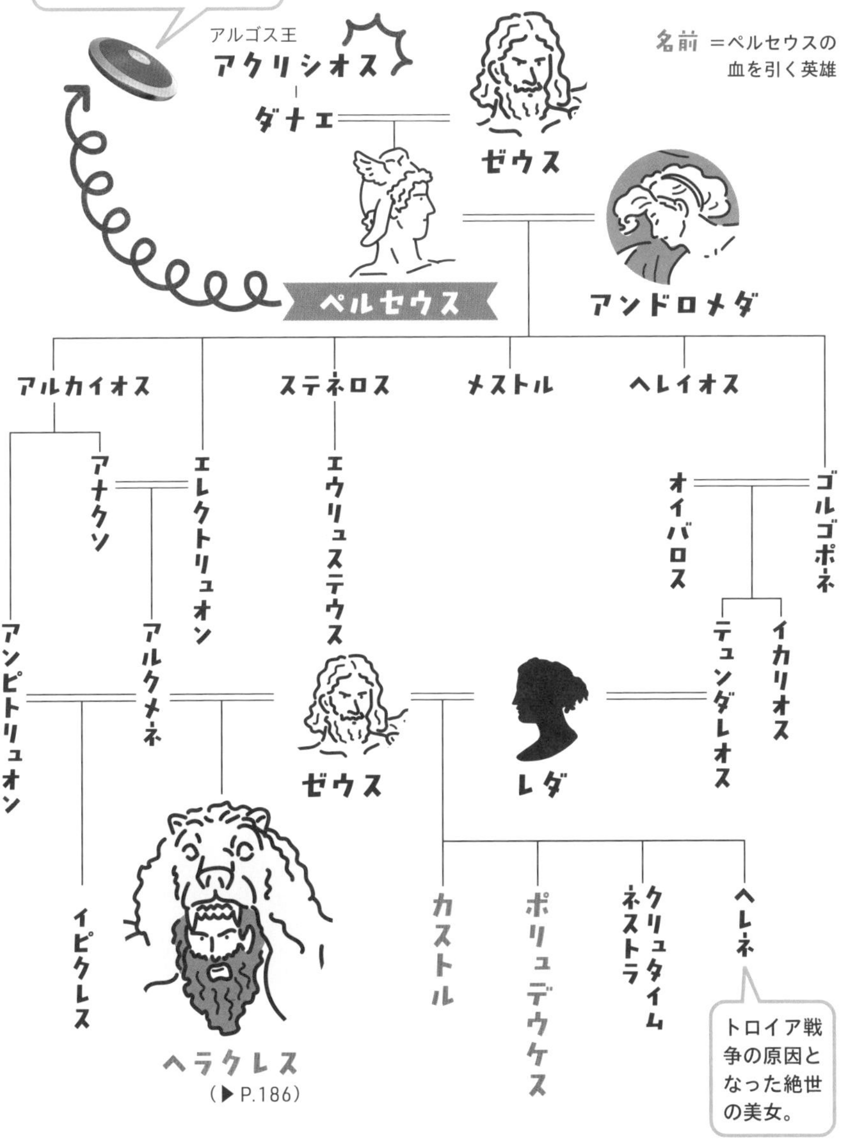

名前 ＝ペルセウスの血を引く英雄

ラリッサの競技会で、ペルセウスが投げた円盤が直撃し、死亡する。

アルゴス王
アクリシオス

ダナエ

ゼウス

ペルセウス

アンドロメダ

アルカイオス

ステネロス

メストル

ヘレイオス

アナクソ

エレクトリュオン

エウリュステウス

オイバロス

ゴルゴポネ

アンピトリュオン

アルクメネ

テュンダレオス

イカリオス

ゼウス

レダ

イピクレス

ヘラクレス

（▶P.186）

カストル

ポリュデウケス

クリュタイムネストラ

ヘレネ

トロイア戦争の原因となった絶世の美女。

豆知識 アンピトリュオンが誤ってミュケナイ王エレクトリュオンを殺してしまったので、ステネロスはアンピトリュオンを追放してミュケナイの王となった。その血を受け継いだのがエウリュステウスである。

ヘラクレスの生涯①

ヘラの嫉妬

ゼウスの子として生を受けながら、ヘラの嫉妬に翻弄された英雄

図解ヘラクレス

芸術表現におけるヘラクレスのトレードマークはライオンの皮とマッチョな姿。筋骨隆々とした野人のような姿で描かれるキャラクターです。

ライオンの皮

18歳のときに退治したキタイロン山のライオンの毛皮。口を開いた頭を兜(かぶと)として用いたため、見る者は恐れをなしたという。

棍棒

ライオンを退治した際に持っていた棍棒(こんぼう)。突起のある棍棒もヘラクレスのシンボルのひとつ。

マッチョ

美術作品では、常に筋骨隆々とした堂々たる体躯で描かれる。

ヘラクレスを理解するための4POINT!

- **ゆかりの地** テバイ、ティリンス
- **関係の深い神々** ゼウス(父)、ヘラ
- **関係の深い人物**
  テセウス、エウリュステウス、ネッソス、デイアネイラ
- **主な業績**
  - ・ネメアのライオン退治、ヒュドラ退治など、12の難業を克服する。
  - ・オイカリアを征討する。
  - ・没後、天に上げられ、神格化される。

嫉妬に狂う ヘラの迫害に遭うヘラクレス

　ギリシャ神話を代表する英雄**ヘラクレス**は、ゴルゴン退治の英雄**ペルセウス**の末裔（まつえい）にあたり、**ゼウス**の子という輝かしい血統を誇る。

　だが、その生涯は、ゼウスの正妻ヘラの迫害を受け、苦難を味わうこととなった。

　そもそもはペルセウスの子孫であるアンピトリュオンの遠征中、ゼウスがアンピトリュオンになりすましてテバイを訪れ、その妻**アルクメネ**と関係を持ったことに始まる。

　例によってこれを知った**ヘラ**は、激しく嫉妬した。

　しかも、今度生まれるペルセウスの血筋の子が**ミュケナイ**の王になると聞くと、アルクメネの出産を妨害。同じペルセウスの子孫であるステネロスの子**エウリュステウス**を先に世に送り出し、アルクメネが生むゼウスの子の王位継承権を奪ってしまう。

　やがてアルクメネはヘラクレスとイピクレスという双子を生んだ。このうち前者がゼウスの血を引く半神の英雄で、後者がアンピトリュオンの実子である。

　ヘラクレスが生まれてからもヘラの迫害は止まず、赤子のヘラクレスに蛇が放たれたが、ヘラクレスは怪力を発揮して蛇を絞殺（こうさつ）し、事なきを得た。

ヘラの呪いによって 狂気に囚われたヘラクレス

　戦車、弓、武器などを学んで成長したヘラクレスは、18歳の頃にはキタイロン山のライオンを退治し、その皮をはいで身にまとい、また、テバイに攻めてきたオルコメノスの王を倒してテバイを救うなどの業績を挙げ、豪勇無双の英雄へと成長した。そして、テバイのクレオンの娘のメガラと結婚し、栄光に満ちた人生を送っていた。

　そんなヘラクレスを見て、ヘラの怒りはいまだ収まらないどころか、膨れ上がる一方である。そこでヘラは、彼に狂気を送り込む。その結果、彼は狂気に囚われて、妻と我が子を弓で射殺してしまうのだった。

　正気に戻って悲しんだヘラクレスは、デルポイへおもむいて罪の償いの神託を乞う。すると、父の従弟のエウリュステウスに仕え、彼が命じる難業を克服するよう命じられたのである。

神話のPOINT!

- **ゼウスの子ヘラクレスはヘラに恨まれ、蛇を送られるが素手で退治する。**
- **ヘラは成長したヘラクレスを狂気に陥れ、妻子を殺させた。**
- **罪を償うために12の難業に挑むようヘラクレスに神託が下される。**

語源図鑑　**ヘラクレス**　大きくてパワフルなイメージからヘラクレスの名は世界一大きいカブトムシの名の由来となった。すなわち「ヘラクレスオオカブト」である。

ヘラクレスの生涯②

12の難業

妻子殺しの罪を負った英雄は知恵と勇気で難業を克服する

エウリュステウスと英雄ヘラクレス

神託を受けた**ヘラクレス**は、贖罪(しょくざい)のためにティリュンスの王**エウリュステウス**のもとへおもむく。エウリュステウスは**ヘラ**がヘラクレスを王にしないために彼より先に生まれるように仕組んで生(せい)を受けた人物で、ミュケナイの支配権をアンピトリュオンから奪った父親ステネロスの卑劣な心を受け継ぐ人物だった。

そんなエウリュステウスは、ヘラクレスを憎み、亡き者にしようと、過酷な難業を次々と科すのだった。

ヘラクレスが成し遂げた12の難業

ヘラクレスは持ち前の知恵と勇気で、エウリュステウスから科せられた難行を、次々と克服していきました。

第1の難業 ネメアのライオン退治

ネメアのライオンはテュポンとエキドナの子とされ、武器を跳ね返す皮を持つ不死身の怪物だった。ヘラクレスはこの獅子を矢で射るが突き刺さらない。獅子を追いかけ、洞窟に入り込むと、もう一方の入口を大岩でふさいで逃げられないようにしたうえで洞窟に入り、ライオンを素手で絞殺したという。

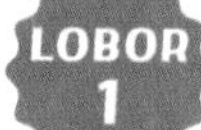

ヘラクレスの身に着けている毛皮はこの獅子のものという説もある。

第2の難業 レルネのヒュドラ退治

ヒュドラは9つの頭を持ち、ひとつを切っても切り口から新しい頭が生えるという魔性の蛇。しかも中央の頭は不死身であった。

甥のイオラオスとともに退治におもむいたヘラクレスは、ヘラクレスが頭を切り落とし、イオラオスがその切り口をすぐに薪で焼きつぶすという戦術で、再生を阻止すると、不死の頭を巨石で抑えつけて退治した。

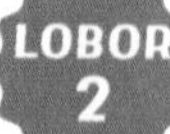

ヒュドラの胆の血に強力な毒があるため、ヘラクレスはこれに矢を浸して武器とした。

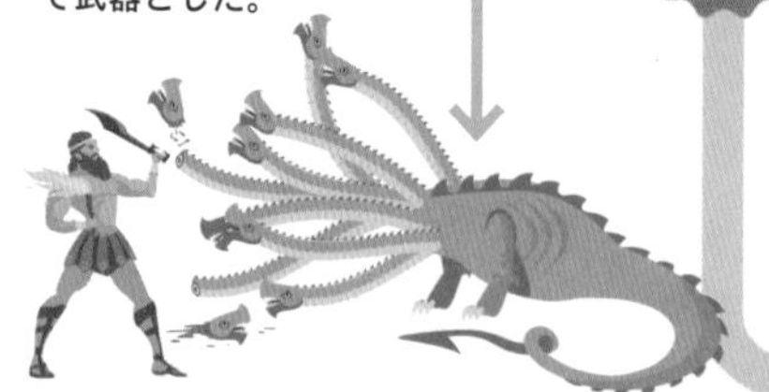

LOBOR 6

第6の難業 ステュンパロスの鳥退治

ステュンパロスの森に棲み着いた無数の鳥たちが騒音をまき散らすうえに田畑の作物などに被害を与え、人々をこまらせていた。

ヘラクレスは女神アテナから鍛冶の神ヘイパストスが作った青銅の鳴子をもらうと、山の上で打ち鳴らし、大きな音に驚いて飛び立った鳥たちを矢でかたっぱしから射落としていった。

一説によると、これらの鳥は青銅の翼、鉤爪を持ち、人も襲った怪物だったともいわれる。

LOBOR 5

第5の難業 エリスの畜舎掃除

エリス王アウゲイアスの厩は、30年間掃除されておらず、厩には牛の糞がうずたかく積もり、悪臭を放っていた。この厩をひとりで、しかも1日で掃除するよう命じられたヘラクレスは一計を案じる。

彼は厩の土台と壁に穴を空けると、近くの川の流れを変えてその水を厩に引き込み、その水圧で一瞬にしてきれいに流したという。

LOBOR 4

第4の難業 エリュマントス山の猪の生け捕り

ヘラクレスは、アルカディアのエリュマントス山に棲息し、プソピスの街を荒らし回っていた野猪を生け捕りにするよう命じられた。そこで、山狩りをして大猪を住みかから追い出し、深い雪のなかで大猪が身動きできなくなったところに網をかけて捕獲した。

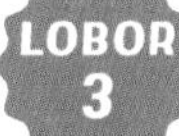

第3の難業 ケリュネイア山の鹿の生け捕り

黄金の角を持つ牝鹿は、アルテミスの聖獣である。そこでヘラクレスもこれを殺さず、生け捕りにしようと考えた。鹿を1年かけて追跡し、疲れ切ってラドン河を渡ろうとした鹿を傷つけないように矢で仕留めて生け捕りにした。

これを知ったアルテミスはヘラクレスをなじるが、彼は事情を説明し、女神から許しをもらったという。

生け捕り後、この鹿はエウリュステウスが野に放ったともアルテミスに捧げたともいわれている。

ヘラクレス、この頃デイアネイラと結婚か？(▶P.192)

第7の難業 クレタ島の暴れ牛の生け捕り

ヘラクレスはクレタ島で暴れ回っている凶暴な牛を連れてくるよう命じられる。ヘラクレスは、ミノス王にこの牛を引き渡すことを談判したが、首を縦に振らなかったため、自力で牛を捕えてエウリュステウスのもとへ持ち帰った。のちに、この牛は野に放たれ、マラトンに住み着いて住民たちを苦しめたため、英雄テセウスによって退治された。

LOBOR 7

この牛は王妃パシパエと交わり、ミノタウロスを生み出した牛ともいわれる。

第8の難業 トラキアの人食い馬生け捕り

軍神アレスの子ともいわれたトラキアの王ディオメディスの馬は、人間を食らう魔物だった。

ヘラクレスは、まず飼い主であるディオメディスを倒して彼を馬の餌食にしたところ、この馬はおとなしくなったという。エウリュステウスに見せた後、この馬は解放されたが、トラキアに向かう山中で野獣に襲われて死んだ。

LOBOR 8

第9の難業 アマゾン女王の帯獲得

ギリシャの東方にある女戦士アマゾンの国へ行って女王ヒッポリュテの帯を持ち帰るよう命じられた。ヘラクレスが、アマゾンの地へ行って交渉すると、女王は帯をゆずるとあっさり了承した。

しかしこれを妬んだヘラは、ギリシャ人が女王をさらおうとしていると噂を流したため、アマゾンとヘラクレスの乱闘に。女王が約束を破ったと思ったヘラクレスは女王を殺してその帯を奪い取った。

LOBOR 9

第10の難業 エリュテイアの赤い牛生け捕り

西の果てエリュテイアに住む3つの頭と6本の腕と足を持つ怪物ゲリュオネスが飼う牛の群れの略奪を命じられたヘラクレス。大洋オケアノスを渡るため、太陽神ヘリオスめがけて矢を放ち、黄金の杯を手に入れると、これに乗って島に上陸した。牛飼いのエウリュテイオンとふたつの頭を持つ番犬オルトロスを棍棒（こんぼう）で打ちのめし牛を奪って歩きだすと、ゲリュオネスが追いかけてきたため、ヘラクレスは3つの頭めがけて3本の矢を放ち、これを倒して牛を連れ帰った。

LOBOR 10

第12の難業 冥界の番犬ケルベロス生け捕り

LOBOR 12

最後の難業は冥界の番犬ケルベロスを連れてくることだった。アテナとヘルメスの助けを得て、冥界へおもむいたヘラクレスが、ハデスに事情を説明すると、ハデスは素手で捕まえたら連れ帰ってもよいという条件のもと承諾した。ヘラクレスは難なくケルベロスを捕獲して連れ帰った。ケルベロスを見たエウリュステウスは恐ろしさのあまり甕のなかに逃げ込んだといわれる。

アシアにて牛車に遭遇したヘラクレスは、牛を1匹殺して神に捧げ、その肉を食らった。牛追いの男が近くの山でヘラクレスを呪ったため、以後、ここでヘラクレスに供物を捧げるときには呪いとともに捧げることになったとされる。

ヘスペリデスの楽園を探索中、軍神アレスの子キュクノスと出会い、アポロンから贈られた戦車に乗ってキュクノスとアレスのふたりと格闘。キュクノスを倒し、アレスを逃走させた。

ドリュオペス族の国を通ったとき、空腹を覚えたヘラクレスが、畑を鋤いていた牛を食べたところ、所有者の国王がヘラクレスを攻撃。ヘラクレスはこれを撃退し、王子ヒュラスを人質に取った。このヒュラスは美しい少年であったため、ヘラクレスは寵愛した。

リビアにて、大地の女神ガイアの子である巨人アンタイオスと遭遇。いくら投げ飛ばしても地面に着くと母のガイアが再生させるため、アンタイオスを高くかかげたまま絞め殺した。

12の難業を成し遂げた後ヘラクレスは再びヘラによって狂気に囚われ、自分を味方してくれたオイカリアの王子イピトスを、城壁から投げ落としてしまう。神罰として彼は奴隷となり、主人に3年仕えることとなった。リュディアの女王オンパレに買い取られたヘラクレスは、夜盗の退治や敵対するイトネ人を征服するなど女王のために貢献。彼を認めた女王はヘラクレスと結婚し子どもをもうけた。

飢饉を鎮める生贄にヘラクレスを捧げようとしたエジプト王ブシリスを殺害する。

第11の難業 ヘスペリデスの黄金のリンゴの入手

LOBOR 11

11の難業は西の果てにある、宵の明星ヘスペロスの娘たちであるヘスペリデスの庭園にある黄金のリンゴの実を手に入れること。この木はゼウスとヘラの結婚を祝って大地の女神ガイアから贈られたもので、百頭の竜ラドンが守っていた。

ヘラクレスはこの地で天空を支えていたアトラスに、ヘスペリデスから黄金のリンゴをもらってきてくれれば、留守中は自分が天空を支えるとかって出た。戻ってきたアトラスは空を担ぐのを嫌がるが、ヘラクレスがだまして天空を担がせ、立ち去った。

ヘラクレスの生涯③

英雄の死

後妻の嫉妬により命を奪われた英雄は、天に昇りヘラと和解する

強姦の犯人から〝愛の媚薬〟を渡された妻

数々の偉業を成し遂げてきた英雄**ヘラクレス**にもついに最期のときが訪れる。栄光に包まれた生涯に終止符を打ったのは、彼の妻だった。

ヘラクレスは最初の妻メガラの死後、おそらく**ヒュドラ**退治の後に、カリュドンの英雄**メレアグロス**の妹である**デイアネイラ**と再婚していた。彼女を連れてエウエノス川に着いたとき、ヘラクレスは渡し守をしていたケンタウロスの**ネッソス**に、彼女を渡してくれるよう頼み、自分は先に川を渡った。

ところがネッソスはこのすきにデイアネイラを襲う。妻の叫び声を聞いたヘラクレスは、ヒュドラの毒が付いた矢をつがえ、ネッソスを射抜いた。倒れたネッソスはデイアネイラに自分の血は愛の媚薬になるので取っておくようにいい残した。

彼女はネッソスの言葉を信じ、その血をひそかに手に入れしまっておいた。

妻の嫉妬が生んだ悲劇 苦痛のなかで英雄は昇天する

その後もヘラクレスは各地に遠征して勇名を馳せていたが、あるときオイカリア王エウリュトスを討ち、その娘**イオレ**を捕虜にして連れ帰った。

このイオレは、昔ヘラクレスが求婚していた女性である。そのことを知っていたデイアネイラは、夫の愛が離れていくことを恐れ、夫が祭儀で着る衣服に媚薬と信じるネッソスの血を塗りこんだ。

ところがこの衣服を着たヘラクレスは突然苦しみに悶絶し始める。ヒュドラの矢で射られたネッソスの血には、その猛毒が混ざっていたのだ。衣服は肉体に吸い付き離れず、無理やり引きはがすと肉もはげてしまう。

死を覚悟したヘラクレスは、火葬壇を築いて身を横たえ、生きながらその壇上で焼け死んだのだった。

神話のPOINT!

- **デイアネイラは、ネッソスから〝愛の媚薬の血〟を入手する。**
- **オイカリア攻めを成功させたヘラクレスは、かつて求婚したイオレを連れ帰る。**
- **デイアネイラは夫の愛を取り戻そうと、ヘラクレスの衣服にヒュドラの毒が混ざった血を塗り込んだ。**

ヘラクレスの死を巡る相関図

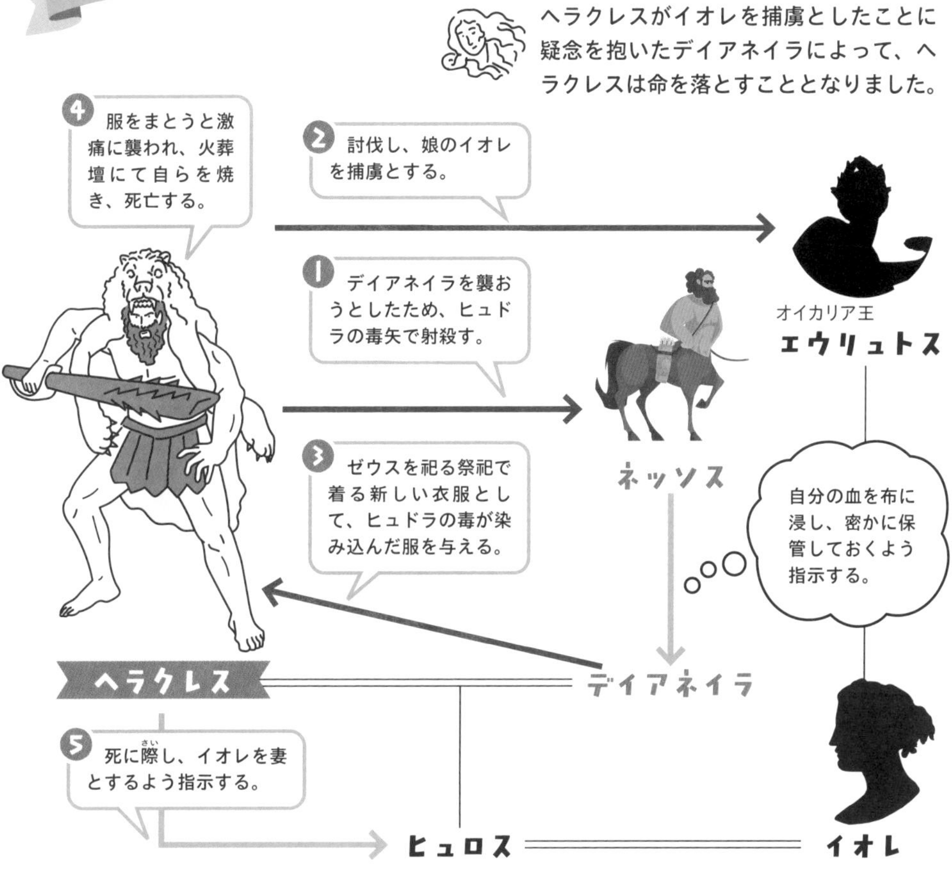

ヘラクレスがイオレを捕虜としたことに疑念を抱いたデイアネイラによって、ヘラクレスは命を落とすこととなりました。

神話の伏線

報われないヘラクレスの子たち

ヘラクレスの子はエウリュステウス王に迫害され、各地を放浪した末、アテナイにたどり着く。彼らがヘラクレスの甥のイオラオスとともに、アテナイに助けを求めると、エウリュステウスは、軍勢を率いてアテナイに攻め入る。そのとき神託によりヘラクレスの娘マカリアが勝利をもたらそうと生贄となった。そのご加護か、老齢だったイオラオスが若返って奮闘し、アテナイ軍は、エウリュステウス王を捕虜にしたのである。

ヘラクレスの子どもたちはギリシャ本土に戻りたいと願ったが、その望みがかなうのは3代先のことである。

豆知識 ヘラクレスの壮絶な死に直面したデイアネイラは、その後、後悔して自害した。一方ヘラクレスは雲により天上へと運ばれ、ヘラとも和解。彼女の娘ヘベと結婚し、神として迎えられたという。

アルゴ船の冒険①

王子イアソン

金羊裘を求めてイアソン率いる英雄たちの船が出港する

黒海の果てで金羊裘をゲットせよ

「**アルゴ船の冒険**」は、イオルコスの王子**イアソン**の冒険物語である。

イアソンの父はアイソンといい、弟の**ペリアス**に王位を奪われた元国王であった。アイソンは、幼い息子イアソンは死んだと偽り、ケンタウロスの賢人**ケイロン**に養育を依頼。ケイロンの薫陶を受け、成長したイアソンは、やがて王位を取り戻せという神託を受けたのを機に、恩師と別れ、故郷イオルコスを目指す。

イアソンは途中、氾濫した川を渡れず困っている老婆を背負って川を渡った際、サンダルを片方落としてしまったが、そのままイオルコスに到着し、ペリアス王と面会した。だが、片足が裸足の若者を見た瞬間、ペリアスの顔が青ざめた。彼は彼で「片方だけサンダルを履いた男が国を奪いにくる」と神託を受けていたからである。しかも、この男が死んだはずの甥のイアソンと知ると、もう気が気ではない。コルキスへ行って、ペリアスの従兄プリクソスゆかりの**金羊裘**(黄金の羊毛)を持ち帰るよう命じた。この金羊裘は、プリクソスが継母の策略で生贄にされかけたとき、ヘラが黄金の羊をやって救い出しコルキスまで運んだのが由来である。

しかし、コルキスははるか遠くの黒海東岸にある。イアソンが航海の途中で命を落とすとペリアスは企んだのだ。

名だたる英雄が集まったアルゴ船、いよいよ出航へ

イアソンが冒険の航海に出る仲間を募ると、ギリシャ中から勇者が集まった。ギリシャ一の英雄**ヘラクレス**、アテナイの**テセウス**など錚々たる顔ぶれである。船大工の**アルゴス**によって建造されたアルゴ船は英雄たちを乗せ、航海に出発した。

さらにオリュンポスの女神も彼に味方した。イアソンが助けた老婆こそじつは**ヘラ**で、彼の人柄を試していたのである。

神話のPOINT!

- **イアソンはケイロンに育てられ、奪われた王位を取り戻すべく故郷へ戻る。**
- **叔父がコルキスへ行って金羊裘を取ってくるよう命じたが、これはイアソンを殺そうとする策略だった。**
- **イアソンはギリシャ中の英雄を集め、アルゴ船で出発する。**

イアソンのもとに集まった英雄たち

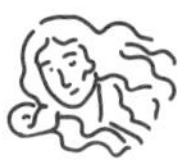

イオルコスの王位を簒奪(さんだつ)したペリアスが、王位返還の条件として提案したのは、金羊裘を奪い返してくること。イアソンがギリシャ中に声をかけたところ、ギリシャが誇る英雄たちが集結しました。

クレテウス ＝ テュロ ＝ ポセイドン

アルキメデ or ポリュメデ ＝ アイソン

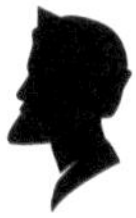

ペリアス

アイソンをだまして王位を奪う。

王位返還の条件として、金羊裘を取り返してくるよう命じる。

王位の返還を要求する。

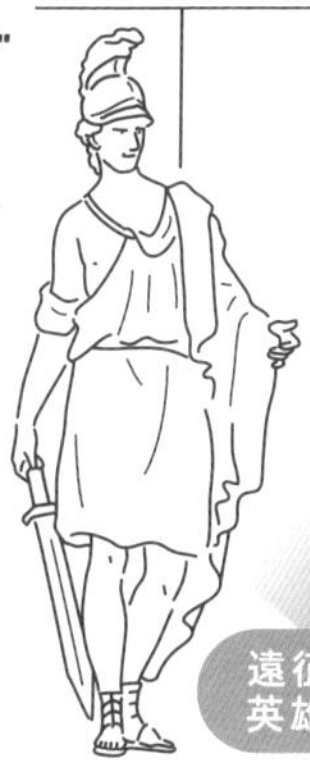

イアソン

イオルコスの王子。ペリアスの要求を受けてコルキスへ向かう。

遠征を計画し、英雄を求める。

アルゴス

当時の高名な船大工。

建造する

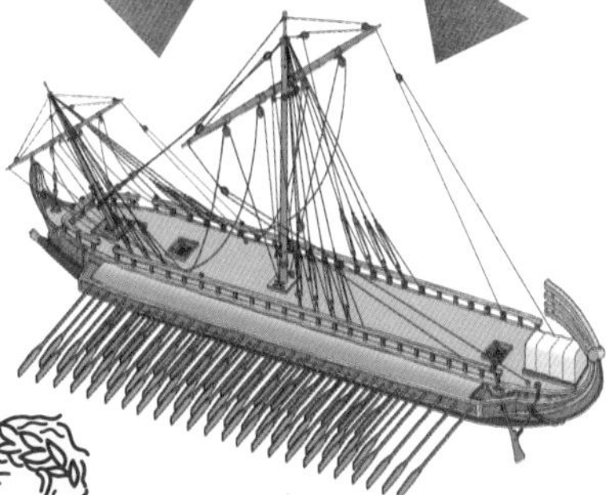

アルゴ船

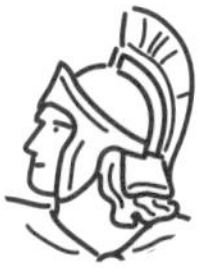

テセウス

アテナイの英雄。ミノタウロス退治を成功させた。

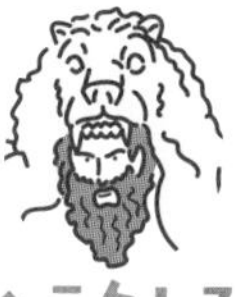

ヘラクレス

ゼウスとアルクメネの子。12の難業を成し遂げた古今無双の英雄。

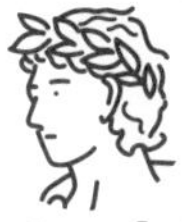

オルペウス

トラキア出身の竪琴の名手。

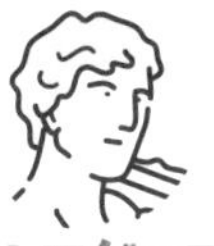

メレアグロス

カリュドン王オイネウスの子とされるが、軍神アレスの子ともされる英雄。

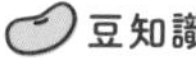

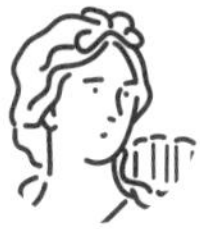

アタランテ

俊足の女狩人。

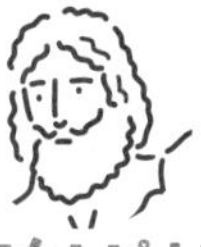

アスクレピオス

アポロンの子で医術の天才。

カライス、ゼテス

北風ボレアスの子。ともに翼を持ち飛行することができる。

カストル、ポリュデウケス

ゼウスとレダの子で、双子の英雄。カストルは馬術の名手で、ポリュデウケスはボクシングの名手という。

豆知識 オリュンポスの神々がイアソンに加担した背景には、ペリアスが女神ヘラを軽んじ、生贄を忘れたり、ヘラの祭壇で継母を殺害したりした過去がある。

アルゴ船の冒険②

航海

エーゲ海に点在する数々の難関を英雄たちの船が乗り越えていく

アルゴ船を待ち受ける苦難

出航したアルゴ船は、まず女性ばかりが暮らす**レムノス島**へ到着すると、英雄たちが享楽の日々に耽溺（たんでき）してしまう。だが、**ヘラクレス**がこれを一喝（いっかつ）し、一行は再びコルキスを目指した。しかし、そのヘラクレスは、溺愛していた美少年**ヒュラス**が、**キオス島**でニンフにさらわれると、これを捜して戻らず、離脱してしまう。

その後、アルゴ船は、**ハルピュイアイ**や**シュンプレガデスの岩**などさまざまな障害を乗り越え、**コルキス**に到着した。

❷ キュジコス
キュジコス王から歓待を受けて島を後にするが、嵐で再び同じ島に上陸してしまい、今度は敵襲と勘違いされ、戦うことになる。

サルミュデッソス
オリュンポス山
レムノス島
キュジコス
イオルコス
ボスポラス海峡
エーゲ海
アテナイ
キオス島
クレタ島

❶ レムノス島
島には女性しかおらず、子孫繁栄のためにひと役買う。だが、多くの英雄が快楽に溺れてしまい、旅立とうとしなかったため、ヘラクレスに一喝されようやく出航した。

❸ ヘラクレスの離脱
ヘラクレスが連れてきた少年ヒュラスが島内を探索中、泉のニンフたちに見初められ、泉に引きずり込まれてしまう。
ヒュラスの悲鳴を聞いたヘラクレスがすぐに駆けつけるが、ヒュラスはどこにもいない。彼は必死に島を駆け回り、いつまでも船に戻る気配がなかったため、イアソンはヘラクレスを残して出発した。

コルキスへ至るアルゴ船の航路

4 ハルピュイアイ

サルミュデッソスに到着した一行をピネウスと名乗る老人が出迎えた。彼は国王だったが、予言の力を乱用してゼウスの怒りに触れ、両目をつぶされたと語る。さらに食事のたびに神のつかわすハルピュイアイという怪鳥に悩まされているという。老人を気の毒に思ったゼテスとカライスは、ハルピュアイが来るとすぐさま追いかけ、ピネウスを悩ませないと約束させた。

6 ベブリュケス人の国

この国の王はポセイドンの子のアミュコス、彼は力自慢で、この国に来た旅人は、彼と拳闘の試合をするという掟を定めていた。しかも敗れた者は奴隷になるか、殺される運命にあった。
一行の中のポリュデウケスがこの挑戦を受けて立ち、アミュコスを打ちのめしたところ、ベブリュケス人が怒り、ポリュデウケスに襲いかかったが、勇士たちも立ち向かい、皆殺しにした。

5 シュンプレガデスの岩

シュンプレガデスは、海面から突き出た岩が絶え間なく揺れぶつかり合い、船を押しつぶしてしまう危険な場所だった。
一行は、ハトが無事すり抜ければ通過してもよいというピネウスの助言通り、まず、白いハトを飛ばした。ハトがすり抜けたのを見た勇士たちは、全力で船を漕ぎ、岩が打ち返す前に通り抜けることができた。振り返ると岩は激しく打ち合ったため動けなくなっていたという。

豆知識 レムノス島の男性は皆殺しにされたが、ヒュプシピュレは父親をかくまい脱出させた。その後彼女は島の女王となり、イアソン一行が去ったのち、島ではアルゴ船の英雄たちの子が生まれ、普通の島に戻った。

アルゴ船の冒険③
金羊裘

イアソンに恋をした王女メデイアの助力で一行は宝の奪取に成功する

難題を課せられたイアソン

黒海の難関を乗り越えて**コルキス**に到着した**イアソン**らは、コルキス王アイエテスと面会し、**金羊裘**の返却を求めた。

だが、金羊裘を手放す気のない王は、ふたつの条件を出す。それは2頭の火を噴く青銅の足の猛牛を手なずけて荒れ地を耕すこと、耕した地に竜の牙を蒔いて、出現する戦士すべてに勝利すること。

難題を突き付けられたイアソンらを助けたのは、エロスの矢によってイアソンにほれていた王女**メデイア**であった。彼女はイアソンに助力して難題をクリアさせると、金羊裘へと一行をいざなうのだった。

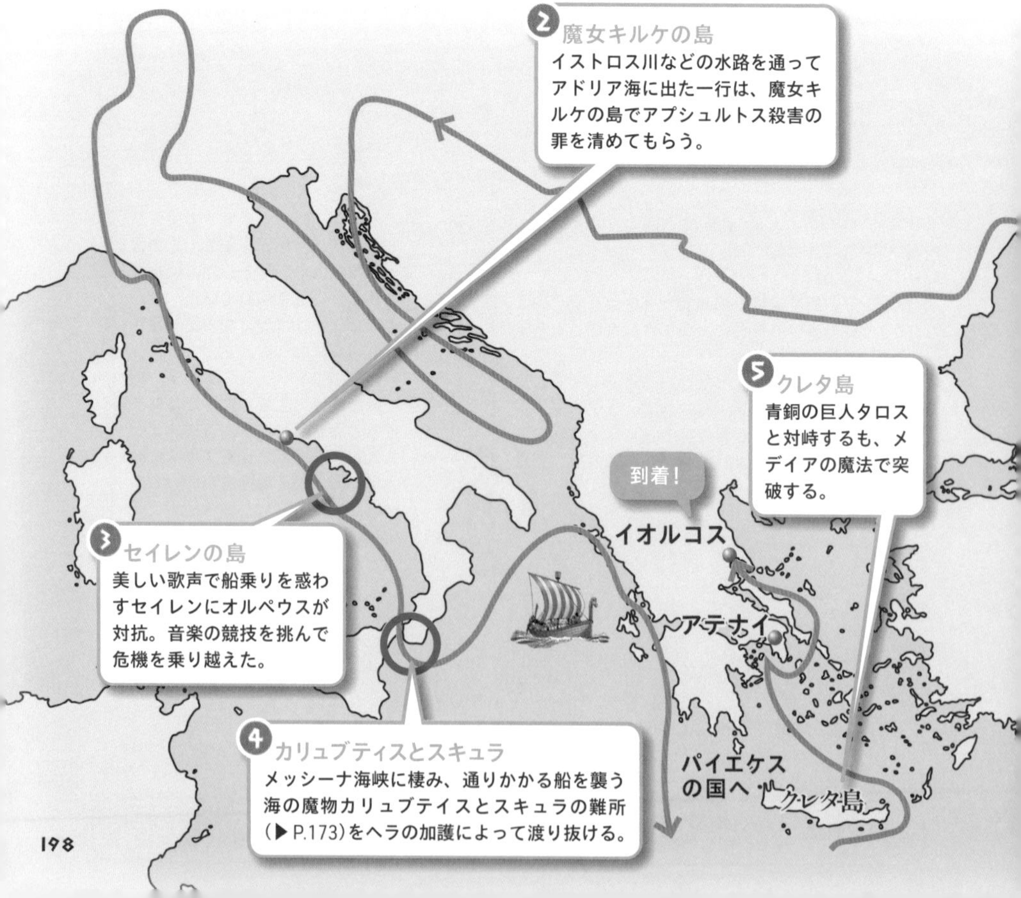

2 魔女キルケの島
イストロス川などの水路を通ってアドリア海に出た一行は、魔女キルケの島でアプシュルトス殺害の罪を清めてもらう。

5 クレタ島
青銅の巨人タロスと対峙するも、メデイアの魔法で突破する。

到着！

イオルコス

3 セイレンの島
美しい歌声で船乗りを惑わすセイレンにオルペウスが対抗。音楽の競技を挑んで危機を乗り越えた。

アテナイ

4 カリュブディスとスキュラ
メッシーナ海峡に棲み、通りかかる船を襲う海の魔物カリュブディスとスキュラの難所(▶P.173)をヘラの加護によって渡り抜ける。

パイエケスの国へ

クレタ島

金羊裘の獲得とアルゴ船の帰路

金羊裘を獲得したイアソンはメデイアを伴い帰国の途につきます。追撃してきたアイエテスの軍をメデイアの作戦で撃退。その後も怪物セイレンやメッシーナ海峡などの難所を乗り越え無事帰国しました。

OPERATION 金羊裘

MISSION 1　メデイアを虜にせよ

コルキスの王女メデイアにエロス(クピド)の矢を射て、イアソンに恋をさせ、協力者とする。

MISSION 2　2頭の猛牛を手なずけろ!

青銅の足を持ち、口から火を吐く牡牛を手なずけてアレスの聖地を耕せという命令を受けたイアソン。イアソンに恋するメデイアの魔法によって、剣にも火にも傷つけられない体となったイアソンは、牡牛を捕まえてアレスの土地を耕した。

MISSION 3　蘇った戦士を倒せ!

アイエテスから出されたもうひとつの条件は、耕したアレスの聖地に竜の牙を蒔き、現れた戦士に打ち勝つこと。イアソンが、大石を真ん中に投げ自身は楯に隠れろというメデイアの助言に従うと、戦士たちは同士討ちを始める。イアソンはそのすきをついて戦士たちを次々に倒していった。

MISSION 4　金羊裘をゲットせよ!

金羊裘との交換条件をクリアされたアイエテス王は、勇士たちの殺害を計画。だが、メデイアはこれを察知してイアソンらのもとへ参じ、金羊裘の在処へと導く。金羊裘は竜によって守られていたが、メデイアが魔法によって竜を眠らせてくれた。

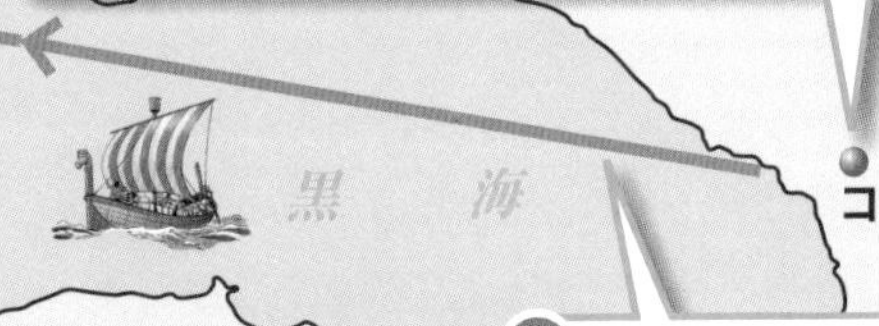

コルキス

アナトリア

1 アプシュルトスの殺害

アイエテス王の命を受けたメデイアの弟アプシュルトスが、出航したイアソン一行を追撃。イアソンはアプシュルトスを誘い出し、斬り殺してしまう。

神話の POINT!

- コルキス国でイアソンは、猛牛を手なずけ荒れ地を耕作して、竜の牙を蒔いたあとに現れた戦士たちを退治するよう命じられる。
- イアソンに肩入れする神々は、魔法を使う王女メデイアをイアソンの味方につける。
- イアソンは王女メデイアの助けで金羊裘を奪取して帰国した。

アルゴ船の冒険④

怒れるメデイア

イアソンの裏切りに壮絶な復讐で報いたコルキスの魔女

王位を返さないペリアス王に非情な復讐が行なわれる

イアソンは**メデイア**とともに帰国し、約束通り金羊裘(きんようきゅう)を献上したが、**ペリアス**は王位を返そうとはしない。しかも、イアソンが遠征中、ペリアスは父アイソンを死に追いやっていた。復讐の思いに燃えるイアソンは、再びメデイアと協力する。

メデイアはまずペリアスの3人の娘に若返りの方法を教えた。これは喉を切り開いて、薬草を入れた霊液を血管に満たし、釜で煮るという方法。羊を使って実演してみせたため、危険な方法ながらも娘たちは信じ込んだ。

早速ペリアスの娘たちは父親を若返らせようと喉を切り開き、釜のなかへ押し込んだ。しかし、メデイアは若返りの薬草の一部をすり替えていたため、ペリアスはそのまま煮られて死亡したのである。こうして復讐を果たしたイアソンだが、さすがにイオルコスにはいられなくなり、メデイアとともに**コリントス**に移った。

イアソンの裏切りにメデイアは戦慄の復讐を実行する

だが、その地で待っていたのはメデイアに対するイアソンの裏切りだった。イアソンはコリントス王クレオンに気に入られ、その娘のグラウケの婿(むこ)にという話が持ち上がったのである。

イアソンも乗り気となり、メデイアと別れ、ふたりの子どもも捨てようと考えるようになった。

故郷も父も弟も犠牲にしてまで尽くしてきた夫の裏切りにメデイアは激高し、グラウケに激しく嫉妬した。

思いつめたメデイアは発火する衣装をグラウケに送り、それをまとった彼女と、それに触ったクレオンを焼き殺してしまう。さらにイアソンとの間にもうけた自身のふたりの子を刺し殺し、イアソンが呆然(ぼうぜん)とするなか、竜の曳(ひ)く車に乗り込んで去っていったのだった。

神話のPOINT!

- 帰国したイアソンはメデイアの助けでペリアスへの復讐を果たした。
- イアソンはコリントスに行くが、王女と結婚することになりメデイアを捨てた。
- 怒ったメデイアは王と王女と、自身の子どもを殺し、行方をくらました。

メデイアの復讐

イアソンとともにコリントスへ移り住んだメデイアでしたが、イアソンの裏切りを受けて持ち前の残虐性を発揮。イアソンとの間にもうけたふたりの子どもをも殺害して姿を消しています。

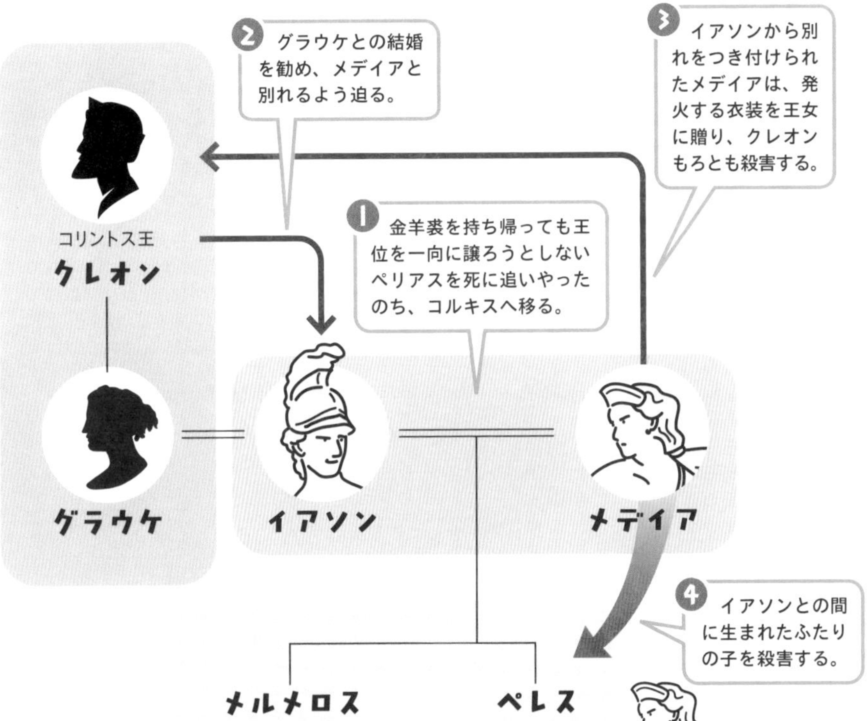

コリントス王
クレオン

グラウケ

イアソン

メデイア

メルメロス

ペレス

❶ 金羊裘を持ち帰っても王位を一向に譲ろうとしないペリアスを死に追いやったのち、コルキスへ移る。

❷ グラウケとの結婚を勧め、メデイアと別れるよう迫る。

❸ イアソンから別れをつき付けられたメデイアは、発火する衣装を王女に贈り、クレオンもろとも殺害する。

❹ イアソンとの間に生まれたふたりの子を殺害する。

子どもたちを殺害したメデイアは
コリントスから姿を消し、
アテナイ王アイゲウスの王妃となったという。

豆知識 19世紀末、メデイアは男性を不幸にする女「ファム・ファタル」のひとりとして注目され、多くの画家が彼女を主題とする作品を描いた。ドラクロワの『怒れるメデイア』などが有名。

テセウスの冒険①

英雄の誕生

アテナイへ至った勇者が、メディアを宮廷から追い出す

図解テセウス

トロイゼンで育ったテセウスは、その出自を証明する剣と靴を岩の下から取り出し、アテナイへと旅立ちました。

剣
父であるアテナイ王アイゲウスが巨岩の下に隠した剣。テセウスは成人すると、岩を軽々と持ち上げ剣とサンダルを手に入れた。

腕力
剣とサンダルが隠された岩を軽々と持ち上げただけではなく、野盗やミノタウロスを腕力で退治しており、怪力の持ち主であった。

サンダル
剣と同じくアテナイ王アイゲウスが巨岩の下に隠したサンダル。

テセウスを理解するための 4POINT!

▶ **ゆかりの地** トロイゼン、アテナイ、クレタ島

▶ **関係の深い神々** ポセイドン

▶ **関係の深い人物**
アリアドネ、メディア、ヘラクレス

▶ **主な業績**
・アテナイへ向かう道中、多くの盗賊を退治する。
・クレタ島のミノタウロスを退治する。
・アテナイの王となって善政を敷き、民主制の基礎をつくる。

父の名を知らずに育った英雄テセウス

アテナイの英雄**テセウス**は、アテナイ王アイゲウスとトロイゼン王ピッテウスの娘アイトラの子である。

子がほしいと願うアイゲウスが、デルポイで神託をうかがうと「アテナイに戻るまで葡萄酒の皮袋の口をあけるな」とお告げを受けた。彼はこの神託の意味が分からず、友人のピッテウス王に相談する。神託の意味を悟ったピッテウスはアイゲウスを酔わせ、娘のアイトラと寝所をともにさせた。

その結果、アイトラは身ごもり、アイゲウスは「父の名を告げずに養育し、巨岩を持ち上げて隠している剣とサンダルを取り出せたらアテナイに来させるように」といい残して帰国した。

そして生まれたのがテセウスであるが、アイゲウスの子ではなく海神**ポセイドン**の子ともいわれている。

道中で勇名を馳せ、アテナイで父と邂逅する

成長したテセウスは岩を持ち上げ、剣とサンダルを見つけ、母より明かされていた父に会うべく、アテナイへ向かった。その際、自分の力を試すため、危険が多い陸路を選んでいる。

そのため、アテナイへ向かうテセウスの前に次々と悪人がたちはだかる。鉄の棍棒を使う強盗ペリペテス。松を使って旅人を二股裂きにして殺すシニス。凶暴な牝猪、旅人を脅して足を洗わせ、その最中に崖から落として大亀の餌食にするスケイロン、旅人とレスリングをとっては殺していたケルキュオンと、極悪人のオンパレードである。テセウスはこれらの悪人をことごとく殺したのちアテナイに到着する。

アイゲウスは我が子とは知らずこの勇者を歓迎した。

このころ、アイゲウスの妻となっていたのが、**イアソン**の元妻**メデイア**であった。悪女と化していた彼女は、テセウスの正体を悟ると、夫をそそのかして**マラトンの猛牛**退治に行かせ、毒薬入りの酒を飲ませようとした。

しかし、テセウスはこれを見抜いて難を逃れ、アイゲウスと父子の再会を果たしたのだった。

神話のPOINT!

- **テセウスは父の名を知らずにトロイゼンで育つ。**
- **テセウスは怪物を退治しながらアテナイに向かう。**
- **アテナイでは父の後妻となっていたメデイアに殺されかける。**

豆知識 企みが発覚したメデイアはその後姿を消す。各地を遍歴したのち、最後はアイゲウスとの間に生まれたメドスとともにペルシアに行き、メディア王家の祖となったともいう。

テセウスの冒険②

ミノタウロス退治

クレタの王女の助けを借りて、迷宮のモンスターを退治する

生贄を阻止すべく クレタ島に乗り込んだテセウス

アテナイというと、古代ギリシャの強国のひとつとして知られるが、テセウスが暮らし始めた当時は、クレタ島の怪物ミノタウロスに、毎年若い男女を生贄として捧げることを課せられていた。

なぜならクレタ島のミノス王の息子がアテナイで変死し、怒ったミノス王が大艦隊でアテナイに押し寄せて、毎年7人の少年と少女を貢ぎ物として差し出すことを約束させていたからである。

これを何とか阻止したいと考えたテセウスは、自ら生贄の一員として貢ぎ物船団に加わり、クレタ島に乗り込んだ。

ただテセウスにも不安があった。ミノタウロスを退治したとしても、迷宮から脱出する方法がないのである。

だが、途方に暮れるテセウスに、ミノス王の娘アリアドネが助力を申し出てきた。テセウスにひと目ぼれした彼女が、テセウスを助けようと、迷宮を設計したダイダロスから脱出の秘策を聞き出していたのだ。

迷宮を脱出したテセウスの 帰国時に起こった悲劇

テセウスは彼女から渡された麻糸玉の端を迷宮の入口の扉に結び、生贄の一行とともに迷宮の奥へ進んでいった。ついにミノタウロスと遭遇したテセウスは、格闘の末、ミノタウロスを素手で締め上げて退治した。そして麻糸をたどって外に出たテセウスは、アリアドネを連れてクレタ島を出発する。

意気揚々と帰国したテセウスだったが、最後に不幸が待ち受けていた。

出発前、父のアイゲウスに、自分が生きて帰った際には白い帆を掲げると約束していたのだが、それを忘れて黒い帆のままでアテナイに近づいたのだ。それを丘から見たアイゲウスは、息子が死んだと思い込み、絶望して海に身を投げたのだった。

神話のPOINT!

- テセウスは生贄のなかに混じってクレタ島に潜入する。
- テセウスは、ミノス王の娘の助力を得て、ミノタウロスを退治する。
- アイゲウス王はテセウスが死んだと思い込み自殺した。

クレタ島へ至るテセウスの旅

テセウスが暮らし始めた当時のアテナイでは、クレタ島においてポセイドンの怒りによって誕生したミノタウロスに、毎年若い男女を生け贄に捧げることを強制されていました。テセウスはこれを阻止すべく自ら申し出てミノタウロス退治に出かけます。

豆知識 クレタ島からの帰路、なぜかテセウスは彼女をナクソス島に置き去りにしている。その理由は諸説あるが、のちに彼女はデュオニュソスと出会いその妃となった。

テセウスの冒険③

アテナイの王位

アテナイ民主制の基礎を築いたテセウスだが、妻の裏切りからすべてを失う

民主制を始め ポリス社会の基盤を確立

父王の不慮(ふりょ)の死により、急遽アテナイの王位に就いた**テセウス**は、王位継承に異を唱える従兄弟たちを撃退し、**アッティカ地方**を統一した。彼は地域内の代表者をアテナイに集め、中央集権体制ともいえる**集住（シュノイキスモス）**を確立。さらに王政を廃止して貴族、農民、工人の3階級による**民主制**を整えたともいわれ、のちのポリス社会の基礎を築いたともいわれている。

後妻と義理の息子との恋騒動と 晩年に迎えたまさかの結末

アテナイを繁栄へ導く一方で、テセウスの私生活は不幸な結末を迎えている。あるとき、テセウスが**アマゾン**族の**アンティオペ**を奪って妻としたため、アマゾン族の攻撃を受けるという騒動が起こった。アンティオペとの間には**ヒッポリュトス**をもうけたが、テセウスはこの妻を捨てて、元恋人の**アリアドネ**の妹**パイドラ**と再婚してしまう。

すると、このパイドラが血のつながらない息子ヒッポリュトスに恋してしまう。これは純情なヒッポリュトスに軽視されたアプロディテが腹を立て、パイドラに恋心を吹き込んだのが発端だった。

ヒッポリュトスがパイドラを拒絶すると、絶望した彼女は、ヒッポリュトスから辱めを受けたと偽りの内容を書いた遺書を残して自殺した。テセウスは妻の遺書を信じて息子に呪いをかける。すると、とつじょ現れた海の怪物によってヒッポリュトスは命を落とし、テセウスは妻子を失った。

その後、**ラピタイ**族の首領**ペイリトオス**と親交を深めたテセウスは、**ペルセポネ**を妻にと願うペイリトオスの無謀な求婚に同行し、冥界(めいかい)で拘束されてしまう。のちに**ヘラクレス**に助けられ帰国したものの、アテナイ市民に歓迎されず、追放されてしまうのだった。

神話のPOINT!

- テセウスはアテナイでポリス社会の基礎を築いた。
- テセウスは私生活では恵まれなかった。
- テセウスは怒り、息子に呪いをかけたため、息子は命を落とした。

その後のテセウス

ミノタウロス退治のあとのテセウスは、不幸な事故からアテナイの王となると、民主制の基礎を築く偉業を残したといわれます。しかし、その後は妻の裏切りや国を失うなどの不幸に見舞われ、唐突な死を迎えています。

アテナイ帰還

生存を示すための帆をかけ替え忘れたために、父王がショック死し、図らずもアテナイの王位に就く。

民主制の基礎を築く

アッティカ地方の諸町村の住民をアテナイに集住させる一方、王政を廃止し、貴族・農民・工人の3階級による民主制を確立した。

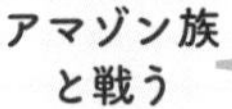

アマゾン族と戦う

アマゾン族と戦って、女王アンティオペを捕らえて妻とし、息子ヒッポリュトスをもうけるが、のちにアンティオペを捨てる。

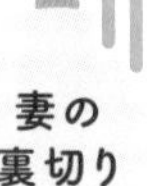

妻の裏切り

アリアドネの妹パイドラを妃に迎える。だが、異性に目もくれないヒッポリュトスがアプロディテの怒りに触れ、パイドラがヒッポリュトスに恋するよう仕向けられてしまう。パイドラはヒッポリュトスに拒絶されると、ヒッポリュトスが自分を辱めたことを理由としてでっち上げ、自殺。これを信じたテセウスは息子を呪い、死に至らしめる。

ペイリトオスとの冒険

アルゴ船の冒険やケンタウルス族との戦いなどを経て、ラピタイ人の首領ペイリトオスと親交を深めたテセウスは、ペイリトオスとともに冥界に向かうが、ハデスによって囚われてしまう。

最期

ヘラクレスによって解放されたテセウスだが、すでに国は奪われていた。失意のテセウスは民衆の罵声を浴びながらアテナイを去り、スキュロス島に至ったが、この地の王リュコメデスに崖から突き落とされて死亡したという。

語源図鑑　**ラビリンス**　ミノタウロスが幽閉されていたクレタ島のラビュリントス（Labyrinthos）は、迷宮・迷路の「ラビリンス（Labyrinth）」の語源となった。

トロイア戦争①

発端

大戦争の発端となる女神たちのミス・コンテスト が行なわれる

女神たちの争いを招いた黄金のリンゴ事件

英雄神話におけるクライマックスとなる**トロイア戦争**。ギリシャとトロイアの間で10年にわたって続いた、伝説と歴史の狭間で語り継がれてきた戦争である。

その発端は、結婚式の場に投げ込まれた「**黄金のリンゴ**」だった。**ゼウス**と**ポセイドン**が求婚を断念した海神ネレウスの娘**テティス**と英雄ペレウスの結婚式でのこと。オリュンポスの神々も集まり、華やかに式が行なわれたが、実はこのとき、不和の女神エリスだけが呼ばれていなかった。

気分を害した**エリス**は騒動を起こそうと「**もっとも美しい女性へ**」と書いた黄金のリンゴを結婚式に投げ込んだ。すると、女神たちは自分に対する贈り物だと争いを始め、ゼウスの妻**ヘラ、**知恵と戦いの女神**アテナ**、美と愛の女神**アプロディテ**が最後まで譲らなかった。

審判役に選ばれたトロイアの王子が選んだ女神とは？

そこで行なわれたのが、最も美しい女神を決めるミス・コンテストである。

採決を託されたゼウスは、トロイアの羊飼い**パリス**に審判役を命じる。パリスはトロイア王子だったが、不吉な子として生後間もなく捨てられていたという因縁を持つ人物だった。

3人の女神はパリスの気を引こうと贈り物まで持ち出す。自分を選んでくれた場合、ヘラは地上の権力、アテナはあらゆる戦場での勝利、アプロディテは絶世の美女を与えると約束したのだ。

結果、パリスが選んだのはアプロディテ。見返りとして、彼は絶世の美女を与えられることとなった。その美女が、ゼウスとスパルタ王妃レダとの間に生まれたヘレネである。ただし、彼女はすでにスパルタ王**メネラオス**の妻となっており、これがトロイア戦争の発端となる。

神話のPOINT!

- 「最も美しい女神へ」と書かれた黄金のリンゴを巡り、ヘラ、アテナ、アプロディテが争う。
- パリスは美女と引き換えにアプロディテを選ぶ。
- パリスの審判の背景には、人口削減を目指したゼウスの思惑があった。

大戦争の発端となったパリスの審判

エリスが投げ込んだリンゴが発端となり、女神たちの争いが勃発。審判に指名されたパリスが、美女を見返りとしたアプロディテを選んだことで、トロイア戦争の幕が静かに上がりました。

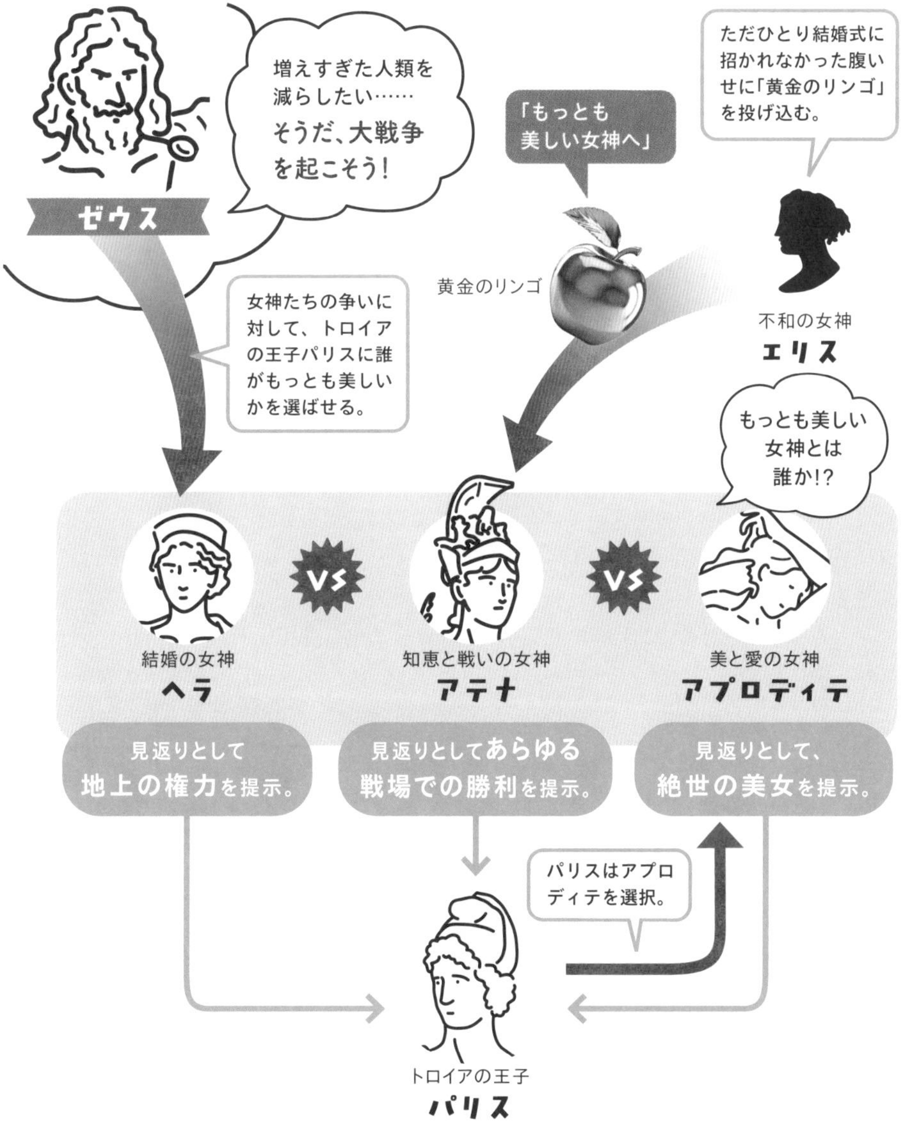

ゼウス

増えすぎた人類を減らしたい……そうだ、大戦争を起こそう！

女神たちの争いに対して、トロイアの王子パリスに誰がもっとも美しいかを選ばせる。

「もっとも美しい女神へ」

黄金のリンゴ

ただひとり結婚式に招かれなかった腹いせに「黄金のリンゴ」を投げ込む。

不和の女神
エリス

もっとも美しい女神とは誰か!?

結婚の女神
ヘラ

VS

知恵と戦いの女神
アテナ

VS

美と愛の女神
アプロディテ

見返りとして**地上の権力**を提示。

見返りとして**あらゆる戦場での勝利**を提示。

見返りとして、**絶世の美女**を提示。

パリスはアプロディテを選択。

トロイアの王子
パリス

豆知識 大戦争へと向かう背景には、人間が増えすぎて食料不足に陥り、困っていたゼウスが、人口削減を目的に戦争を起こそうという思惑があったという。

トロイア戦争②

英雄集結

略奪されたヘレネを奪還すべく、ギリシャ中から英雄が集結する

ヘレネ奪回のために行なわれたトロイア遠征

アプロディテとの約束で**パリス**は世界一の美女**ヘレネ**を求めてスパルタへと向かう。

ヘレネはゼウスとスパルタ王妃レダの娘で、すでにスパルタ王**メネラオス**の妻になっていた。スパルタにおもむいたパリスは、メネラオスが不在のときにヘレネに心を打ち明け、トロイアへと連れ去る。

帰国してこの事態を知ったメネラオスは逆上し、兄の**ミュケナイ王アガメムノン**に相談。アガメムノンはトロイアへの遠征を決意する。

ギリシャ中に呼びかけた結果、ヘレネの結婚時の盟約に基づき、彼らのもとに英雄たちが続々と集まった。

そのなかにはプティアの領主の子**アキレウス**と、イタケ島の王**オデュッセウス**がいた。

ただし、彼らは積極的に参加したわけではないようだ。オデュッセウスは当初、遠征が嫌で、狂人を装ったものの、殺されかけた息子をとっさにかばったために嘘を見抜かれ、仕方なく参戦していた。

死ぬ運命を知りながら名誉のために参戦したアキレウス

渋々ながら参戦を決めたオデュッセウスは、その後、アキレウスを探しに出かける。アキレウスの母の**テティス**は、息子がトロイアで死ぬ運命にあることから、息子を女装させて**スキュロス島**に隠していたのだ。

そこへ旅の商人に扮(ふん)したオデュッセウスがやってきて、その国の王女たちに装飾品と刀剣を見せた。

王女たちが装飾品に興味を示すなか、そのなかのひとりが思わず刀剣に手を伸ばしたため、オデュッセウスはこの女性をアキレウスと見抜く。ここに至り、アキレウスは「短くても栄光な生涯を」と宣言してトロイア遠征に加わった。

神話のPOINT!

- ヘレネはパリスともにトロイアに出奔(しゅっぽん)する。
- ヘレネの夫のメネラオスは、兄のアガメムノンとともに、トロイア遠征を決意する。
- アキレウスも、オデュッセウスも、当初参戦する意志は薄かった。

トロイア遠征に集った英雄たち

ヘレネの誘拐を受けて、ミュケナイ王アガメムノンの呼びかけにより、ギリシャ全土から英雄たちが駆け付けました。

❶ ヘレネの誘拐
トロイア王子パリスがスパルタ王妃ヘレネを略奪する。

❷ アウリスの犠牲
出航を控えたギリシャ軍だったが、風も潮の流れも止まってしまう。神託を問うたところアガメムノンがアルテミスの牝鹿を射たことが原因とされ、アガメムノンの長女イピゲネイアを生贄に捧げる。

❸ ピロクテテスを置き去りにする
蛇にかまれた患部が化膿し、悪臭を放ち始めた弓の名手ピロクテテスを、オデュッセウスの提案で置き去りにする。

オデュッセウス
イタケの王で、ギリシャ軍随一の戦術家。

アガメムノン
ミュケナイの王。ギリシャ軍総大将でメネラオスの異父兄。

ネストル
ピュロスの王で、ギリシャ軍最年長にして知略家。

メネラオス
ヘレネの夫でスパルタ王。

ディオメデス
アルゴスの王でオデュッセウスの友人。

アイアス
大アイアスとも。サラミス島の王。巨大な楯を自在に操る。

アキレウス
不死身の身体を持つギリシャ軍最強の戦士。トロイア戦争での死が運命づけられていたため、母テティスがスキュロス島に隠していた。だが参戦を熱望するオデュッセウスによって発見され、ギリシャ軍に加わった。

イドメネウス
クレタの王。

レノムス島
トロイア
エーゲ海
スキュロス島
アウリス
テバイ
アテナイ
ミュケナイ
アルゴス
ピュロス
スパルタ
地中海
クレタ島
クノッソス

神話の伏線　ヘレネの盟約

女神のように美しいヘレネのもとには早くから求婚者が殺到していた。いずれも名門の貴公子で、ひとりを選べば禍根（かこん）が残る。婿選びに悩む養父のスパルタ王テュンダレオスは、オデュッセウスの助言に従い、ヘレネに選ばせた。一方で求婚者たちにはヘレネの決定に従うこと、その夫が援軍を求めた場合は全員が集うことを誓わせる。そしてヘレネが選んだのがミュケナイ王アガメムノンの弟メネラオスだった。ふたりは結婚し、メネラオスがスパルタ王となった。やがてパリスがヘレネを略奪すると、この盟約に従って、ギリシャの英雄がトロイア遠征に集結したのである。

トロイア戦争③
戦闘の始まり

アキレウスとアガメムノンの対立によりギリシャ軍が劣勢に立たされる

諸戦で活躍したアキレウスの悲劇

ギリシャ軍が**トロイア**へ到着したが、一番乗りの大将は槍を受けて戦死した。次に下船した**アキレウス**が、トロイアの不死身の戦士キュクノスを投石によって倒し、ギリシャ軍の士気を上げた。

アキレウスはこの後、「トロイア王家の末弟トロイロスが20歳を迎えればトロイアは落城しない」という予言を回避するため、トロイロスをアポロン神殿で殺した。しかし、神殿を血で穢したため、**アポロン**の怒りを買い、アキレウスの死は確実なものとなってしまう。

女性を巡る諍いからアキレウス不在となったギリシャ軍

戦いはトロイア側が籠城し、ギリシャ軍はそれを囲むも一進一退の膠着状態となった。やがて9年の歳月が流れる。

そうしたなか、ギリシャ軍内では総大将**アガメムノン**とアキレウスの仲違いが起こっていた。きっかけはアガメムノンが巫女**クリュセイス**を略奪したことに怒ったアポロンが、ギリシャ軍に疫病を流行させたこと。疫病を鎮めるためアガメムノンはしぶしぶ彼女を返したが、代わりにアキレウスが捕らえ傍らに仕えさせていた美女**ブリセイス**を強奪。怒ったアキレウスは陣屋に引きこもった。

これに神々の介入も加わり、ギリシャ軍は劣勢に立たされる。神々も両陣営に分かれて対立し、**ヘラ**と**アテナ**、**ポセイドン**はギリシャ軍、**アプロディテ**と愛人**アレス**、**アポロン**と**アルテミス**などはトロイア軍に味方した。トロイアの王子**パリス**は、ヘレネの夫**メネラオス**に一騎打ちを挑むも殺されそうになると、アプロディテに助けられている。また、ゼウスは、アキレウスがギリシャ軍不在の間はギリシャ軍に勝たせたくないというテティスの願いを聞き入れたため、ギリシャ軍は船上へ追い込まれてしまうのだった。

神話のPOINT!

- アキレウスはアポロンの神殿を穢したため、その死が確実なものとなる。
- ギリシャ軍のアガメムノンとアキレウスが対立し、アキレウスが離脱した。
- アキレウスの離脱により、ギリシャ軍は劣勢に立たされる。

トロイア戦争の経過と神々の干渉

初戦を勝利で飾ったギリシャ軍でしたが、神々の介入に加え、アキレウスとアガメムノンの仲違いが起こったことから、徐々にトロイアの優勢に傾いていきました。

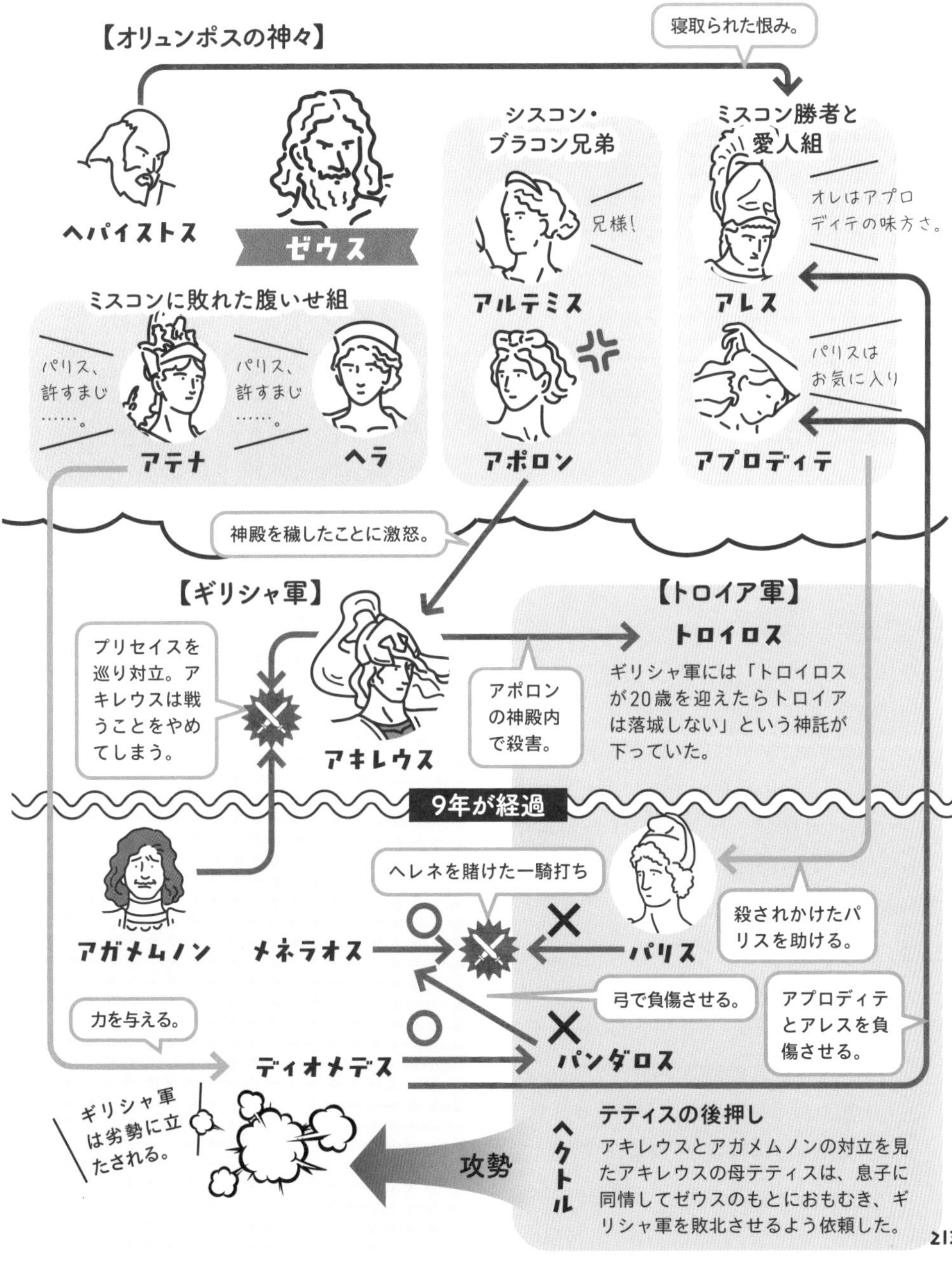

【オリュンポスの神々】

寝取られた恨み。

ヘパイストス

ゼウス

シスコン・ブラコン兄弟

アルテミス

兄様!

アポロン

ミスコン勝者と愛人組

アレス

オレはアプロディテの味方さ。

アプロディテ

パリスはお気に入り

ミスコンに敗れた腹いせ組

アテナ

パリス、許すまじ……。

ヘラ

パリス、許すまじ……。

神殿を穢したことに激怒。

【ギリシャ軍】

アキレウス

プリセイスを巡り対立。アキレウスは戦うことをやめてしまう。

【トロイア軍】

トロイロス

アポロンの神殿内で殺害。

ギリシャ軍には「トロイロスが20歳を迎えたらトロイアは落城しない」という神託が下っていた。

9年が経過

アガメムノン

メネラオス ○

ヘレネを賭けた一騎打ち

パリス ×

殺されかけたパリスを助ける。

力を与える。

ディオメデス ○

弓で負傷させる。

パンダロス ×

アプロディテとアレスを負傷させる。

ギリシャ軍は劣勢に立たされる。

攻勢

ヘクトル

テティスの後押し

アキレウスとアガメムノンの対立を見たアキレウスの母テティスは、息子に同情してゼウスのもとにおもむき、ギリシャ軍を敗北させるよう依頼した。

トロイア戦争④

ヘクトルの戦死

親友の死に怒り狂うアキレウスはヘクトルを討ち取る

アキレウスの身代わりとなった親友パトロクロス

アキレウス不在のギリシャ軍は劣勢に立たされた。**アガメムノン**はアキレウスに和解を申し出るが、彼は承諾しない。

その間にも戦死者が増すばかり。この危機を見かねたアキレウスの親友の**パトロクロス**が涙ながらにアキレウスに復帰を懇願した。だが、聞き入れられないと知るや、代わりにアキレウスの武具一式を借りて出て行った。このときアキレウスは深追いするなとだけ伝えている。

パトロクロスがアキレウスの武具一式をまとい、アキレウスに扮して戦場へ繰り出すと、ギリシャ軍の士気が上がり、トロイア軍は一目散に逃げだす。だがパトロクロスはアキレウスの忠告を忘れて深追いし、トロイアの英雄**ヘクトル**の槍に突かれて戦死した。ヘクトルはアキレウスの武具をはぎとるが、遺体だけはギリシャ軍が奪い返した。

遺体を引き取りに来た老王プリアモスの思い

パトロクロスの死を知ったアキレウスは、悲嘆に暮れるとともに怒り狂い、復讐のために戦いに復帰。母の**テティス**が鍛冶の神ヘスパイトスに頼んで新調した武具を着用し、怒涛の勢いでトロイア軍を押し戻し、総大将ヘクトルと対峙した。アキレウスの怒気を見たヘクトルは、震え上がって城壁の周りを逃げ回った。

この様子を見ていたゼウスは、運命の天秤を取り出し、ふたりの運命を測った。結果、ヘクトルの皿が下がり、彼の死が決定する。ヘクトルの足が止まったところへ、アキレウスが槍を繰り出してヘクトルの喉に突き刺し討ち取った。

その後、トロイア王**プリアモス**が自ら財宝とともにアキレウスの帷幕を訪れ、亡骸を返してほしいと懇願すると、アキレウスは息子を思う王の気持ちに感動し、ヘクトルの亡骸を返したのだった。

神話のPOINT!

- **アキレウスの親友パトロクロスはアキレウスに扮して戦い、戦死した。**
- **怒り狂うアキレウスがヘクトルを倒した。**
- **アキレウスはプリアモス王の心に打たれ、ヘクトルの遺体を返還した。**

パトロクロスの死とアキレウスの報復

パトロクロスの戦死に激怒したアキレウスはヘクトルに一騎打ちを挑んで討ち取りました。

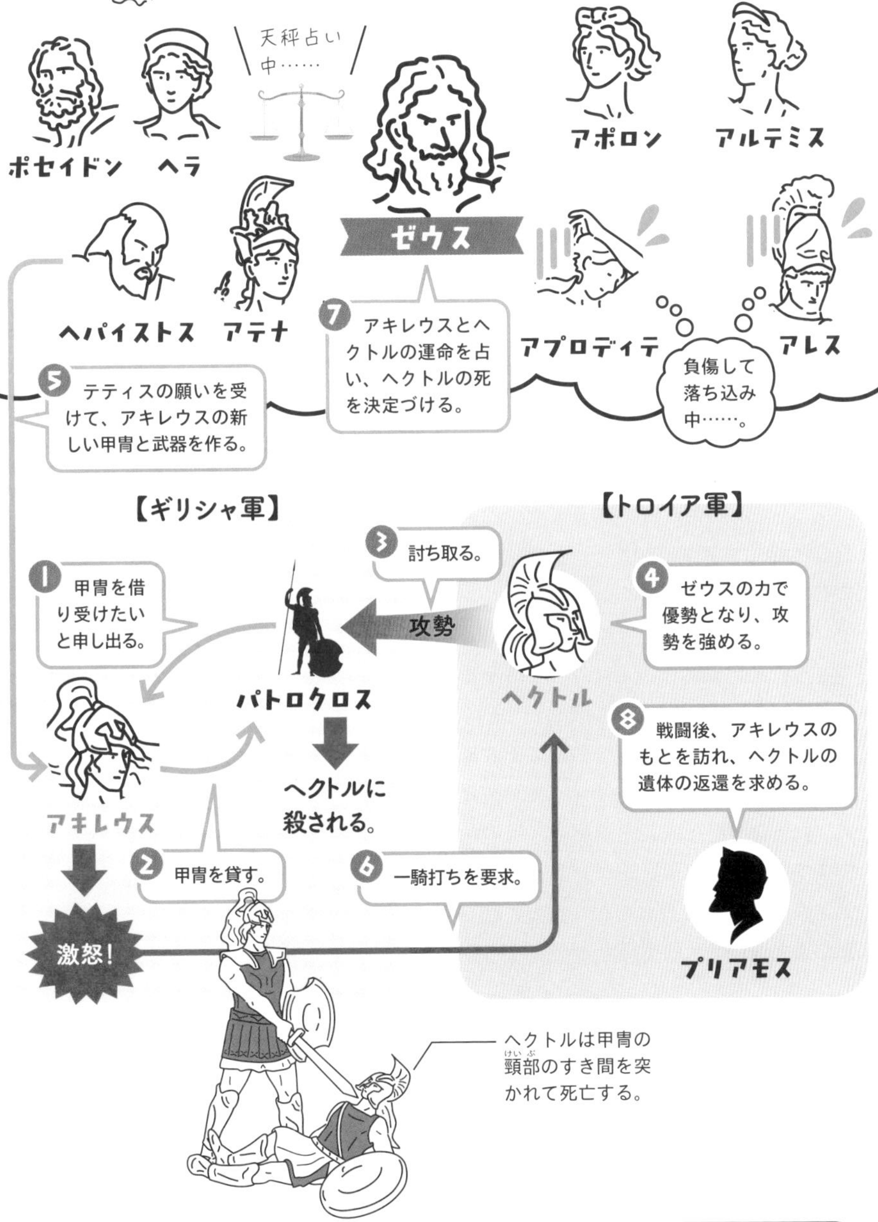

豆知識 ヘクトルを討ち取ったアキレウスは、さらに報復としてヘクトルの遺体を戦車に縛って引きずり回し、野ざらしにし、憎しみを晴らしている。

トロイア戦争⑤

アキレウスの死

アマゾンやエチオピアの援軍を打ち破ったアキレウスに訪れた死

美しいアマゾンの女王に恋したアキレウス

英雄**ヘクトル**が敗れ、追い込まれたトロイア軍だったが、そこへ新たな援軍が馳せ参じた。女性のみで構成された戦闘民族**アマゾン**である。女王**ペンテシレイア**が率いる歴戦の女戦士たちは恐ろしく強く、ギリシャ兵を次々と倒し、トロイア人の士気を奮い立たせた。

そうしたギリシャ軍の劣勢を立て直したのも、やはりアキレウスだった。アマゾンの活躍を聞いて駆けつけると、ペンテシレイアめがけて槍(やり)を投げ、右胸をひと突きして討ち取った。このとき、彼女の美しさを見たアキレウスはその死を嘆いたという。

アマゾンが敗れた後、今度は**エチオピア王メムノン**が援軍に駆け付ける。メムノンはトロイア王家の血を引き、暁(あかつき)の女神エオスを母とする。アキレウスとメムノンの力は互角であったが、このとき、ゼウスが運命の天秤(てんびん)でふたりの命を測るとメムノンの命が沈んだ。するとアキレウスが突き出した槍がメムノンの背中を刺し貫き、決着がついた。

アキレウスの死と甲冑を巡る騒動

こうして英雄を打倒したアキレウスだったが、彼自身の死も近づいていた。トロイアに味方する**アポロン**が**パリス**に命じてアキレウスの踵(かかと)に矢を射かけさせたのだ。彼は生後まもなく母**テティス**によって不死身となったが、テティスが握っていた踵だけに、不死の効力を持つ薬アンブロシアが塗られておらず、弱点になっていたのである。踵に矢が命中したことで、稀代(きたい)の英雄も力尽きた。

ギリシャ軍ではアキレウスの死に誰もが悲しむ一方で、その甲冑を巡り、遺体を守ったアイアスと**オデュッセウス**が争い、オデュッセウスが獲得。憤慨するアイアスは狂気に囚われ、正気に戻ると恥じて自刃したという。

神話のPOINT!

- アマゾンやエチオピアがトロイアの援軍として馳せ参じた。
- アキレウスはパリスに弱点である踵を射られて戦死する。
- アキレウスの甲冑の所有権をオデュッセウスとアイアスが争った。

アキレウスの死を巡る相関図

アキレウスの死を巡っては、アポロンの思惑が働いていました。彼の死後、その甲冑を巡ってアイアスとオデュッセウスの間で争奪戦が起こっています。

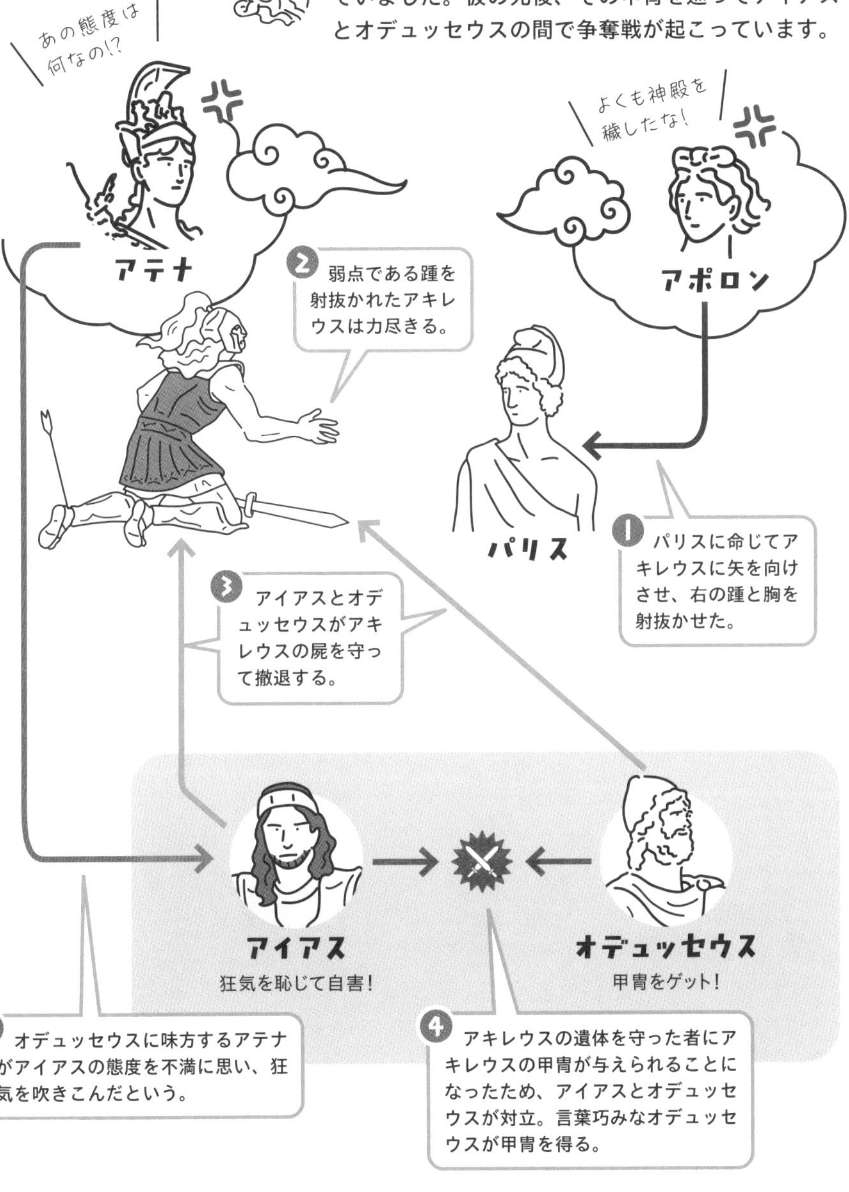

語源図鑑

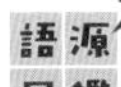

アキレス腱 アキレウス戦死の逸話から、テティスに握られていたために不死身にならずアキレウスの弱点となった足の踵にある人体最大の腱の名は、「アキレス腱」と名付けられた。

トロイア戦争⑥

トロイアの木馬

オデュッセウスの知略と神々の介入が大戦争に決着をつける

トロイア陥落のために提示された3つの条件とは？

パリスの一矢によって**アキレウス**を失い、意気消沈するギリシャ軍だったが、陣中にいたトロイの王子で予言者の**ヘレノス**がトロイアを陥れる条件として、ピロクテテス(▶P.211)が持つヘラクレスの弓、アキレウスの子の参戦、トロイアのアテナ神殿のパラディオン像を奪い取るという3点をあげ、勝利への一縷（いちる）の望みを提示した。

この予言に従い、レムノス島に残されていたヘラクレスの弓を持つピロクテテス、オデュッセウスから父の甲冑を譲り受けたアキレウスの子ネオプトレモスが参戦した。

さらにパラディオン像はトロイアに忍び込んだ**オデュッセウス**らにより盗み出されてきた。その効果か、ギリシャ軍はトロイア戦争の元凶となったパリスを射殺することに成功した。それでもトロイアは陥落しなかったが、策略家のオデュッセウスが妙案を思いつく。

それが「**トロイアの木馬**」であった。

トロイアの町を陥落させた「トロイアの木馬」

オデュッセウスの発案に従って、ギリシャ軍は全軍撤退し、あとに巨大な木馬だけが残された。予言の力を持つ王女**カッサンドラ**や、神官**ラオコオン**はこれを罠（わな）だと訴えるが、神々に妨害され、誰も聞く耳を持たなかった。結局、トロイアの人々は、戦勝を祝って木馬を城内に引き入れてしまう。そして夜半、木馬から出たギリシャ兵が城門を開くと、戻ってきたギリシャ軍が一斉になだれ込んできた。

トロイア側は抵抗することもできず、街を焼き尽くされ、**プリアモス**王をはじめトロイアの男たちはことごとく討（う）ち取られ、女子どもは奴隷にされた。

こうして10年にわたるトロイア戦争はギリシャ側の勝利に終わった。

神話のPOINT!

- ギリシャ軍がトロイア陥落の3条件を満たす。
- オデュッセウスがトロイアの木馬作戦を計画する。
- 木馬作戦により、ギリシャ軍がトロイアを陥落させた。

トロイア戦争の終結

アキレウスとアイアスを失ってもなお陥落しないトロイア。ギリシャ軍は戦いを嫌って隠れていたトロイアの王子ヘレノスに、トロイア陥落の条件を教えるよう問い詰めます。

＼トロイア攻略の条件！／
ヘレノス

①ヘラクレスの弓を手に入れろ
➡所有者であるピロクテテスを置き去りにしたレムノス島へオデュッセウスがおもむき、非礼を謝ってトロイアに来てもらう。

②アキレウスの子を参戦させろ
➡スキュロス島でネオプトレモスに参戦の承諾を得る。

③トロイア城内のアテナ神殿に祀(まつ)られるパラディオン像を奪ってこい
➡オデュッセウスが物乞い姿になってトロイアに忍び込み、すでに通謀(つうぼう)していたヘレネの案内で像を手に入れる。

ギリシャ軍は兵士を潜ませた木馬を残して退却。トロイア軍がこれを戦利品として城内に入れると、深夜兵士たちが木馬のなかから出て城門を開け、トロイアを陥落させた！

神話の伏線

木馬の計略を見破った人々

ギリシャ軍がアテナへの捧げ物として城門前に木馬を残していったが、予言の力を持つ王女カッサンドラと、アポロン神殿の神官ラオコオンは罠に違いないと訴え、これを城内へ引き入れることに反対した。しかしアポロンに予言の力を与えられていたカッサンドラは、アポロンによって呪いがかけられていたため、誰も彼女の言葉を聞き入れようとしなかった。ラオコオンも海から現れた蛇に絞殺されてしまい、彼の主張がトロイアの人々に伝わることはなかった。

トロイア王家の人々の運命

プリアモス ＝ **ヘカベ**

- プリアモス ➡ネオプトレモスに殺害される。
- ヘカベ ➡オデュッセウスの奴隷とされる。

子どもたち：

- **ヘクトル** ＝ アンドロマケ：ネオプトレモスの奴隷にされる。
- **パリス** ＝ ヘレネ：（パリス）ピロクテテスに毒矢で射られ、死亡。
- **ヘレネ**：メネラオスとともにスパルタへ帰国する。
- **デイポボス** ＝ ヘレネ：パリスの死後ヘレネを妻としたため、メネラオスに討たれる。
- **トロイロス**
- **クレウサ** ＝ アイネイアス：捕虜となるも脱出する。
- **ラオディケ**：大地に飲み込まれる。
- **ポリュクセネ**：アキレウスの霊を鎮めるために殺害される。
- **カッサンドラ**：アガメムノンの婢とされる。

豆知識 戦争の原因となったヘレネは元夫のメネラオスに斬られそうになる。ところがアプロディテがメネラオスの心に彼女への愛を呼び覚まさせたため、ふたりは再婚した。

トロイア戦争⑦

始末記

凱旋したアガメムノンを待ち受けていたのは妻の裏切りであった

復讐を決意した妻に殺されたアガメムノン

トロイア戦争に勝利し、凱旋将軍として10年ぶりに**ミュケナイ**に戻った**アガメムノン**を待ち受けていたのは、王妃**クリュタイムネストラ**の裏切りと復讐だった。彼女は**ゼウス**の子で**ヘレネ**の姉。トロイア戦争前に、娘**イピゲネイア**を生贄(いけにえ)として捧げた(▶P.211)夫のアガメムノンに復讐心を抱いていたのである。

それをたきつけたのは、前ミュケナイ王テュエステスの子アイギストスだった。アガメムノンとアイギストスは従兄弟同士で、父親同士が王位を争い、結果、アイギストスとアガメムノンがそれぞれ叔父を殺害していた。最終的に父を殺され、王位も奪われたアイギストスがアガメムノンに復讐しようと、クリュタイムネストラに近づいたのだ。同じようにアガメムノンを憎むふたりは復讐を画策する。

アガムメノンが浴室で袖口がふさがった服を着ようとまごついているところへ、クリュタイムネストラは忍び寄り、3度にわたって短剣をつき立て、刺殺したのだった。そしてアイギストスがミュケナイの王となった。

復讐の連鎖を終わらせたアガメムノンの子どもたち

しかし、復讐の連鎖は続く。アガメムノンの子**エレクトラ**は、幼い弟の**オレステス**をいち早く国外へ逃がしていた。

時が流れ、成長したオレステスが死んだことを伝える使者がミュケナイに来たが、この使者こそオレステスと従兄弟のピュラデスだったのである。

オレステスは王宮で母を手にかけ、アイギストスも討(う)ち取った。

この後、復讐の女神エリニュエスは母殺しをとがめオレステスを発狂させたが、アポロンやアテナのおかげで父の仇を討った正義と認められ、オレステスがミュケナイ王となり、復讐の連鎖も終わった。

神話のPOINT!

- クリュタイムネストラは娘を生贄に捧げたことに激怒していた。
- アガメムノンは王妃によって殺害される。
- アガメムノンの子オレステスがアイギストスと母を殺し、呪いが終わる。

報復の連鎖に巻き込まれたアガメムノン

ミュケナイに帰国したアガメムノンでしたが、王妃クリュタイムネストラはアガメムノンを深く恨み、殺意を抱いていました。これにアイギストスの思惑が相乗りし、アトレウス家を再び悲劇が襲います。

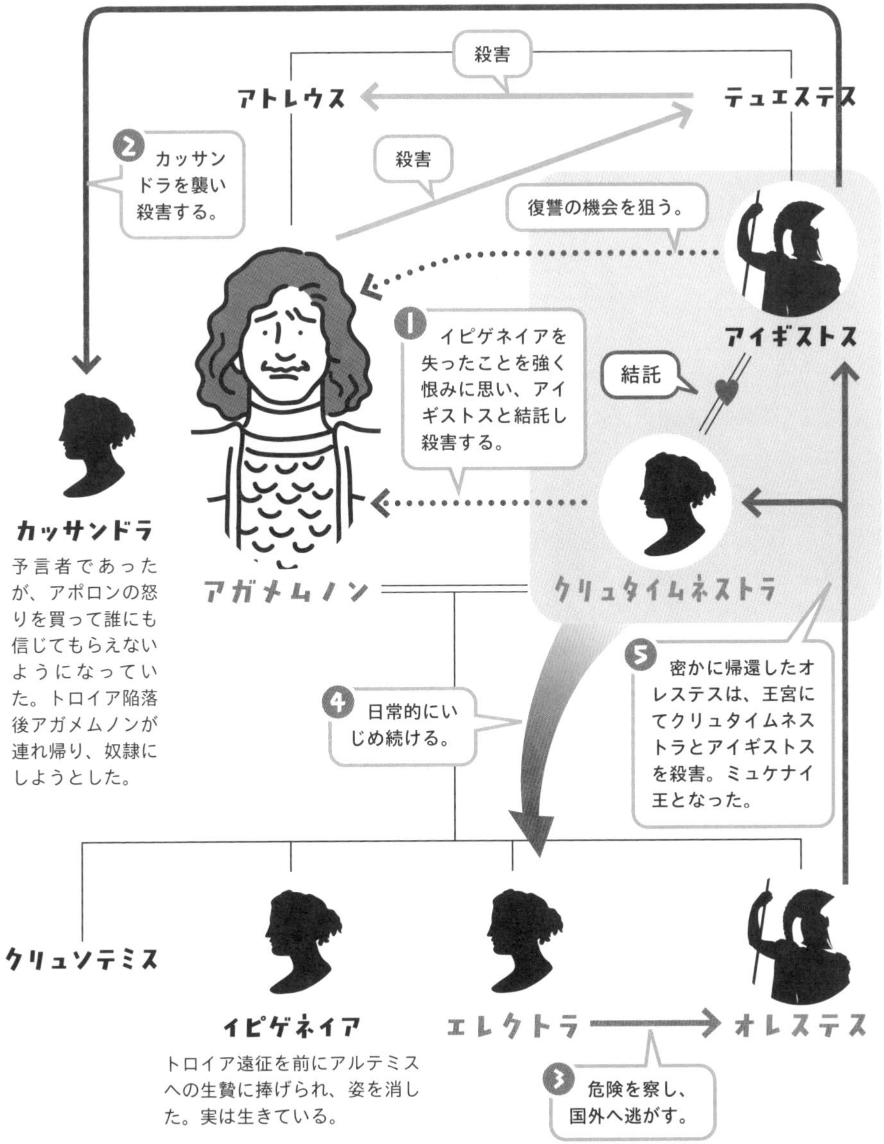

豆知識 アガメムノンが戦利品としてトロイア王女カッサンドラを連れ帰ったのも、クリュタイムネストラの嫉妬（しっと）をかきたて怒りに火をつけた。アガメムノン殺害後、カッサンドラも殺害されている。

オデュッセイア①

ポリュペモスの島

帰路の苦難に見舞われたオデュッセウス、ポセイドンの怒りを買う

訪れた島で ひとつ目の巨人族と遭遇

トロイア陥落後、ギリシャ軍はそれぞれの領地へ向けて帰路についた。ところが勝利に力添えをしてくれた女神**アテナ**に生贄（いけにえ）を捧げることを忘れたため、その怒りを買ってしまう。そのためギリシャ軍の英雄たちはアテナの罰を受ける羽目になった。**オデュッセウス**もそのひとりで、トロイアを出てから帰国まで10年もの歳月を要する憂（う）き目に遭っている。

トロイアを出てトラキアを略奪したオデュッセウス一行は、エーゲ海のある島に上陸し、洞窟で休息していた。ところがここはひとつ目の巨人族**キュクロプス**の国だった。

やがて巨人のひとりで、洞窟の住人である**ポリュペモス**が帰ってくると、オデュッセウスの部下ふたりがいきなり食い殺され、逃亡できないよう、入り口を大岩で塞（ふさ）がれてしまう。

目をつぶされたポリュペモスは ウティスが犯人と訴えたが……

このままでは勝ち目がないと思ったオデュッセウスは、ポリュペモスと交渉を持つ一方で、木の先を削り、すきを見てポリュペモスのひとつ目に突き刺した。

ポリュペモスは自分の叫び声を聞いて集まった仲間に、「こんな仕打ちをしたのはウティス」と告げるが、「ウティス」とは誰でもないという意味である。そのため仲間は帰っていった。このときのためにあらかじめオデュッセウスが自分の名をウティスと名乗っていたのだ。

ポリュペモスは怒りに燃えて洞窟の入り口に立ちふさがったが、オデュッセウスらは洞窟にいた羊の腹にしがみついて洞窟を脱出していった。

事なきを得たオデュッセウスだが、ポリュペモスが**ポセイドン**の子であったため、一行はアテナに加えてポセイドンの怒りを買う羽目になる。

神話のPOINT!

- オデュッセウスはトロイアからの帰路、ひとつ目の巨人の島に上陸してしまう。
- オデュッセウス一行はポリュペモスに閉じ込められるが目を突いて脱出する。
- オデュッセウスはポリュペモスの目をつぶしたことで、ポセイドンの怒りを買う。

ギリシャ軍の帰還

木馬の計略によって勝利を収めたギリシャ軍でしたが、浮かれすぎてアテネへの生贄の儀式を忘れて女神の怒りを買い、多くの者が悲惨な運命をたどりました。

ネオプトレモス

ギリシャに帰国してエペイロスに建国し、ヘレネの娘と結婚したが、プリアモス王をゼウスの祭壇で殺害したことを責められ、殺された。

オデュッセウス

略奪のためにトラキアへ向かうが、その後ポセイドンの怒りに触れ、10年にわたって地中海をさまようこととなる。

トロイア

エーゲ海

パルナッソス山

デルポイ

テバイ

アテナイ

ミュケナイ

アルゴス

スパルタ

小アイアス

アテナの神域を穢したために怒りを買い、風の神アイオロスにより小アイアスの船を含む多くの船が沈められた。

ディオメデス

アルゴスに帰国したが、妻が愛人をつくっており、国を追い出された。

アガメムノン

ミュケナイに凱旋したアガメムノンを待っていたのは、怒りに燃える妻の復讐だった。（▶ P.220）

メネラオス

8年をかけてようやくスパルタに到着。取り戻したヘレネを殺そうとしたが、アプロディテによって愛しさが蘇り、ともに暮らした。

クレタ島

地中海

豆知識 この頃、オデュッセウスの故郷イタケでは、10年以上も彼が帰らないことから彼の妻ペネロペの元に求婚者が殺到して宮殿に居座り不穏な空気が漂っていた。父の生存を信じる息子テレマコスは父探しの旅に出る。

オデュッセイア②

魔女キルケ

故郷まであと一歩のところから始まった苦難の航海

部下の欲のために魔女の島へ

ポリュペモスから逃れた**オデュッセウス**一行は、アイオロスの島にたどり着き、**イタケ**へあと一歩に迫った。

しかし、欲にかられた部下がアイオロスの布袋を開けてしまったことで逆風によって吹き飛ばされてしまう。たどり着いたライトストリュゴネス人の島で部下の大半を失うと、魔女**キルケ**の島では部下が豚にされてしまった。だが、オデュッセウスはヘルメスの力を借りて、キルケを屈服させ、子どもまでもうけている。

キルケの島

ライトストリュゴネス人の島

アイオロスの島

シチリア島（キュクロプスの島）

地中海

ロトパゴイ

6 魔女キルケの島

島を偵察した部下たちがキルケによって、豚に変えられてしまう。オデュッセウスはヘルメスからもらった魔除けの薬草を持っていったため、豚にならずに済み、反対に剣でキルケを脅して部下たちを元の姿に戻させた。その後オデュッセウスは1年滞在し、キルケとの間に子どもをもうけた。

2 ロトパゴイ

食べると記憶を失うロトス（蓮）の実を食べるロトパゴス人の国へ上陸。ロトスの実を食べた部下を無理やり船に乗せて出航した。

オデュッセウスの航海
～トロイアからキルケの島まで～

イタケを目指してトロイアを出航したオデュッセウス一行でしたが、女神アテナの怒りにより地中海を彷徨(さまよ)ったあげく、キュクロプスの島で海神ポセイドンの怒りを買うこととなります。また、魔女キルケの島を発つ際には、冥界(めいかい)にも下って、かつての同僚たちと出会うという経験をしました。

5 食人巨人族ライトストリュゴネス人の国

オデュッセウスが偵察に送った部下のひとりが王に食われ、1隻の船を残してすべてを失ってしまう。

4 アイオロスの島

風の神アイオロスからさまざまな風を詰め込んだ布袋を土産にもらう。オデュッセウスはその風を適宜取り出して順調な船旅を続け、ついに故郷イタケ島が見える場所にまで近づいた。だが、安心して眠ったすきに、部下たちが金銀財宝が入っているに違いないと布袋を開いてしまう。途端に船は、逆風によって吹き飛ばされ、イタケ島から離れていった。

黒海

1 キコネス人の国

トラキアのキコネス人の国に立ち寄り略奪を行なうが、敵の援軍が駆けつけて遁走する。

トロイア

イタケ島

ミュケナイ

アテナイ

スパルタ

クレタ島

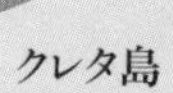

7 冥界下り

望郷の思いが募ったオデュッセウスにキルケは冥界行きを勧めた。冥界でオデュッセウスはアガメムノン、アキレウスなど英雄たちの霊魂と語り合う。アイアスに至っては、恨めしそうに何もいわずに立っていたという。さらに予言者テイレシアスの亡霊からトリナキエ島の太陽神の牛に害を与えるなという警告とともに、必ず帰国できると告げられたのだった。

3 キュクロプスの島

ひとつ目の巨人族キュクロプスの島に上陸してしまい、キュクロプスのポリュペモスの襲撃を受ける。仲間が次々に食べられたため、オデュッセウスは従順なふりをしてポリュペモスを油断させ、目をつぶして脱出した。

オデュッセイア③

苦難の航海

次々に苦難に見舞われた結果、オデュッセウスだけが生き残る

部下をすべて失いながらも故郷へ帰りつく

キルケのもとを去った**オデュッセウス**一行は、その後も**セイレン**や**スキュラ**などが棲(す)む海域を通るが、キルケの助言や知恵を駆使して切り抜けていった。

しかし、トリナキエ島に至った際、太陽神**ヘリオス**の牛を部下たちが食べて、ヘリオスの怒りを買う。ゼウスの雷霆(らいてい)によって船をすべて焼かれたばかりか、オデュッセウスは部下をすべて失ってしまったのだ。ひとり生き残ったオデュッセウスは、ニンフの**カリュプソ**に助けられて7年の歳月を過ごしたのち、筏(いかだ)に乗って出航する。だが、ポセイドンはまだオデュッセウスを許しておらず、大嵐を起こして筏を沈めてしまった。

海中に落ちたオデュッセウスが打ち上げられたのは、**パイアケス人の国**。この国の人々は心優しく、王女**ナウシカア**がオデュッセウスを助けると、船乗りたちが**イタケ**までオデュッセウスを送ってくれたのだった。

⑧ セイレンの島

歌声の魔力で船乗りを惑わせる怪物セイレンに対し、オデュッセウス一行は耳に蠟(ろう)をつめて難を逃れた。ただし、オデュッセウスは興味から体を帆柱に縛り付けさせて歌声を聞きつつ、魔の海域を通過した。

⑪ カリュプソの島（オギュギエ島）

海上を漂流したオデュッセウスは10日目にニンフのカリュプソに助けられ、その歓待を受けて7年の歳月を過ごす。そこへゼウスの使者としてヘルメスがやってきて、カリュプソにオデュッセウスを故郷に返すよう指示する。（場所は諸説あり）

神話のPOINT!

- オデュッセウス一行は、怪物たちを知略でかわしながら航海を続けた。
- トリナキエ島でヘリオスの怒りを買った部下たちが全滅してしまう。
- オデュッセウスは、心優しいパイエケス人によりイタケへ帰還することができた。

オデュッセウスの航海 ～キルケの島からイタケまで～

冥界から戻ったオデュッセウスは、セイレンやスキュラなど海の怪物たちの襲撃を知恵を駆使して切り抜けていった。しかし、シチリア島に至った際、太陽神ヘリオスの牛を部下たちが食べたことで神々の怒りを買い、ゼウスの雷霆によって部下をすべて失ってしまいます。

9 メッシーナ海峡

大渦巻きを巻き起こすカリュブディスと、6つの頭と12の足を持ち、一度に6人の人間を食べてしまうスキュラが住まう海峡では、近づきすぎると全員が犠牲になるカリュブディスの渦巻きを避けたところ、スキュラの岩場へ近づいてしまったため、6人の仲間が犠牲になった。

12 パイアケス人の島

故郷へ向かうも、ポセイドンに発見されて嵐を起こされ、パイアケス人の国へ漂着。王の娘ナウシカアの介抱を受ける。ナウシカアはオデュッセウスを国王に紹介し、ここで語ったのが『オデュッセイア』の苦難の物語であった。王はオデュッセウスに同情してイタケへと送り届ける。

10 ヘリオスの怒り

トリナキエ島(シチリア島)へたどり着いた一行。この島の牛や羊は太陽神ヘリオスが育てているもので、殺して食べることを禁じられていたが、食料が尽きると部下たちがこっそり牛を殺して食べてしまう。これを見たヘリオスは激怒。ゼウスが船に雷を落として罰を与え、オデュッセウスを残して全員が命を落とした。

語源図鑑 **サイレン**

セイレンを英語で表現すると「Siren」。警笛や警報を意味するサイレンはセイレンに由来する。セイレンは本来鳥の姿をしていたが、後世人魚へと姿を変えていく。

オデュッセイア④

帰還

イタケへと帰還したオデュッセウス、策略を駆使して妻を救う

故郷へ戻ったオデュッセウスは息子と20年ぶりに再会する

出陣から20年。**オデュッセウス**はついに故郷**イタケ**へと帰還した。

ただし、その前に**アテナ**から故郷の惨状(さんじょう)を聞いたオデュッセウスはひそかに故郷の地に降り立つと物乞いに身をやつした。そして忠実な豚飼いのエウマイオスと、父探索の旅から戻ってきた息子テレマコスと再会する。

このころイタケの宮廷では、妻**ペネロペ**への求婚者が100人以上に達し、横暴を極めていた。

ペネロペは理由をつけて求婚者たちの要求をかわしていたが、もはやそれを突っぱねることが難しくなり、追いつめられていた。

そしてとうとうペネロペは、夫の残した強弓(ごうきゅう)を引き、一列に並んだ12の斧の頭の穴を射抜くことができた者と結婚すると宣言した。

弓矢の競技会で正体を明かしたオデュッセウスの報復とは?

これを知ったオデュッセウスは復讐の機会が来たと物乞いに身をやつして王宮へと入り込む。

競技会で求婚者たちは我先にと弓に群がったが、命中どころか弓が強すぎて誰ひとりとして引ける者がいなかった。

最後にみすぼらしい格好(かっこう)をしたオデュッセウスが名乗り出た。

嘲笑(ちょうしょう)する求婚者たちをしり目に、オデュッセウスは弓を手に取ると、誰ひとり引けなかった弓を軽々と引き絞り、12の穴を射抜いたのである。

驚く求婚者たちに、ここで自分がオデュッセウスであることを告げる。そして求婚者たちを弓と剣でことごとく殺害し、妻のペネロペと20年ぶりの再会を喜び合ったのだった。

神話のPOINT!

- イタケはペネロペへの求婚者たちにより乱されていた。
- ペネロペは強弓を引くものと結婚すると競技会を開いた。
- 誰も弓が弾けないなか、物乞いのオデッュセウスが弓を引いて正体を明かし、求婚者たちをみな殺しにした。

妻と王国を取り戻すオデュッセウス

出陣から20年。ついにイタケへ戻ったオデュッセウスは、物乞いの姿に身をやつして王宮に潜入。ペネロペが求婚者たちに提案した弓の競技会に参加して勝利を収め、正体を明かして求婚者たちをみな殺しにしたのでした。

イタケに到着

女神アテナから求婚者が殺到してペネロペが追いつめられていることを伝えられる。

オデュッセウスは物乞いの姿に身をやつし王宮へ向かう。

エウマイオスに会う

家畜の管理を任せていたエウマイオスと再会し、もてなしを受ける。

テレマコスと再会し、こっそり正体を明かす。

物乞いの姿で王宮へ……。

王宮の宴会に参加する

物乞いの姿で王宮の宴会に参加したオデュッセウスは求婚者たちの嘲り（あざけり）を受ける。一方で、妻のペネロペは優しく接する。

遠矢大会に参加

ペネロペが結婚の条件として提案した遠矢大会に参加。求婚者たちがみな失敗するなか、オデュッセウスが勝利を収める。

報復

正体を明かして求婚者と、宴会で自分につらく当たった者たちをみな殺しにする。

ペネロペに正体を明かして王位を取り戻し、イタケに平和を取り戻した。

語源図鑑　オデッセイ　車の名称にも用いられた「オデッセイ（odyssey）」は、「長い冒険、知的な探求」といった意味を持つ。もちろん『オデュッセイア』に由来する言葉。

アイネイアス

トロイア陥落から逃れたローマ建国の英雄の放浪記

陥落間際のトロイアを脱出したアプロディテの子

トロイアの陥落直前、トロイアから脱出し、生き延びた英雄が**アイネイアス**だ。

彼の伝承は**ウェルギリウス**の叙事詩『**アエネイス**』に語られている。アイネイアスはトロイアの王族アンキセスと女神**アプロディテ**の息子とされ、トロイア戦争で活躍した。しかし、トロイアの陥落寸前、海神**ポセイドン**から「トロイアの血を絶やすな」と命じられ、老いた父と幼い息子を連れて脱出した。生き残ったトロイア人を引き連れた彼はデロス島、トロイア人の故地（こち）、クレタ島にたどり着くが、脱出劇の最中に亡くした妻の霊か

トロイアの英雄がローマを建国するまで

陥落するトロイアを脱した人物が、アプロディテの子とされるトロイアの将軍アイネイアスです。彼は地中海を彷徨（ほうこう）した末にイタリア半島に到着。ローマ建国の英雄となりました。

神話のPOINT!

- アイネイアスはトロイアを脱出してローマ建国の予言を受け、イタリアを目指す。
- アイネイアスは、カルタゴの女王ディドと恋に落ちた。
- ラティウムの王女と結婚し、都市を築き、ローマ建国の第一歩をしるした。

らローマ建国の予言を受け、運命の地イタリアのラティウムを目指すこととなった。

ディドとの別れ ラティウムの王女と結婚

しかし、その道のりは険しく、アイネイアスは途中で風の神アイオロスが起こした嵐に遭い、北アフリカの**カルタゴ**に漂着。女王**ディド**と愛し合い、平和的な生活を求め、悩んだという。しかし、ローマの建国という運命から逃れられず、ゼウスの指令でイタリアに上陸する。残されたディドは悲嘆に暮れ、自ら命を絶ったという。

アイネイアスはその後、冥界（めいかい）に出かけて、亡き父からローマ建国の予言を受け、ラティウムへと向かった。

ラティウムでは王女の婿探しが行なわれており、アイネイアスはこれまでの婚約者ルトゥリ王を差し置いて、婚約者に選ばれる。そのためルトゥリ王が怒り、戦争に発展したが、アイネイアスが勝利を収め、王女ラウィニアと結婚。新都市ラウィニウムを築き、ローマ建国の第一歩をしるしたのだった。

やがてふたりの子孫にあたるロムルスとレムスの双子がローマを建国し、ギリシャ神話とローマ神話が一本の軸でつながることとなる。

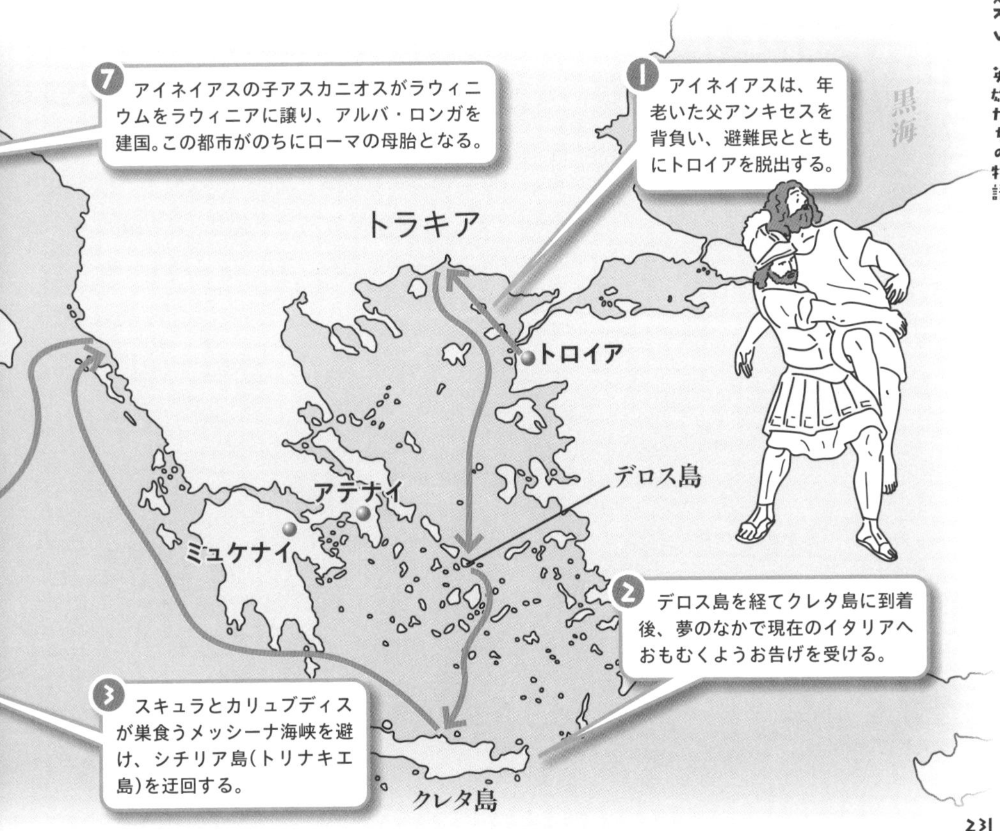

COLUMN

古代ギリシャ的生活

— 6 —

古代ギリシャの戦争と軍隊

古代ギリシャの軍隊

当初、頭全体を覆っていた兜だが、時代が下るに従って顔もさらさされるようになった。

ホプロンと呼ばれる円形の大楯。パランクスを組み、自身の左半身と左隣りの兵の右半身を守った。

【ギリシャ兵】

首当てはとっくり状になっている。

厚く重いプレート。

【ミュケナイ兵】

古代ギリシャのポリス社会では常備された軍隊はなく、専門の兵士もいなかった。市民全員が兵士としてポリスを守らねばならなかったのである。

戦争が始まれば全員が重装兵か歩兵になるよう求められた。ただし装備は自前で、重装兵となるにはそれなりの財力が必要で、ステータスのひとつともなった。

そのほか騎兵は馬を養える財力と、騎乗して戦う技術が必要だったため、あらかじめ名簿が作られていた。軍船は将軍が富裕層から奉仕者を選定したが、奉仕者は船の修理や乗組員を集めねばならず、敬遠された。なお、この時代の戦争はペルシャのような外敵との戦いは少なく、もっぱら農閑期の夏にポリス同士が収穫の争いで戦争を行なっていた。こうした戦いでは戦死者もほとんど出なかった。

【パランクス】

古代ギリシャの軍隊は、すべての兵士が楯と槍を構えてパランクスと呼ばれる密集隊形を組んで互いに押し合いながら戦った。当初、槍は2〜3mであったが、マケドニアで7m近い長槍を採用し、強力なパランクスを完成させた。

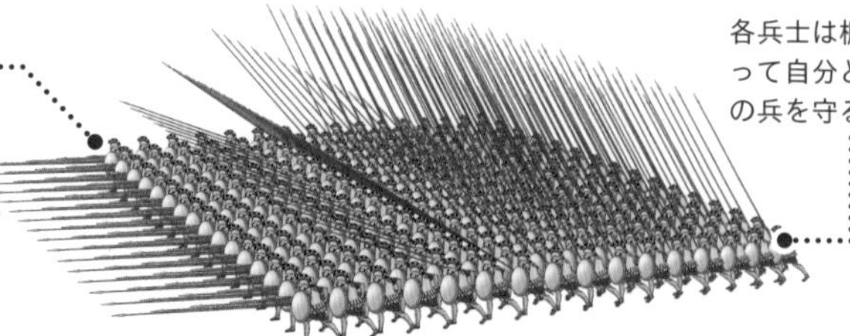

誰も右側にいない最右翼には最も強い兵士が配されていた。

各兵士は楯によって自分と左隣の兵を守る。

アテナイなどは2〜3mの長さの槍を使用。

神名・人名さくいん

あ

か

さ

た

その他さくいん

か

さ

た

な

は

ま

や

ら

参考文献

『ギリシア神話(上・下)』呉茂一、『ギリシア神話の世界観』藤縄謙三(新潮社)／『ヴィジュアル版 ギリシア・ローマ文化誌百科〈上・下〉』ナイジェル・スパイヴィー著、マイケル・スクワイア著、小林雅夫訳、松原俊文訳、『ヴィジュアル版　世界の神話百科―ギリシア・ローマ　ケルト　北欧』アーサー・コットレル著、松村一男・米原まり子・蔵持不三也訳、『ペニスの歴史―男の神話の物語』デビット・フリードマン著、井上廣美訳、『図説ヨーロッパ怪物文化誌事典』蔵持不三也監修、松平俊久、『図版ギリシア・ローマ神話文化事典』ルネ・マルタン監修(以上、原書房)／『ギリシア神話』アポロドーロス著、高津春繁訳、『仕事と日』ヘシオードス著、松平千秋訳、『アエネーイス』小川正廣、『神統記』ヘシオドス著、廣川洋一訳、『変身物語』オウィディウス著、中村善也訳、『ホメロス イリアス(上・下)』ホメロス著、松平千秋訳、『ホメロス オデュッセイア(上・下)』ホメロス著、松平千秋訳(以上、岩波書店)／『Truth In Fantasy　ギリシア神話　神・英雄録』草野巧、『Truth In Fantasy73　海の神話』朱鷺田祐介、『F-Files No.010図解北欧神話』池上良太(以上、新紀元社)／『ギリシア神話物語』エミール・ジョネ著、有田潤訳、『花の神話学』多田智満子(以上、白水社)／『図説ギリシア神話【神々の世界】篇』松島道也、『図説ギリシア神話【英雄たちの世界】篇』松島道也・岡部紘三、『図説古代ギリシアの暮らし』髙畠純夫、齋藤貴弘(以上、河出書房新社)／『ギリシア神話　知れば知るほど』丹羽隆子、『古代ギリシャのリアル』藤村シシン(以上、実業之日本社)／『古代ギリシアの歴史 ポリスの興隆と衰退』伊藤貞夫、『ビジュアル版ギリシア神話物語』楠見千鶴子(以上、講談社)／『[ビジュアル版]ギリシア神話の世界』リチャード バクストン著、池田裕・古畑正富・服部厚子・池田太訳(東洋書林)／『「アイネーイス」ローマ建国神話』ウェルギリウス著(風濤社)／『ギリシア・ローマの神話―人間に似た神さまたち―』吉田敦彦(筑摩書房)／『ギリシア神話ろまねすく』(創元社)／『ギリシア・ローマ神話人物記』マルコム・デイ著(東洋書林)／『ギリシアを知る事典』周藤芳幸・村田奈々子(東京堂出版)／『美神ヴィーナスとギリシア・ローマの女たち』コービスジャパン編(新人物往来社)／『ギリシア神話』フェリックス・ギラン著(青土社)／『ギリシア神話の悪女たち』三枝和子(集英社)／『ギリシア神話を学ぶ人のために』高橋宏幸(世界思想社)／『ギリシア神話―神々と英雄に出会う』西村賀子(中央公論新社)／『完訳ギリシア・ローマ神話下』トマス・ブルフィッチ(KADOKAWA)／『古代ギリシア人の生活文化』J.P.マハフィー著、遠藤光・遠藤静代訳(八潮出版)／『古代の神と王の小事典1　ギリシア・ローマの神々』リチャード・ウォフ著、細井敦子訳(學藝社書林)／『図解雑学ギリシア神話』豊田和二監修(ナツメ社)／『図説古代ギリシア』ジョン・キャンプ、エリザベス・フィッシャー著、吉岡晶子訳(東京書籍)／『世界神話事典―創世神話と英雄伝説』大林太良・吉田敦彦・伊藤清司・松村一男(角川学芸出版)／『世界大百科事典』(平凡社)／『星座神話クラブ』脇屋奈々代(誠文堂新光社)／『早わかりギリシャ神話』木村点(日本実業出版社)／『西洋古典学事典』松原國師(京都大学学術出版会)／『文化人類学事典』石川栄吉・梅棹忠夫・大林太良・蒲生正男・佐々木高明・祖父江孝男編著(弘文堂)／『世界神話伝説大事典』篠田知和基・丸山顕徳(勉誠出版)

●監修者　**東ゆみこ**（ひがし・ゆみこ）

1968年千葉県生まれ。お茶の水女子大学文教育学部で人文地理学、学習院大学大学院人文科学研究科博士前期課程で神話学・日本文学を専攻。お茶の水女子大学大学院人間文化研究科比較文化学専攻（博士課程）を単位取得満期退学。学習院女子大学・日本女子大学・都留文科大学・東京外国語大学の非常勤講師、東京大学大学院特任講師などを経て、現在、国際ファッション専門職大学教授。監修書に『「世界の神々」がよくわかる本 ゼウス・アポロンからシヴァ、ギルガメシュまで』（PHP研究所）、著書に『猫はなぜ絞首台に登ったか』（光文社）等がある。

●スタッフ　編集協力　株式会社ロム・インターナショナル
本文デザイン　スパロウ（竹内真太郎・菊地紗ゆり・新井良子・塩川丈思・納屋楓）
イラスト　こつじゆい

本書に関するお問い合わせは、書名・発行日・該当ページを明記の上、下記のいずれかの方法にてお送りください。電話でのお問い合わせはお受けしておりません。
- ナツメ社Webサイトの問い合わせフォーム　https://www.natsume.co.jp/contact
- FAX（03-3291-1305）
- 郵送（下記、ナツメ出版企画株式会社宛て）

なお、回答までに日にちをいただく場合があります。正誤のお問い合わせ以外の書籍内容に関する解説・個別の相談は行っておりません。あらかじめご了承ください。

神々を知ればもっと面白い！
ギリシャ神話の教科書

2023年 6 月 1 日　初版発行
2024年 9 月 1 日　第 5 刷発行

監修者　東ゆみこ
発行者　田村正隆

発行所　株式会社ナツメ社
東京都千代田区神田神保町1-52　ナツメ社ビル1F（〒101-0051）
電話　03（3291）1257（代表）　FAX　03（3291）5761
振替　00130-1-58661
制作　ナツメ出版企画株式会社
東京都千代田区神田神保町1-52　ナツメ社ビル3F（〒101-0051）
電話　03（3295）3921（代表）
印刷所　ラン印刷社

ISBN978-4-8163-7377-0
Printed in Japan
〈定価はカバーに表示してあります〉
〈落丁・乱丁本はお取り替えします〉